极简关系

LOVE
PEOPLE
USE
THINGS

Because the Opposite Never Works

〔美〕

乔舒亚·菲尔茨·米尔本

瑞安·尼科迪默斯

✕ 著

常吟

✕ 译

湖南文艺出版社
HUNAN LITERATURE AND ART PUBLISHING HOUSE　博集天卷 CS-BOOKY

献给丽贝卡和玛丽亚

你一定要记得人是拿来爱的，东西是拿来用的，

而不是反过来。

——富尔顿·约翰·施恩大主教，于约 1925 年

希望你学会人是拿来爱的，东西是拿来用的，

而非反其道而行之。

——说唱歌手奥布瑞·德雷克·格瑞汉，于 2013 年

极简关系　　|　　目录

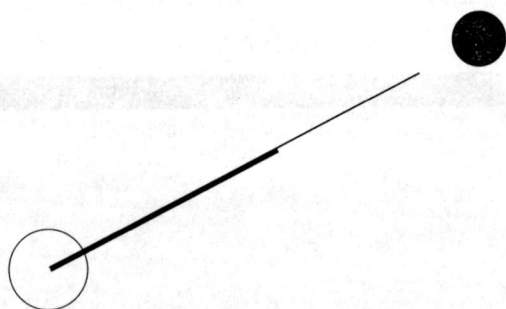

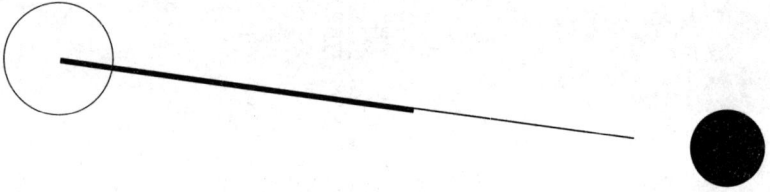

当疫情来临时

街上到处都是身着制服、手持大型突击步枪的人，扩音器传出让我们锁好门待在家的命令。头顶上空，军用直升机的广播里，比吉斯（Bee Gees）乐队的《活着》震耳欲聋，宛如为我们新的反乌托邦未来奏响的背景音乐。连续两声枪响，砰！砰！我骤然惊醒，发现躺在身边的妻子和在自己房间的女儿都在熟睡。我走到起居室，拉起百叶窗，向外望向我的左邻右舍。午夜的洛杉矶街道空无一人，弧光灯下小雨飘落，丝毫没有戒严的迹象，只有一辆停在山脚下的小货车显得格外醒目。我长出一口气。只是一场噩梦，太好了。然而，我醒来后面对的世界，所谓真实世界，与我人生前四十年所见的已截然不同，虽然不一定是后世界末日，但完全不是旧日常态。

排成蛇形的结账队伍在杂货店的收银台过道上缓缓移动。罗迪欧大道上，木板遮住了店铺被砸穿的橱窗。空荡荡的电影院里落满灰尘，阴暗无光，笼罩在一片寂静之中。人们保持着六英尺①的间距拥入食品银行，但货架已然空空如也。有人"原地隔离"，不安的家人不得不面对咫尺天涯的孤独。医院濒临崩溃，超负荷工作的医生和护士只能用自制

---

① 1英尺为0.3048米。——编者注

的口罩遮住愤怒麻木的表情。当我在2020年春天写完本书的最后一章时，新冠肺炎疫情正席卷全球。

我们的"新常态"感觉极其不正常。经济和健康上的不确定性引发双重恐惧，焦虑不安的情绪持续发酵。虽然身处混乱的世界，但我们或许依然能找到一种获得平静乃至美好的方法。

在因疫情居家隔离时，我开始意识到，瑞安·尼科迪默斯（我们俩共同创办了"极简主义者"网站）和我在过去两年中写成的，不仅仅是一本关于人际关系的书，从很多方面来说，也是一份应对全球疫情的指南。我在开启这一项目的时候并未料到这一点。要是我们能在病毒肆虐之前把这本书送到那些苦苦挣扎的人手中，比如债台高筑的人、未能按自己的价值观来分配精力的人，以及被消费主义所消费的人，便能让许多人免于心痛，因为有觉知地生活就是面对危机时最好的准备。当退后一步看，我们很容易便会发现，那些所谓在做准备的人，例如电视里出现的颇为尴尬的囤积者，恰恰对危机最缺乏准备。你不能用玉米罐头和弹药来换取睦邻的支持和信任。但是如果你需要的东西少，你就能活下来；如果你的人际关系融洽和谐，那么即便身处危机之中，你也能兴旺发展。

疫情以一种隐秘的方式帮我们认清了许多事的真相。许多人要经历一场灾难之后才明白，以指数式增长为基础的经济不但不健康，而且脆弱不堪。如果经济因为人们只购买生活必需品就崩溃了，那它就远没有我们假装的那样强壮。

2008年金融危机之后，本书所描述的极简主义运动开始在互联网引起关注。当时，人们急于寻找方法，来应对新出现的债务危机和过度消费。唉，过去十二年里，我们再次过于高枕无忧了。而今，我们的敌人

而今，我们的敌人不仅仅是消费主义，还有颓废和分心。

不仅仅是消费主义，还有颓废和分心，既有物质上的，也有非物质的。

在全球疫情制造的恐慌中，我注意到，很多人都在思考那个我和瑞安十多年来一直试图回答的问题：什么是必需的？当然，答案完全因人而异。但有太多时候，我们将必需品与非必需品，甚至废品混为一谈。①

在紧急情况下，我们不仅需要丢弃废品，还很有可能被迫暂时放弃非必需品——那些平日里能为生活增添价值但在紧急状态下非必要的东西。倘若能做到这一点，我们就会知道什么是真正的必需品，从而也可以让非必需品逐渐回归，让它们提升和充实我们的生活，而不会将其与废品堆在一起。

让情况变得更复杂的是，我们在不断改变，我们眼中的"必需品"也在不断变化。五年前，甚至五天前还是必需的东西，此刻可能已经不再必需。因此，我们必须持续不断地询问、调整和放手。面对危机时尤其如此，一周感觉就像一个月，而一个月，仿佛就是一辈子。

人们被困在家里，竭力面对这样一个事实：物质财富没有自己原先想象的那么重要！真相就在他们身边。那些高中篮球赛奖杯、吃灰的大学课本、报废的食物料理机，从来都没有人那么重要。疫情放大了这一事实，也给我们上了重要一课：我们拥有的物品往往会妨碍我们生命中真正重要的东西，那就是我们的人际关系。人与人之间的联结日渐消失，而这种联结是花钱买不到的，只能用心培育。为此，我们必须做简化，从物品开始，推及生活的方方面面。这本书为你我这样的普通人而

---

① 在《物品》那一章的"零废品守则"中，我们将详述这三个种类：必需品、非必需品和废品。

写，帮助我们重新整理自己的生活，先处理外部的杂乱无章，而后反躬自省，解决那些拖累我们，破坏我们与他人联结的精神、情感、心理、精神、财务、创新、技术和人际关系方面的混乱。

本书并非为全球疫情所作，而是一本日常生活指南。疫情只是强化了日常生活中的问题，令其变得更加紧迫。伴随近期的经济衰退和对意义的重新探索，我们的社会将在不久的将来面对一些关键的现实问题。很多新的规范已经确立，而随着我们不断前行，其他规范也会逐渐成形。有些人守着过往，一心想"回归正轨"，但这就像竭力握住手里的一块冰，一旦它融化就必然会消逝。有人问我，"局势何时才能扭转？"然而，"扭转"的言下之意是我们应该回到过去，回到一个对大多数人来说已经行之无效的"常态"——至少不是以任何一种有意义的方式。尽管不知道未来会怎样，但我希望，走出当前的不确定性之后，我们能进入一种"崭新"的常态：它建立在意向性和共同体的基础之上，而不是基于"消费者信心"。

为此，我们必须再次简化。

我们需要扫清杂乱，找到前进的路。

我们必须在地平线之外找到希望。

在冠状病毒危机最严重的时候，我与自己的一位导师有过一次交谈。他是个商人，名叫卡尔·韦德纳（Karl Weidner），他告诉我"危机"一词在中文里面的写法是"weiji"，分别代表"危险"（wei）和"机会"（ji）。对于"ji"这个字是否真的代表"机会"，虽然语言学家仍存有疑虑，但我们依然可以用一个恰如其分的类比来说明：危机出现在危险和机会的交会处。

随着时间的推移，无疑还会出现更多危机。甚至此刻，在我写下这些文字的时候，一种强烈的危机感始终挥之不去。但机会与之同在。正如我的朋友乔舒亚·贝克尔说的，尽管身处危险之中，我们也有机会"重新评估一切"。

或许，危机为我们敲响了警钟，提醒着我们不要浪费机会，重新评估一切，放手，重新开始。开始极简生活的最佳时间是十年前，然后便是此刻。

——乔舒亚·菲尔茨·米尔本

开始极简生活的最佳
时间是十年前，然后
便是此刻。

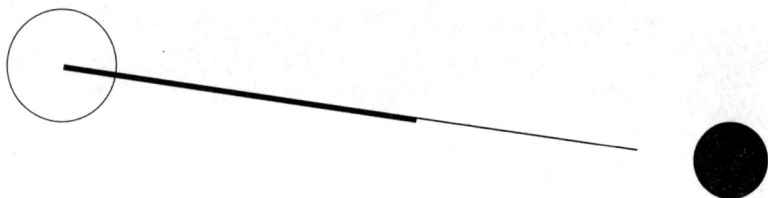

拥有更少，照样生活

物质财产是我们内心世界的外在显现。环顾四周，在我们家中，恐惧、苦恼、不安，都有具象化的体现。美国每个家庭平均拥有30万件物品。人们以为这些物品会带来快乐，但种种研究表明，恰恰相反，我们变得焦虑、痛苦、不堪重负。尽管比以往任何时候都更不快乐，但我们仍旧饮鸩止渴，无视消费的真实代价。

悬挂在每件新货品上的价格标签只展现了冰山一角，我们要为一件物品付出的真实代价远超它的售价。储存、维护、清理、洗涤、充电、装饰、补给燃料、换机油、换电池、修理、重新粉刷、照料、保护，每一样都是花费。当然，还有在做完上述一切之后，换个新的。这还不算更加难以量化的感情和心理成本。如果把这些花费都加到一起，一件物品的实际开销根本不可估量。所以，在让一件物品进入我们的生活之前，我们一定得仔细挑选，因为我们着实负担不起来者不拒。

我们确实负担不起，无论是从字面意义上还是从比喻意义上。但是我们并没有选择延迟满足或暂时放弃，而是选择了借贷。每个美国人的钱包里平均约有4张信用卡。十分之一的人拥有十张以上经常使用的信用卡。每张卡的平均欠款金额为1.6万美元。

情况还在不断恶化。2020年疫情之前，80%以上的美国人就已债极简主义能让我们超越物质，为生活中更重要的无形事物留出空间。

务缠身，全美消费债总额超过14万亿美元。事到如今，我们终于听到一些略带悔意又似是而非的心声：我们花在鞋子、珠宝和手表上的钱比花在高等教育上的更多；我们的房屋不断扩大，在过去50年中面积增大了一倍，房子里的电视比人多；每个美国人一年平均会扔掉重达81磅^①的衣服，其中有95%可以回收利用；社区里的购物中心比高中更多。

说到高中，你知道有93%的青少年视购物为最佳消遣吗？购物也能算消遣？似乎的确可以。因为我们每年花在非必需品上的开销达到1.2万亿美元，换言之，我们每年花了超过1万亿美元购置我们根本不需要的东西。

你知道花掉1万亿美元需要多久吗？假设我们出门之后，每秒花掉1美元，按这样推算，1美元，2美元，3美元……花掉1万亿美元需要31000年。事实上，假如你从佛祖诞生之日起每天花掉100万美元，直到今天你也都没花光1万亿美元呢。

看到这些数字，约一半美国家庭没有存款还会让你意外吗？在这种情况下，我们当中超过一半的人在失去收入之后手里的钱撑不过一个月；62%的人存款低于1000美元；将近一半的人凑不出400美元的应急资金。这不是单纯的收入问题，而是同时影响低收入和高收入人群的支出问题。"在年收入位于10万到15万美元区间的家庭中，有近四分之一承认，一旦月收入只有2000美元，他们就会陷入极大的困境。"鉴于60%的家庭会在未来一年中经历"财务冲击"，这些债务就变得触目惊心。在2020年经济低迷期以前，情况便已然如此；这场危机不过令我们

---

① 1磅约合 0.45359 千克。——编者注

的困窘大白于天下而已。

然而，我们还在继续花钱，消费，扩张。新建住宅的平均面积正迅速逼近3000平方英尺。房子有了多余的空间，但这也并不能阻止我们在全国各地建立超过52000套仓储设施，比星巴克门店数量的6倍还多。

房子和储藏室的面积都在增大，但我们的车库还是停不下一辆车，因为它早就被塞得满满当当——闲置的体育用品、健身器材、露营装备、杂志、DVD、激光唱片、旧衣服、废旧电器和家具，从地面堆到天花板的盒子箱子里还装着各式杂物。

别忘了还有儿童玩具。美国儿童只占世界儿童总数的3%，却消费了全球40%的玩具。你可知道，每个孩子平均拥有200件玩具，但每天只会玩12件？而且，最近一项研究证实了家长们早就知道的事情：拥有太多玩具的儿童更容易注意力分散，无法享受高质量的游戏时间。

作为成年人，我们也有让自己分心的玩具，这毫无疑问。如果全世界都像美国人这样持续无节制地买买买，我们差不多需要5个地球来维系生活。众人皆知的格言"我们占有的东西，最终占有了我们"，比以往任何时候都正确。

然而，事情本不必如此。

有关存在的混乱

很多曾给我们带来欢乐的物什，如今已无用武之地，比如转盘拨号电话、软盘、拍立得相机、卡带、传真机、光盘播放器、寻呼机、掌上电脑、长草娃娃、菲比精灵。尽管已经过时，但出于虔诚的怀旧心理，我们大部分人还是不愿轻易与这些"神器"说再见。"彼时"以一种奇特的方式在"此时"留下痕迹。

于是，面对那些家用录像带合集、废弃的翻盖手机、Bugle Boy[①]阔型牛仔裤，我们不会费力修补，也不会交予回收，而是会将其与其他物品一起束之高阁。我们的地下室、橱柜、阁楼，逐渐都成为废弃物品的炼狱，堆满了"下岗"的杂物。

太多闲置物品的存在意味着我们该放手了。在需求、欲望和技术发生变化的同时，我们所处的世界也在改变。今日为生活增光添彩的物品明日也许就一文不值。因此，我们要有放弃一切的准备，即便是那些今天还派得上用场的工具。若能学会放手，我们便可为这些被遗忘的东西寻到新的家，让它在别人的生活中发光发热，而不是在我们制造的坟墓中蒙尘。

当我们把时间线拉长来看，一切都会过时。百年之后，世界上生活的都是新人类，他们早已抛弃USB、苹果手机或平板电视，告别过去，为未来留出空间。因此，就当下而言，我们必须对带入生活的物质财产负责，必须精挑细选。当这些东西过时，我们准备弃用之时，也需要同等慎重——心甘情愿地放手是最成熟的美德之一。

让我们思考一下，我们如何一路走来，又该如何放手。

---

① Bugle Boy，美国牛仔服装品牌。——编者注

过剩

极简生活源于这样一个问题：占有更少时，我们能否过得更好？很遗憾，我，乔舒亚·菲尔茨·米尔本，用了30年才提出这一问题。

我出生在俄亥俄州代顿市，航空工业、放克音乐、100辐条金轮辋的诞生地。从更近一点的新闻中，你还能了解到，这里也是全美的药物滥用之都。很奇怪，回顾过往，我在成长过程中并未意识到自己的贫穷。它就像氧气一般，看不见、摸不着，却又无处不在。

我1981年出生在赖特·帕特森空军基地。父亲那时42岁，娃娃脸、一头银发、高大魁梧，是空军基地的一名医生。母亲是个秘书，比他小7岁，金发、娇小身材、烟熏嗓，出生在"沉默的一代"（Silent Generation）的尾声，广岛长崎核爆炸前的几个月。

从这张照片来看，你可能会认为我拥有一个富足的中西部田园牧歌式的童年，对吗？当时是20世纪80年代初期，代顿仍处于盛世之末，中西部工业区还没有成为"锈带"；这座城市还没有因"白人大迁移"而元气大伤；蒙哥马利县阿片类药物危机也还没有扩散至迈阿密河两岸。当时代顿被称为"小底特律"，这可是个褒奖。制造业蓬勃发展，大多数家庭都丰衣足食，过着幸福而充实的日子。

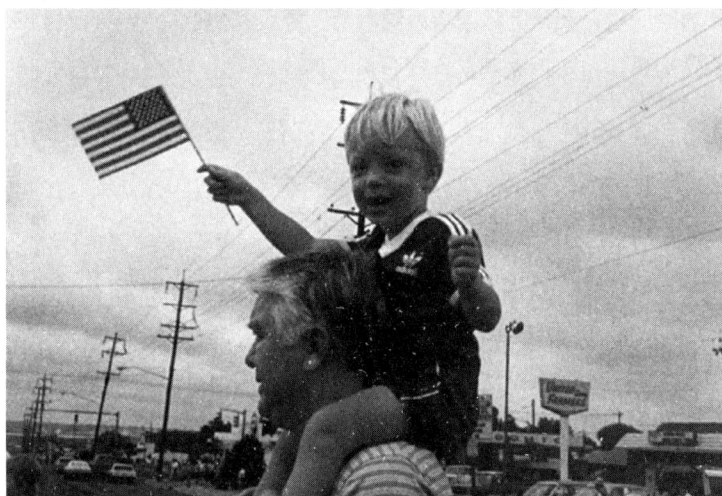

然而在我出生后不久，父亲生病了，生活开始分崩离析。他出现严重的精神问题——精神分裂症和双相情感障碍，酗酒使他的病情迅速恶化。在我学会走路之前，父亲开始与现实生活中并不存在的人交谈，甚至建立起真正的关系。随着精神日益变得混乱，他变得暴躁、喜怒无常。我人生第一段有迹可循的记忆便是，在我们位于代顿市俄勒冈区的家中，父亲将一支香烟戳在母亲裸露的胸部摁熄。那时候，我3岁。

经受了一年的虐待后，母亲带着我离开了；与此同时，她开始酗酒。我们搬到代顿市郊以南20英里①的地方，听上去很不错，不是吗？事实恰恰相反。我们以200美元的月租价格租下了一栋摇摇欲坠的复式楼——那栋房子如今已经被木栅栏围起来，随时准备拆掉。这里有流浪猫狗、酒铺、教堂、瘾君子、醉鬼、年久失修的住宅，但并不是一个暴力和危险的街区，只是贫穷而已。

随着处境日益窘迫，母亲的酗酒情况也越发严重。在童年的一段相当长的时间里，我认为钞票有两种颜色：绿色和白色。母亲有时会以50美分的价格卖掉"白色的钞票"以换得"绿钞"去买酒——我那时并不知道她卖掉的其实是食品券。有全职工作时，她还能领到微薄的薪水，但她没有哪份工作干得长久。酒瘾一来，她就连续几天待在潮湿的一居室公寓里饮酒，什么东西也不吃，只是窝在脏兮兮的灰褐色沙发上，一刻不停地喝酒，疯狂抽烟，把自己弄得像烟囱一样。我们的家永远弥漫着由尿骚味、空啤酒罐和劣质香烟混合而成的气味——即便现在我好像也还是能闻到。

每次打开厨房的灯，我都能看到蟑螂四处乱爬——似乎是从隔壁邻居那里爬过来的。邻居是个善良而孤独的男人，一个70多岁的"二战"老兵，似乎拥有能堆满三四套房子的物品，对虫子毫不在意，也许因为他见过比这糟糕得多的东西，也可能是因为这些虫子能跟他做个伴。每用拖鞋拍死一只蟑螂，母亲都会默念出自《马太福音》里的"爱人如己"。但当她喝醉的时候，这句话就会变成"去他妈的邻居"。很长一段时间里，我都以为这两句话分别出自《圣经》中两个不同的段落，类

---

① 1英里约合 1.61 公里。——编者注

似《圣经·旧约》和《圣经·新约》之间的差别。

母亲是虔诚的天主教徒。事实上，她20多岁时曾是一名修女，后来还俗，先后做过空姐和秘书，最终在近40岁时成为一名母亲。她每天都会祷告数次，不曾落下一日，念珠在她手中翻转晃动，她的右手拇指和被尼古丁染黄的食指都磨出了茧。她每次都会念经文以及匿名戒酒会的《宁静祷文》，求上帝助她摆脱忧愁与痛苦，治愈疾病。但无论她怎样诚心祷告，宁静从未降临。

我得手脚并用才能数清家里停电的次数，总之是比邻居家频繁得多。不过没关系，我们只要从隔壁拉根延长电缆就能维持电视的正常运转。冬天停电的时候，家里太冷，母亲会带着我在不同男人家里过夜。在家的时候，母亲整个下午都在熟睡，我则在玩《特种部队》的玩偶游戏。我还记得，每次玩完，我都会仔仔细细地将每个玩偶放回塑料盒，让一切回归整洁有序。这是我混乱生活中唯一可控的事情。"好人"放一个盒子，"坏人"放一个盒子，他们的武器放在第三个盒子里。偶尔会有几个人从"坏"变"好"。

破烂不堪的前门门廊上有道裂缝，曾经用三块木板填补，但后来木板都消失了。门阶上有时会出现食品杂货袋。母亲告诉我，那是圣安东尼听到了她的祷告，为我们带来了食物。很长一段时间，我们都依靠圣安东尼的花生酱、切片白面包还有果酱吐司饼干和水果卷一类的甜食过活。7岁时，我从那个破门廊上摔了下来：一条木板承受不住我即将步入青春期的矮胖身躯，塌掉了，我脸朝下跌到了4英尺下的人行道上。我鲜血淋漓，大哭不止，同时感到奇怪的双重恐慌，既为从下巴流出的血恐慌，也为母亲的反应而恐慌。当我尖叫着跑回屋，双臂胡乱挥舞，不知所措时，母亲仍躺在沙发上一动不动。我独自一人走了两英里去看急诊。那次受伤留下的伤疤至今可见。

我一年级的老师不止一次称我为"钥匙儿童",我那时还不知道这是什么意思。大多数时间,我放学后步行回家,一打开门就看到母亲喝晕在沙发上,烟灰缸里还有香烟在燃烧,烟灰自顾自地烧到滤嘴以下一英寸[①]半。她似乎误解了"全职母亲"(待在家里的妈妈)的含义。

别误会,我母亲是个善良的女人,有一副好心肠。她关爱他人,爱我至深。我也爱她,直至今日我也十分爱她,我非常怀念她,经常在梦里梦到她。她不是坏人,只是生活失去了意义,催生无法遏制的不满。

作为一个孩子,我很自然地认为不快乐是因为缺钱。只要我能挣钱,挣很多钱,我就会开心,不会重蹈母亲的覆辙。我会拥有一切能给我的生命带来持久喜悦的东西。所以,在18岁时,我没有去上大学,而是进了一家企业,从底层做起,在之后的十年一点点往上爬。从清晨的会议到深夜的销售电话,我一周工作80个小时,为了"成功"营营役役。

28岁时,我拥有了儿时梦寐以求的一切:6位数的薪水、豪华轿车、满衣柜的名牌服装,还有一幢坐落在市郊的大房子,里面的卫生间比住的人还多。我是公司140年历史上最年轻的主管,负责俄亥俄州、肯塔基州和印第安纳州的150家零售店。我的生活被消费所驱使,而我所拥有的一切能填满生活的每个角落。若隔着一段距离观望,你会认为我就是美国梦的代名词。

但在那之后,两件突如其来的事迫使我扪心自问:生命中最重要的究竟是什么?2009年,母亲去世,同一个月,我的婚姻走向终点。

当我开始质疑一切时,我意识到,自己过于专注所谓的成功与成

[①] 1英寸合2.54厘米。——编者注

物质财产是我们
内心世界的外在
显现。

就，尤其是物质上的积累。我或许"实现了美国梦"，但那并非我的梦。当然，也谈不上是噩梦，只是不值一提。奇怪的是，我孜孜以求，得到了我想要的一切，最终却意识到这并非我心之所向。

杂物窒息

在我27岁那年，母亲从俄亥俄州搬到佛罗里达州，终于退休了，靠社会保障过活。几个月后，她被查出罹患肺癌，已经到了晚期。那一年我大部分时间都在佛罗里达州陪她熬过放疗、化疗的日子，看着她因为癌细胞扩散日渐消瘦，记忆减退，同一年的晚些时候，她终于撒手人寰。

她过世后，我需要再去最后一趟，处理她的遗物。我从俄亥俄州的代顿市飞到佛罗里达州的圣彼得斯堡，到了之后，我看到了能堆满三间屋子的东西，全都塞在她小小的一室公寓里。

这并不意味着我母亲是个囤积狂。即便是，鉴于她拥有敏锐的审美，她可能会成为极多主义的室内设计师。但经过65年的不断累积，她的个人物品确实堆积如山。只有不到5%的美国人被诊断为强迫性囤积症，但这并不意味着其余的95%就不会过度消费。我们都会。我们用尽一生的时间收集回忆，紧握不放。母亲便是如此，而我对其中任何一样东西都束手无策。

于是我做了任何一个好儿子都会做的事情：打电话给友好（U-Haul）搬家公司。

我在电话里预定了最大型的卡车。由于需要的车型过大，我不得不多待一天，等这辆26英尺长的卡车到位。与此同时，我邀请了母亲的几个朋友来帮我整理，因为我一个人根本搞不定。

母亲的起居室里塞满了大型复古家具、古画，以及我数不过来的装饰布；厨房里有几百个盘子、水杯、碗，还有不成套的餐具；浴室里的卫生用品可以开一家小型美容用品商店。她的衣橱里满是大量不成套的浴巾、餐巾、沙滩毛巾、床单、毛毯和被子，看起来就像一间旅馆的配套用品。啊，卧室就更不必说了。母亲为什么会在卧室衣柜里塞了14件冬季大衣？14件！她住在距离海滩半英里的地方！简言之，母亲的物什超出我的想象，对于如何处置，我感到一筹莫展。

于是我做了任何一个好儿子都会做的事情：租下一个储藏库。

我不想把母亲的东西和我的东西混在一起。我已经有一栋大房子、一个很大的塞满东西的地下室。而一个储藏库能帮我存放母亲留下的东西，以便在我假想的可能根本不存在的某一天，我能用到它们。

就这样，我把母亲的每样东西都打包好。掀开她那安妮女王式床的床帏查看床下时，我发现了四个打印纸的包装盒，沉甸甸的，年代久远，被胶带缠得里三层外三层。我把它们一个一个拖出来，看到每个盒子上都用黑色粗记号笔标着号码：1，2，3，4。我站在那里，凝视这几个盒子，琢磨着里面可能会装着什么。弯腰，闭眼，深吸一口气，睁眼，呼气。

打开盒子，我看到自己从小学一年级到四年级的绘画作品、家庭作业和成绩单，我的好奇心彻底失控。我的第一个念头是："母亲为什么会保留这些无聊的作业纸呢？"但回忆很快席卷而来，答案显而易见：母亲希望抓住一部分的我。她一直紧抓着这些盒子里的回忆，不肯放手。"但是等等！"我在空荡荡的房间里大叫了一声，意识到母亲其实在这二十多年中从未打开过这些盒子。显然，她从未碰触过这些"回我们的回忆并不在东西里，而在我们的内心深处。

忆"。这个发现让我第一次弄明白一件很重要的事情：我们的回忆并不在东西里，而在我们的内心深处。

或许这就是18世纪苏格兰哲学家大卫·休谟所说的："思想很容易延展到外部事物，并将其与内心印象结合在一起"。母亲根本不需要一直保存着那些盒子，以留住一部分的我——我从来都不在那些盒子里。然而，当我环顾她的公寓，望着她所有的遗物时，我意识到自己正在重蹈覆辙。我没有把母亲的回忆装进盒子里放在我的床下，而是打算把它们塞到一个更大的盒子里，锁好，以备不时之需。

于是我做了任何一个好儿子都会做的事情：打电话给搬家公司取消了之前预约的卡车，然后退订储藏库，在接下来的12天里，将几乎所有的物品出售或捐赠。在这个过程中，我的收获远远超过自己的预期。

除了意识到回忆并不存在于物品当中，我还对真正的价值有了更深的认识。诚实一点说，我也想自私地将母亲的绝大部分东西留下。可如此一来，这些东西只会被永久地锁住，无法实现任何真正的价值。相反，如果我选择放手，它们还能为别人的生活增光添彩。所以我将母亲的大部分遗物都捐赠给了她的朋友和当地的慈善机构，为它们找到了新家。因为一些人弃如敝屣的东西，或许正是旁人急切所需。我还出售了少许物品，把得来的钱捐给了在母亲放化疗期间帮助过她的两家慈善机构。做完这一切，我也明白了，如果我愿意放手，便可超越自我，奉献更多。

最终返回俄亥俄州时，我只带了几样寄托感情的物件：一幅古画，几张照片，可能还有一两块装饰布。东西少了，我反倒更能享受它们。要是被几十上百件纪念品稀释了其价值，这几样寄情小物就不能给我带来这么多感受了。

我从这件事中学到的最后一点是十分实用的经验。尽管回忆并不存在于物品之中，但物品有时确实能唤醒我们内心深处的回忆。于是，在离开佛罗里达之前，我给母亲的很多遗物都拍了照，带着几盒她的照片回到俄亥俄州，再扫描成电子版存档。

这些照片让我更容易放手，因为我知道自己并没有丢掉任何回忆。

总而言之，我必须卸掉肩上的包袱，才能重新出发。

井井有条的囤积者

回到家中，我觉得是时候盘点一下自己的生活了。表面上看，我的生活井井有条。但其实我只不过是个井井有条的囤积者。在临床上，囤积位于强迫症光谱的最远端。作为一个被确诊为强迫症的人，我确实会囤积。但是不同于电视节目里那些将东西丢得桌上地上到处都是，不放过任何一个平面的人，我以一种井井有条的方式把我的垃圾藏了起来。

我的地下室能为Container Store①做广告了：一排排贴着标签的不透明塑料箱堆放在一起，过期的《智族》和《时尚先生》杂志，皱巴巴的卡其裤和Polo衫，网球拍和棒球手套，从未用过的帐篷和各种"露营必需品"，所有物品都堆放其中，谁知道还有什么。我的娱乐室是个小型Circuit City门店：电影光盘和唱片以专业的字母顺序排列，整齐地挂在墙上，旁边是一台超大投影电视和一套环绕立体声音响，音量开到一

① Container Store 为美国存储及收纳用品零售商。下文的 Circuit City 为美国电器及数码产品零售商。——编者注

半就会违反城市噪声规定。我的居家办公室需要用到杜威十进制系统：从地面延伸至天花板的书架上摆着将近2000册书，大部分我都没读过。我的步入式衣帽间还原了《美国精神病人》（*American Psycho*）的场景：70件布鲁克斯兄弟牌礼服衬衫，12套笔挺西装，至少50条设计师款领带，10双皮底正装鞋，100件款式各异的T恤，20条同款牛仔裤，足够一个月不重样的袜子、内衣和饰品，全都整齐叠放在抽屉里或是挂在等距排列的木制衣架上。我不断囤积，永不满足，而无论如何清理、整顿、规划，混乱总是溢出了表面。

当然，一切看上去都很不错，但那只是表象。我的生活是一团井然有序的乱麻，但其实我被自己的堆积行为压得喘不过气，我知道必须做出改变。我想要简化。"极简主义"就是在这种背景下进入了我的生活。

对我来说，简化以这样一个问题开始：东西少一点，生活会不会变得更好？

这样提问是为了确定简化生活的目的，不仅仅是为了弄清"怎么做"，更重要的是找出"这样做的原因"。如果生活得到简化，我就有更多时间关注自己的健康、人际关系、财务状况和创造力，还能以一种有意义的方式做出超越自我的贡献。你看，在动手清理衣柜之前，我已经充分理解了简化的益处。

所以，真正开始付诸行动时，我选择从小处开始。我问了自己另一个问题：如果每天丢掉生活中的一样物品，只丢一样，一个月后会发生什么呢？

让我告诉你，在最初的30天里，我丢掉的东西远超过30样，比这多得多。弄清究竟该舍弃些什么，几乎成了一项个人挑战。我在房作为极简主义者，生活中的每件物品都应该发挥作用或给我带来愉悦。否则就应该舍弃。

间、衣橱、橱柜、走廊、汽车和办公室里寻寻觅觅，翻箱倒柜搜寻可以扔掉的东西，只希望留下对生活真正有价值的物品。我逐一审视家中的物件，包括童年的棒球棒、缺了几块的旧拼图以及婚礼华夫饼制作工具，最后扪心自问："这些东西能为我的生活增添价值吗？"问得越多，我越是干劲十足，也越能得心应手地丢弃。在这个过程中，我越发感到自由、快乐和轻松，发自内心地想要丢掉包袱。半柜子的衬衫最终只留下了几件；存了一整个书房的DVD只留了几张；堆满了抽屉的装饰品也只留下几件。这是个美妙的循环，每重复一次都会让人更充满动力。

母亲去世后的8个月里，我频频造访附近的捐赠中心，舍弃了90%以上的个人物品。混乱归于平静。当时，我的家已经变得空旷了些，但与奉行了极简主义十多年后的今天相比，还是有差距。如果你在当时造访，肯定不会跳起来说："这是个极简主义者！"而可能会说："他真整洁！"你还会问我如何与家人一起将一切打理得"井井有条"。现如今，我的妻子、女儿和我自己都没有太多的个人物品，但我们拥有的每件物品都真正有益于生活。厨房用具、衣服、汽车、家具，每一样都能发挥功用。作为极简主义者，生活中的每件物品都应该发挥作用或给我带来愉悦。否则就应该舍弃。

随着杂物被清除，我内心更深层次的问题呼之欲出：我何时给物质财产赋予了那么多意义？什么是我生活中真正重要的东西？我为何一度欲壑难填？我想成为什么样的人？我如何定义自己的成功？

这些都是很难回答的棘手问题。但事实证明，比起简单地扔掉多余的东西，这些问题要有益得多。如果我们不认真严肃地面对这些问题，那么在不远的将来，我们清理过的衣柜又将充满新购买的东西。

在我丢弃东西和直面人生严肃问题的过程中，我的生活开始变得十分简单。很快，同事们都察觉到了我的改变。

"你看上去压力没有那么大了。"

"你看起来平静多了。"

"你怎么了？看着和蔼可亲了好多！"

我和最好的朋友瑞安·尼科迪默斯在我俩还是五年级的胖小子时就相识了。他也来问我："见鬼！你怎么这么快活？"

我便向他道出了极简主义。

"极简主义是什么玩意儿？"他问。

"让我们不为物品所累的一种生活哲学，"我说，"知道吗，瑞安，我想极简主义于你同样有意义，因为，嗯……因为你的生活也是乱七八糟的。"

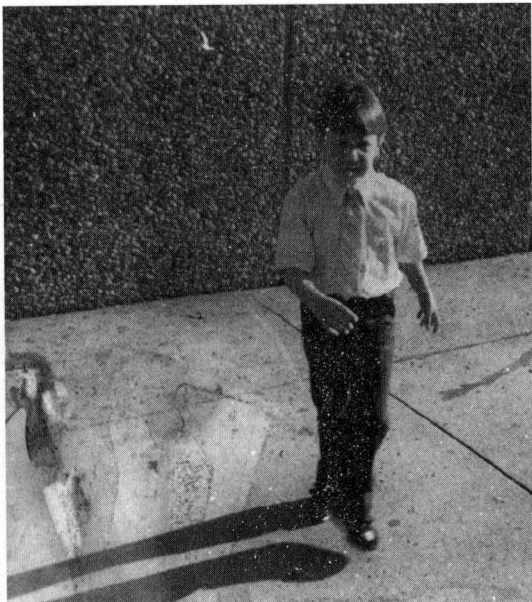

梦开始的地方

出生在一个机能失调的家庭（那时候"机能失调"这个词还没有流行起来），瑞安·尼科迪默斯有一个和许多人相同的故事开篇——一个不愉快的童年。7岁那年父母离异后，他跟随母亲生活，后来继父加入进来，一家人住在加宽房车里。他目睹了大量吸毒、酗酒和家暴的惨剧，当然，还有经济问题。

尽管还能靠政府失业救济金过活，经济困难仍是瑞安的母亲最大的不如意。对瑞安的父亲来说，钱也是个问题。他是个狂热的"耶和华见证会"信徒，做着粉刷匠的小本生意。虽然买卖是自己的，他还是要竭尽全力才能让收支平衡，日复一日，他既无存款，对未来也没有规划。

十几岁的时候，瑞安暑假大部分时间都在为父亲工作，在极尽奢华的房子里刷墙、贴壁纸，那些房子里有10000平方英尺（约合929平方米）的车库、室内游泳池和私人保龄球馆。瑞安从未想过拥有这样的豪宅，但这一切却在他脑海中留下了挥之不去的印象。

在一个炎炎夏日，瑞安和父亲开始了一份贴壁纸的工作。那是一间位于俄亥俄州辛辛那提市郊区的漂亮房子，不是百万豪宅，却比他父母拥有过的所有东西都漂亮。见到屋主时，瑞安很快体会到这对夫妇的幸福。墙壁上挂着屋主人和朋友们笑脸盈盈的照片，似乎也印证了他们美满的生活。家里的物什，电视、壁炉、家具、服装，占满每个角落。在屋里贴壁纸的时候，瑞安想象自己生活在这里，想象着要是能拥有一个填得满满当当的家，该是多么快活的事。工作进行到尾声，瑞安问父亲："我要挣多少钱才能生活在这样的房子里？"

"儿子，"父亲回答，"如果一年能挣到5万美元，你或许就负担得起了。"记住，那是20世纪90年代，那时候瑞安的父母一年从来没挣到过5万美元。于是，5万美元成了瑞安未来的基准点。

一个不断变化的目标

高中最后一年，瑞安和我孤零零地坐在午餐桌边，讨论毕业后的计划。

"我不知道我要干什么，米利，"瑞安叫我的昵称，"但我知道，如果能找到一年挣5万美元的法子，我肯定会开心。"

我没有任何反驳的理由，于是我们都以此作为目标。1999年，毕业一个月后，我成了本地一家电信公司的销售代表。几年后，我被晋升为门店经理，瑞安则一边给他父亲打工，一边在当地的日托中心兼职。我让他来跟我一起干。我只是在他面前晃晃佣金的支票，他就迅速上钩了。

数月内，瑞安就成了我团队里的金牌销售，他也很快赚到他梦寐以求的5万美元。但还是有什么出了问题——他并未感到快乐。他回顾最初的源头，迅速找到了问题所在——他忘了针对通货膨胀进行调整。也许6.5万的年薪是一种幸福，又或许是9万，或是六位数。也有可能，拥有众多的物什即幸福。不管幸福是什么，瑞安意识到，只要自己达成所愿，就能感到自由。于是，他挣到的钱越来越多，花得也越来越多——皆是为了追求幸福。对瑞安来说，每一次消费都让他离美国梦更近，却

离自由越来越远。

2008年，高中毕业后不到十年，瑞安拥有了他"应当"拥有的一切：体面的公司、响亮的头衔、6位数的薪水、管理着几百位员工、每两年换一辆新车。他的"家"有三间卧室、三间浴室、两间起居室——一间他用，另一间他的猫用。人人都说瑞安·尼科迪默斯是成功人士。

确实，他拥有代表成功的诸多装饰物，但同时也拥有了不少外界看不到的东西。尽管挣得很多，他仍然债务缠身。但是他追求幸福的代价远非金钱可以衡量。他的生活充斥着压力、恐惧和不满。当然，他或许看起来成功，但他却深感痛苦，不知道对自己来说真正重要的是什么。

但有一点是显而易见的，他的生活中有一个巨大的空洞，因此，像很多人一样，他试图用物品来填补。名目繁多的物品。他购买新车、电子产品、衣服、家具、家庭装饰品。当银行存款不足时，他刷信用卡来支付昂贵的餐食、酒水和度假账单。他实际上负担不起这样的消费方式——以不属于自己的钱购买不需要的东西。

他想自己终会找到幸福，就在某个转角，不是吗？但物品不但没有填补他的空虚，反而扩大了这道生活的缺口。由于并不知道什么才是重要的，瑞安继续用物品填补空白，继续举债，拼命工作来购买那些并不能给他带来幸福、喜悦或自由的物品。就这样持续数年，一切陷入恶性循环。起泡，冲洗，重复。

下行螺旋

20多岁时，瑞安的生活表面看来风光无限，但在内心深处，他一点都不觉得自豪，他整个人一团乱。在这个时期，酒精开始在他的生活中扮演重要角色。每天工作结束前，他都会盘算约谁共度夜晚的欢乐时光。很快，他每晚都离不开酒，半箱啤酒、半打烈酒，有时更多。

从酒吧出来，或是结束公司活动之后，瑞安经常醉醺醺地开车回家。如果第二天早上他还能找到钱包和手机，那就已经算是美好的夜晚了。他经常如此。事实上，在酒驾回家的路上，他的新车至少撞过三回，或许还有第四回，只不过他已经醉得不省人事。他每辆新车都会在数月内磕碰剐蹭，不知为什么他却从来没有被判过"酒后驾驶"，也算是谢天谢地，他没有伤到过任何人，除了他自己。

他记得，在一个情绪极其低落的夜晚，他吐得到处都是，还吐了不止一次，毁了同事起居室的地毯、朋友的生日蛋糕、自己价值1000美元的麂皮夹克，还有他的名声。就在一夜之间，一切有如拙劣情景喜剧中的场景。唯一的差别在于，这是现实生活，每次饮酒他的生活都会走向失控。

问题不只是酗酒，药物滥用使局面变得更加难以收拾。车祸之后几周的某一天，瑞安再次从宿醉中醒来，发现自己的拇指受伤了。无所谓，他想，这还不算太糟。急诊室医生给他开了盐酸羟考酮和对乙酰氨基酚片剂用以缓解疼痛。几个月内，瑞安成瘾了。当无法再次从医生那里开到这种药时，他便通过非法途径购买。盐酸羟考酮和对乙酰氨基酚片剂、维柯丁、奥施康定——一切他能弄到手的阿片类药物。受伤的拇指加上强烈的绝望感，这一切将他的用药量推升至每天20片，有时甚至达到40片。酒精加药物，他每个月要花将近5000美元来自我麻痹，才能承受自己一手创造的生活。

接踵而来的便是服药过量。"我的人际关系糟透了，工作、房子、车子、债务，一切都糟透了，我拥有的一切都很差劲，我的人生一文不值"——瑞安被这样的绝望所击溃，吞下一整瓶药。他并不想自杀，只是想结束这一切。尽管被抢救过来了，但他在精神病院度过了一周，在荧光灯的强光下逐渐恢复清醒。他这一住院，又收到了一堆新的医疗费用账单，他负担不起，于是迅速回到酒精加药片的状态，试图逃离生活本身。

他的人际关系也因他的行为而支离破碎。尽管自己没有意识到，但他当时是个典型的施害者。离婚之后，他欺骗几乎每一任女友。他习惯性地撒谎，对每个人、每件事。为了隐藏秘密，他与所有亲朋好友断了联系，因为他认为自己的现状不堪入目。他不再与家人朋友共度时光，而是和喜欢同类药品的人厮混。

他母亲就住在附近，但他几乎不怎么去看她。他说自己工作很忙，这倒不假，因此他的母亲也表示理解。可事实上，他是在忙于药品、酒精以及自己编造的连篇谎言。

外立面依然漂亮，其下的主体结构却已摇摇欲坠。尽管拥有了大房子、不断更新换代的车子、理想的物质财富，瑞安却无法从中找到任何意义；他的生活缺乏目标与热情、价值与方向、满足与爱。起初是缓缓下沉，尔后是急速下坠，他的生活支离破碎，自己都不知道自己是谁。如今，每天早上浴室镜子里盯着自己的男人，已不再是那个梦想赚到5万美元年薪以期拥有幸福生活的年轻人。

瑞安继续每周工作60—70小时，有时甚至达80小时，他牺牲了生命中真正重要的事物。他几乎从不考虑自己的健康、人际关系或是创造力。最糟糕的是，他感觉自己停滞不前：不再成长，不再超越自我做出任何贡献。

又一个周一，在办公室里，又一场乏味的营销会议结束，我和瑞安站在一个没有窗户的走廊，我问他，如今还会对什么充满热情。一夜宿醉后，他此时呆呆地看着我说道："我不知道。"他每个月不仅依靠薪水而活，还为了薪水而活：为物质，为并不热爱的职业，为酒精、药品和坏习惯，而生活——那甚至根本就不是真正的生活。他没有察觉到这一点，只是感到郁闷沮丧。他只是潜在自我的一个躯壳。

一场与众不同的派对

从各方面来看，瑞安的生活跟一个废弃的购物中心没什么两样。经年的过度消费、追逐短暂的快乐，忽视身边人，永无餍足地追求更多，使他内心非常空虚。所有人都离他而去，一切有意义的事物消失殆尽，只留一具空壳。

然后，年近30之际，他发觉，相处了二十多年的至交好友，也就是我，变得不一样了。他告诉我，这么多年，我头一次看上去真正开心。但他不明白这是为什么。过去的十年里，我们在同一家公司并肩工作，一级一级往上爬，我也确实跟他一样过得苦不堪言。不仅如此，我还经历了人生中两个至暗时刻——母亲去世、婚姻破裂。我似乎找不到开心的理由。如此想来，我确乎不应该比他更快活！

于是瑞安做了所有至交好友都会做的事情：请我到一家高级餐厅（赛百味）吃午饭。在我们啃着三明治的时候，他问了我那个问题："见鬼！你怎么会这么快活？"

接下来的20分钟里，我讲述了自己走向极简主义的艰辛旅程，给他解释我如何用几个月的时间给生活做减法，丢掉杂七杂八的物件，给真正重要的事物腾出空间。

作为一个矫枉过正的问题解决者，瑞安当即决定成为一名极简主义者。面前摆着吃了一半的饭，他抬头看着我，兴冲冲地宣布："太棒了，算我一个！"他停了一下，看到我一脸困惑的表情，像是在说"啥？"

"我要成为一个极简主义者！"他叫唤着。

"嗯，好的。"我说。

"然后呢，该怎么办？"他问。

我不知道。我没想说服他或是任何人成为一个极简主义者，所以我也不知道该做什么。我给他讲了我在8个月中逐渐减负的经历，但那对瑞安来说太慢了，他想要立竿见影的结果。

过了一会儿，我有了个疯狂的想法："你上一次不得不直面自己所有的物品，是什么时候？"

"什么时候？"他问。

"在你搬家的时候。"我说，不到一年之前我自己刚刚搬过家。"那么，我们假装你要搬家，如何？"

于是我们就这么干了。在那家赛百味餐厅，我们决定把瑞安所有的东西打包，就好像他要搬家一样，然后，他只能打开那些接下来三周里自己需要的东西。我们称之为"打包派对"——因为你只要在任何事物后加上"派对"，瑞安就会随叫随到。

那个周日，我开车到瑞安家里帮他打包，衣服、厨房用品、毛巾、电子产品、电视、相框照片、艺术品、洗漱用品，一件不落。我们甚至把床单铺在家具上，令其变得没法用。忙活了9个小时，吃了两顿外卖比萨之后，所有东西都打包好了，整个房间都是硬纸箱的味道。我们坐在他的第二间起居室里，盯着堆起的纸箱子，精疲力竭。天花板距离地面有12英尺（约合3.66米），纸箱堆起来有房间的一半高。

瑞安所拥有的一切，过去十年里他为之奋斗的每一样东西，都被装在纸箱中。盒子堆叠着，每个盒子都贴了标签，以便他需要时能找到："杂物抽屉""客厅1号""厨房用具""卧室壁橱""杂物抽屉7号"等等。

之后的21天里，他只打开了自己的必需之物：一个牙刷，床单，上班穿的衣服，他实际使用的家具，锅碗瓢盆，一套工具。只打开了这些对他生活有价值的东西。3周之后，他80%的物品还在盒子里，原封不动。看着这些盒子，他甚至都想不起来大部分盒子里装的是什么。他本

消费本身并无问题，
轻率的消费才会带
来不良后果。

以为这些东西会使自己感到幸福，结果并非如此。就在那一刻，他决定放手，将这成堆的纸盒子里面的东西，或捐或卖。

持续数周的"派对"结束之际，瑞安说他成年以来第一次感到自由：舍弃无用之物，给剩下的东西腾出空间，当这件事做完，他立刻感受到了自由。摆脱赘余并没有改变他的生活，却为接下来几周或几个月即将发生的变化留出了空间。

瑞安重新调整了自己的生活，清除了残存物，培养了强大的新习惯，我们将在后文中逐一道来。对他而言，这就好比把那个废弃的购物中心重新改造成一个社区空间，让他的生活回归本原。简化生活的最初几个月，虽然艰难却意义深远。很长一段时间以来，也可能是有史以来，他第一次超越了自我。他开始关注社区，而不是消费主义；开始给予，而不是索取；开始将注意力投向人本身，而非物质。与此同时，暴饮暴食、唯我主义也逐渐退出舞台，为其他事物腾出空间。尽管并非刻意为之，瑞安也开始明白，自己并不是宇宙中心。

极简主义者

经历了一个月的断舍离之后，随着习惯的改变，瑞安的生活渐入佳境，关注的事都发生了转变。他意识到，只要能寻得有效途径来分享自己的故事，人们或许会从他新得到的满足感中发现价值。他知道我热衷写作已经有段时间了，于是，2010年，我们做了那时大多数年近而立的人会做的事情：开博客。我们将其命名为TheMinimalists.com。

　　我们的博客12月14日正式上线，不久，值得注意的事发生了，在开博客的第一个月里，访客达到52人！我知道这听上去可能不过尔尔，但我跟瑞安都很兴奋，因为这意味着至少有数十人从我们关于"极简生活"的文字中发现了价值。

　　很快，更令人瞩目的事情接踵而至，读者数量从52到500，从500到5000，时至今日，我们有幸每年与数百万人分享我们的极简主义理念。这说明，当你能为他人的生活增添价值时，他们会迫不及待地将你的故事分享给亲朋好友，让他们也获益。增添价值是人类的一项本能。

　　而今，简化生活十年后，被称为"极简主义者"的瑞安和我成功帮助两千多万人"减负"，过上了更有意义的生活——这皆源于人们在一个简单信息中发现的价值：放手很重要，这样我们才能为更重要的事物腾出空间。

何谓极简主义

极简主义始于物品，但那只是个开始。当然，乍看之下，人们很容易认为极简主义的要义就在于抛弃物质财富。清理。简化。淘汰。抛弃。剥离。删减。放手。

若果真如此，那每个人都可以租个大垃圾箱，将废品一股脑丢进去，立刻体验永恒的幸福。然而，就算抛弃了一切，你仍然有可能感到痛苦不堪。当回到空空如也的家中时，你可能会更不好受，因为没有了那些慰藉物。

剔除赘余是这一处方里重要的一味药，但也只是其中一味。假如我们只关注物品，就会忽略更重要的部分。摆脱杂乱不是结果，只是走向极简主义的第一步。诚然，你会感到轻松，但舍弃所有物并不会带来持续的满足感。

这是因为，消费本身并无问题，轻率的消费才会带来不良后果。要改变这一点，我们可以在每天做决定之前更加深思熟虑一些。我们确实都需要物品，问题的关键在于，我们拥有的物品，无论从质量上还是数量上来说，都应该恰如其分，不符合这一点的就该舍弃。这才是极简主义的切入点。

极简主义者关注的并非让物质财产少一点，再少一点，而是为更多的时间、热情、创造力、经验、满足感和自由腾出空间。清理杂物为那些让生活更有价值的无形资产创造了空间。

有时候，人们之所以会抗拒极简主义，是因为这个词听起来极端、激进、颠覆性十足。这些人惧怕走出既定的文化疆域，回避对生活的精简，因为他们不想被贴上"极简主义者"的标签。

如果"极简主义"一词似乎过于严肃，那么你也可以重新定义自己的简化风格——选一个你乐于接受的"主义"：意向主义、足够主义、选择原则主义、要素主义、策展主义、求实主义、自主生活主义。无论是怎样的名目，极简主义能让我们超越物质，为生活中更重要的无形事物留出空间，这便是极简主义的要义。

那么，所谓"重要的东西"是什么？这正是本书想要揭示的。

本书并非房屋清理指南，那类书籍已经足够多。尽管也会涉及一些断舍离的实用技巧，但我们真正希望的是简略带过第一步简单的清理环节，探索由此衍生出的诸多可能性，本书最重要的部分是对下一阶段的指引：如何审慎生活——相对第一阶段而言，这个难度更大。从物质开始，而一旦你做到了让物质变"少"，我们会告诉你如何为正确的"多"腾出空间。

人是拿来爱的，东西是拿来用的

这一书名的灵感缪斯，是两个令人意想不到的人。一是尊敬的富尔顿·约翰·施恩大主教（Fulton J. Sheen）。大约在1925年前后，他曾说过："你一定要记得人是拿来爱的，东西是拿来用的，而不是反过来。"孩提时代，我几乎每天都会看到这个警句。我那位天主教徒的母亲，巧妙地将之装裱起来，挂在自己床头上方。因此，每次我经过她的卧室都能看到。近一个世纪之后，说唱明星奥布瑞·德雷克·格瑞汉（Aubrey "Drake" Graham）在他的歌曲里予以回应，"希望你学会人是拿来爱的，东西是拿来用的，而非反其道而行之"。极简主义者再次改写，从而创造了一句口号，来定义我们所传达的信息："人是拿来爱的，东西是拿来用的，反过来行不通。"我们的每集播客都会以这句话结束。我跟瑞安在现场活动结束时说出这句话时，总会引来观众的齐声应和。一些大胆的人甚至将这句话文在身上，日日提醒自己。

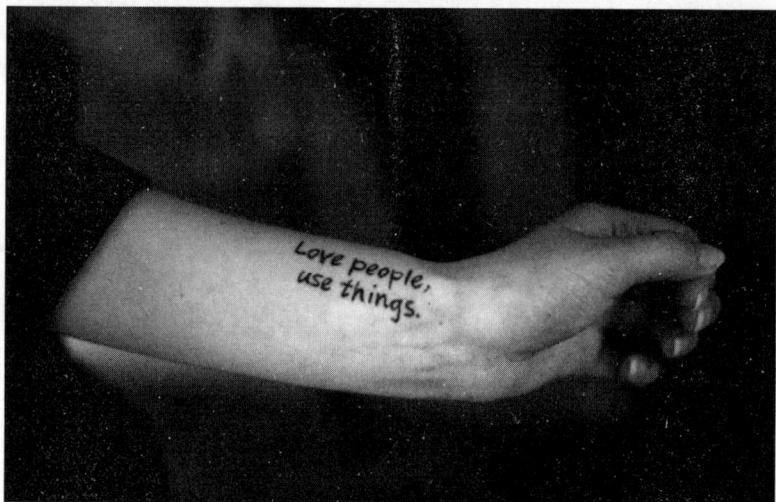

极简主义本身并不是什么新生的想法，其源头可以追溯到斯多葛学派，追溯到每个主要的宗教派系，以及近期的爱默生、梭罗和泰勒·德登。真正的新问题在于，人们从未像现在这般受到物质主义的诱惑，也从未像现在这样愿意为了大量无意义的东西而放弃心爱之人。

通过这本书，我们要让极简主义久经考验的方法论绽放新的光芒，每个章节将集中探讨其中一个要义。此书不是要带你远离现世生活，而是让你了解如何在这个世界更好地生活。

如何摆脱那些我们自以为的必需品，并自信地生活？如何让生活变得更有意义、更有价值？如何重新定位生活的重心？如何改变看待自己的方式？如何从生活中得到向往的东西？

为了探讨这些问题，瑞安和我探讨了七种基本关系：物品、真相、自我、价值、金钱、创造力和人本身。正是这一切决定了你之为你、我之为我。这些关系以各种意想不到的方式，在我们的生活中纵横交错，构成反复出现的破坏性模式。因为这些模式被掩盖在物质的杂乱无章之下，我们往往对其疏于审视。本书正是要直面这些关系，并加以探究，为对抗消费主义提供具体的可行方法，帮助我们清除障碍，为有意义的生活腾出空间。

瑞安和我都相信，我们若能将自身的缺陷以及解决问题的历程公之于众，定能帮助大家有效面对自身的问题，以及因过往错误决定而产生的羞耻感。此书正是我们倾吐心声的最佳媒介。在书中，我们也会引用专家洞见和案例研究，揭开人们掩藏于羞耻感之下的真相，就像过去的我们用堆积如山的无用物品来隐藏心中憾事一样。

如何让这本书发挥作用

本质上，每本好书都做到了两件事：沟通和表达，和读者"沟通"一些重要的事情，同时"表达"对世界某种深刻的见解。通常而言，非虚构类图书只会"沟通"，但瑞安和我既想就这些年的所学与大家沟通，也想通过富有表现力的故事来加强其影响，使我们的经验在成为切实可行的指引的同时令人难以忘怀。

德雷克·西弗斯（Derek Sivers）曾说："一本好书改变你的思想，一本伟大的书改变你的行为。"我相信我们写了一本好书，它具备改变读者思想的潜力，但至于能否成为一本伟大的书，则因人而异。因此，在阅读的时候，请将有用的段落标出来，在空白处做些笔记，买个新笔记本（或者终于从一直收在房中各处的众多笔记本中找出一本来用），完成每章最后的练习。还有最重要的，行动起来。

根据美国教育家埃德加·戴尔（Edgar Dale）的"学习金字塔"：

我们会记住

阅读到的内容的10%，

聆听到的内容的20%，

看到的内容的30%，

同时看到和听到的内容的50%，

参与探讨的内容的70%，

个人体验和经历的内容的80%，

教授给他人的内容的95%。

如若只是读过此书，却始终没有付诸实践，那便是错失重点了。能有效吸收阅读的信息自然美妙，但真正能改变生活的唯有行动。如果你希望将此书的信息牢记于心，那就多和他人讨论，甚至将自己学到的教给他人。

为了帮你尽可能地更有所得，承担了极简主义者导师角色的瑞安，会在每章结尾部分增加五个问题，供你在读完这一章的时候回答。同时，与本章主题相关的五个"应做"和五个"切忌"，也都是你立即可以在日常生活中付诸行动的具体措施。在进入下一章之前，请花些时间答题，实践一下"应做"和"切忌"，这会帮你更加透彻地理解读到的内容。

继续往下读，你很快就会发现，《极简关系》不仅仅是一本关于"如何做"的书，也是一本关于"为何做"的书。我们希望在每章终了时，你能将我们的建议付诸行动，改变自己的生活；而书中引人入胜的故事也将成为你有力的工具，让你记住为什么改变是必须的。当你能将"如何做"与"为何做"相结合时，你便掌握了持续改变的秘诀。

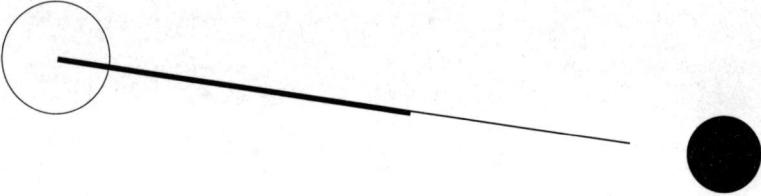

物品

极简关系

在一次"极简主义者"现场活动的会后拥抱环节，我首次见到杰森和珍妮弗·柯肯多尔。他们告诉我，24岁结婚的时候，二人都对未来充满憧憬。他们不知不觉就已经实现了美国梦：4个孩子、两条狗、一只猫、明尼阿波利斯郊外的房子。杰森就职于一家大型保险公司，珍妮弗是全职母亲。

然而与此同时，他们的美梦逐渐演变成了噩梦。

一度被视为梦想家园的房屋已无法承载一家人日益铺张的生活方式，于是他们在远郊购置了更大的房产，代价是30年的抵押贷款和更长的通勤时间。

他们的铺张并不仅限于住宅。为了赶时髦，他们每隔几年就购置新车，步入式衣橱里挂满了名牌服装。为了缓解焦虑，他们周末到购物中心疯狂消费。他们吃了太多垃圾食品，看了太多垃圾的电视节目，互联网上的碎片化信息分散了他们的精力，本应有意义的生活变得肤浅短视。

尽管如此，"太多"还是不够。

35岁之前，杰森和珍妮弗麻烦缠身，钱成了一家人最严重的问题。即使有加班费，杰森每周工作50小时也无法维持家庭的生计。于是珍妮弗找了一份兼职工作来缓解账务压力——包括信用卡、汽车贷款、大学贷款、私立学校学费、住房贷款。

但掩盖于金钱表面之下的还有各种错综复杂的深层次问题。

他们不再有性生活；

他们的事业停滞不前；

他们相互隐瞒自己买了什么东西；

他们在实际开销上彼此欺骗；

他们忽视了自己的创造欲；

他们将对方所做的一切视为理所当然；

他们变得心胸狭窄，心怀怨恨；

他们为自己现在的样子感到羞耻。

结婚十年后，他们感到焦虑、不堪重负、压力重重，因为他们不再能看到理想的愿景。他们将时间、精力和注意力这些最宝贵的资源浪费在毫无意义的事上。那对在24岁的年纪交换誓言的年轻人，曾经是多么热情洋溢、满怀希望，现在已经如此遥远，完全从视野中消失不见。

好吧。

掩饰不满的唯一方法就是重新踏上享乐之路——花钱购买根本不需要的东西，取悦自己并不喜欢的人。他们向消费主义的祭坛顶礼膜拜，将物质奉为新的上帝。

然后，在2016年圣诞节的早上，一个全新的视角呈现在这个家庭面前。拆了一通礼物之后，圣诞树下面的地毯显得光秃秃的，珍妮弗像往常一样打开网飞的界面，无意中看到一部纪录片，《极简主义：关于生命中的重要事物》（*Minimalism: A Documentary About the Important Things*）。电影由马特·达维拉（Matt D'Avella）导演，记录了瑞安和我的经历。①看着屏幕里的简单生活，珍妮弗发现了巨大的反差，一堆堆的包装纸、空盒子，还有一些没碰过的礼物，正散落在

---

① 如果你还不是马特·达维拉的粉丝，帮自己个忙，订阅他在 TouTube 上的频道 YouTube.com/mattdavella，他会迅速成为你最喜爱的极简主义者电影制作人。

客厅的地板上。还不到四个小时，她的孩子们已经对半数新玩具失去兴趣。杰森出于义务给她买的礼物——用他们共同的信用卡——已经被放回盒子塞进壁橱，没人感兴趣，闲置无用，和他们拥有的大部分东西一样。

珍妮弗回忆起大学时光。

那时她的生活是那么简单。

从什么时候开始，一切变得这么复杂？

"复杂"（complex）一词的拉丁词根是"交织"（complect），意为"使两种或两种以上的事物交织在一起"。杰森和珍妮弗的生活充斥着太多可有可无的物品，无尽的干扰和债务交织在一起，他们已经无力区分无用的东西和必需的东西。

复杂的相反面是简单。"简单"（simple）一词的拉丁词根是"单一的"（simplex），意即"只有一个部分"。所以，当谈及简化时，我们探讨的其实是如何解开生活中的结，移除无用的部分，因为一切过于复杂的事物都会缠绕在一起。

珍妮弗知道，如果她和杰森还想重拾快乐，如果一家人还想与真正重要的事物重新建立联系，势必要做出改变。他们需要简化。但她不确定应该从何开始，于是便求助于网络。

在网上，珍妮弗接触到了很多奉行极简主义来简化生活的人。科林·怀特，一个来自密苏里州的20多岁企业家，离开每周工作上百小时的生活，行囊里背着52件物品周游世界。居住在盐湖城的考特尼·卡弗已为人妻，有个十几岁的女儿，她最终抛弃了80%的物质财产，终于能够专注治疗自己的多发性硬化症。乔舒亚和金·贝克尔，一对居住在凤凰城市郊的父母，在舍弃了生活中过多的物品后，成立了一个非营利组织，开始在美墨边境修建孤儿院。关岛的利奥·巴伯塔，一名丈夫和六个孩子的父亲，戒烟后减重80磅，举家搬到加利福尼亚，最终实现了成为全职作家的梦想。

珍妮弗在网上找到了数十个这样振奋人心的故事。这些人过着迥然相异的生活，扮演着不同的角色，已婚夫妇、单身未育，男人、女人，年轻、年长，富有、贫穷，都有。但她注意到，这些人至少有两点共性。第一，他们都生活得从容、有意义，他们热情洋溢、目标明确，看起来比自己认识的那些所谓"富人"更加富有。第二，他们都将这种有意义的生活归功于"极简主义"。

而后，珍妮弗自然还在我们的纪录片里看到了有关"极简主义者"的故事。那时候，瑞安和我看起来跟杰森和珍妮弗很像：一样是35岁上下的普通人，一样来自中西部，一样实现了美国梦，只是我们随后远离了过度放纵的生活，选择追寻更有意义的人生。

打开这扇新世界的大门之后，珍妮弗兴奋不已地着手清理杂物，而杰森则持怀疑态度。但是，事实令人难以否认，在内心深处，他知道必须做出改变才能回到正轨。

对于断舍离，他们既兴奋又恐惧，怀着激动的心情，他们租了一个大垃圾箱，放在塞满物品的房屋旁边。新年假期的周末，他们开始丢弃所有过去一年没用过的东西：衣服、化妆品、玩具、书籍、DVD、CD、电子产品、器皿、盘子、水杯、马克杯、宠物配件、工具、家具、运动器材，甚至还包括一张乒乓球桌。只要没有被钉住拴死，任何东西都有可能被丢掉。

他们将断舍离执行得很彻底。

不到一周，他们的房子已经大不相同。

物品上的混乱逐渐消失。

视野可见的杂物已经减少。

新的回声在房间响起。

这就是简洁的声音吗？

临近2017年1月底的时候，杰森和珍妮弗差不多将家里多余的东西清理干净了。再有不到一周，垃圾箱就会被运走，多年的无意识囤积将永远退出一家人的生活。

他们取得了重大的进展。壁橱、地下室和车库井井有条，留下的家具各司其职。一切都显得井然有序。他们感到呼吸更加顺畅，笑容多了起来，性情也更加亲切随和，真正像是一家人了。他们拥有的每样东西都各尽其用，其余则被清除干净。他们的房子重新给人以温暖的家的感觉。意识到已将真正重要的事物放在优先的位置，他们顿时变得从容自在。

然后，意外发生了。

在约好回收物品的前一天，垃圾箱着火了。没人知道究竟是怎么回事，在那个周二，杰森和珍妮弗还在上班，垃圾箱里满满当当的废弃物着火了。当他们下班回来，房屋已经付之一炬，他们本想留下的东西也随之被焚毁。

万幸的是，火灾发生时，他们的孩子都在学校，三只宠物也都从屋后的狗洞逃离。但其余的一切都已不复存在。

杰森和珍妮弗满眼噙着泪，拥着孩子们，茫然盯着仍在燃烧的瓦砾。究竟发生了什么？多年的辛勤工作，所有成就与积累，一朝成空，空无一物的空间让人什么也说不出来。

这令人恐惧。

这令人沮丧。

这……

令人轻松?

过去的一个月,他们都在练习断舍离,而此时此刻,他们突然意识到,所有的一切,都可以放手。

孩子安好,家庭完整,夫妻二人的关系明显比一个月前好得多。他们的未来掌握在自己手中。成年后第一次,他们摆脱了束缚自己已久的生活方式、财产和期望。他们将缠绕的线条解开了。当所有繁复的纠结随着火灾的烟雾飘上天空,一家人也被这场垃圾箱大火送入了简单生活。

若在一个月前,杰森和珍妮弗可能会因为这样的挫折而崩溃。但在新的视角下,这不再是挫折,而是一种意外的突破。如今,障碍都扫清了,他们面对的唯一问题是:"我们该如何面对这新生的自由呢?"

源于冲动的自由

多少人与杰森和珍妮弗拥有相同的经历呢?数字令人震惊,当然,垃圾箱着火这个情节除外。大多数西方人追求的幸福都是通过冲动消费、及时享乐和表面上的成功来实现的。事实上,十分具有讽刺意味的是,我们所有糟糕的决定,也包括我们所有的不满,都源于对幸福的渴望。这是因为我们常常把幸福与及时行乐混为一谈。

幸福是个难以捉摸的字眼,有时甚至带有欺骗性。不同的人对幸福的理解不同:欢愉、成就、得志、满足,以及对少数博学的思想家而言的安乐。

然而在我看来，人们追寻的是自由，而非幸福。而真正的幸福，即持久的安乐，是这种自由的副产品。

"自由"一词本就令人浮想联翩：一面在风中飘扬的旗帜，一名返乡的战争英雄，一只在峡谷上空翱翔的雄鹰。但真正的自由超越所有这些表象，指的是一些更抽象的东西。

说到自由，你通常会想到在任何时刻都能为所欲为。

为所欲为。

任何时刻。

然而，深入思考，你很快就会意识到那不是自由，而是自我强加的暴政。

任其随心所欲，我6岁的女儿艾拉定会很高兴地"为所欲为"，将玩具扔得到处都是，狂刷YouTube视频，狂吃巧克力蛋糕，不刷牙，在车流中玩耍。

"为所欲为"的时刻的确让人感觉良好，但随着错误决定的不断增加，我们便要为轻率之举付出代价，最终自食恶果。不仅如此，错误的决定还会导致不良习惯，进而破坏我们的人际关系，到最后，我们会发现距离自己追求的自由越来越远。

我们有时会委婉地形容自己缺少自由。

被拴住。

被束缚。

被禁锢。

泥足深陷。

停滞不前。

但我们真正的意思是失去控制，是我们失去了冲破阻碍所必须的自我们所有糟糕的决定，也包括我们所有的不满，都源于对幸福的渴望。这是因为我们常常把幸福与及时行乐混为一谈。

律：我们被过往拴住，被事业束缚，被禁锢于一段关系中，在债务中泥足深陷，在一亩三分地里停滞不前。

更糟糕的是，一些财富与成就也披上了自由的外衣，闪闪发光的跑车、郊区豪宅，拥有独立办公室的职位——这一切代表的其实是自由的反面：虚假自由。美国的普罗大众，就站在自家修剪整齐的草坪上，被囚禁于美国梦的藩篱之中。

当然，这个说法有点夸张，却说明了一个重要问题。真正的自由永远高于虚假自由的伪装，只有冲破自己一手搭建的美丽藩篱，我们才能抵达真正的自由。

如你所见，真正的自由远不止物质财富和传统意义上的成功，它是一个形而上的理念，无法用电子表格来计算。我们可以测量距离和时间，却没有测量自由的单位。所以我们难以把握自由。于是，我们把精力投入可量化的事物：金钱、小装饰品，在社交媒体上的影响力。但这一切无法带来真正的自由具备的意义、严谨和回报。

我们越是追寻虚假自由，就越会与真正的自由渐行渐远。一旦陷入这种僵局，我们会感到他人的自由是一种威胁。因此，我们守着自己的囤积物，质疑他人与我们不同的生活态度，并且固守现状。我们害怕的是，他人非传统的生活方式是对我们自己所选道路的一种侮辱。若他们是自由的，我们便不是了。

可我们忘了，自由并非零和博弈。真正的自由之浪上，大大小小的船都能自如航行，而虚假自由只会令船只搁浅。

当然，虚假自由是舒适的，就像儿童安全毯一样，但它并不能真正保障孩子的安全。安全有赖于我们前进的能力，需要我们摆脱阻碍，向值得的东西前行。

极简主义生活守则

规则可能是武断古板、有限制性的，但当我们想要做出改变时，规则通常大有帮助。每每想要进行简化的时候，我们总是在一开头就陷入困境。面对一大堆物品，有的有用，有的没用，要判断哪些有价值，哪些没有，实在很难。若是没有一套为我们指引正确方向的规则，断舍离几乎是不可能的任务。

我真希望能给你开一个"百件必需品"清单，但这并不是极简主义的行事方式。能为我的生活增添价值的事物也许只会扰乱你的生活。而且，曾经一度有价值的东西，也可能无法持续增值，所以我们必须不断发问，不仅对即将入手的物什，也对我们已经拥有的种种。

极简主义不是欲望的解药，瑞安和我也还是跟多数人一样，会冲动行事，因此，我们梳理了一系列"极简主义生活守则"，用以抵制消费主义的诱惑，让生活更有序，比如"以防万一守则""季节性守则"等其他十几条，在本书中会逐一出现（参见下页的方框部分）。

需要说明的是，对瑞安和我来说有用的规则，不一定同样适用于你。这是我俩关于简单生活的食谱，像任何食谱一样，你可能需要根据自己的口味来调整。如果30/30守则太严格，20/20守则太死板，或者90/90守则限制过多，那么请根据自己想要的结果和目前的舒适度，来设置自己的参数。

尽管如此，一点点的不适还是很重要的，因为一定程度的不适对塑造"放松"的肌肉是必须的。随着时间推移，肌肉力量增长，你还可以继续调整规则，进行自我挑战。你可能会在不知不觉中做得比极简主义者更加极简，此类事例屡见不鲜。

极简主义生活守则

你所有的物品都可以被划归在以下三类之中。

必需品：包含极少量物品，为生存不可或缺之物，例如食物、庇护所、衣服。尽管具体情况因人而异，但大多数需求是共通的。

非必需品：理想状况下，你大部分的物品都应属于这一类。它们是你生活中"想要"的东西，可以增加生活的价值。严格来讲，你并不需要沙发、台灯或是餐桌，但假若这些物品对你的生活品质能起到提升和促进作用，那便值得拥有。

废品：不幸的是，你拥有的几乎所有东西，可能实际上都属于这类。它们是你"喜爱"的藏品，或者更准确地说，是你"自认为"喜爱的藏品。尽管这些废品往往会显得不可或缺，但事实上它们却阻碍了我们过上更有价值的生活。问题的关键在于，清除废品，为其他事物腾出空间。

消费主义的愚弄

我们的物质财富是内心世界的反映，因此，在修复其他重要的关系之前，我们必须先厘清外在杂乱无章的世界的头绪。

改变人与物之间的关系并非易事。即便是我，身上贴着"极简主义者"的标签，也还是会在听着消费主义塞壬般的歌声时苦苦挣扎。我希望能告诉诸位，瑞安和我放弃了多余的财物，最终也简化了自己的生活，也不再有失控的消费欲望。

是的，我希望我可以这样说。

但横幅广告上的那件夹克衫看着确实很不赖。

还有商场里那双鞋。

如果你留心，好东西无处不在。

公路广告牌上的那条紧身牛仔裤。

电视广告里的洗发水。

药妆店橱窗广告上的化妆品。

收音机广告里的速效减肥药。

你最喜欢的播客里，插播广告介绍的床垫。

报纸广告插页上的宽屏电视。

邮件广告里介绍的厨灶防溅挡板。

房屋翻新节目中出现的度假屋。

Instagram①图库里的奔驰车。

杂志封底的劳力士手表。

但是，劳力士无法换来更多时间，奔驰车无法带你更快抵达目的地，度假屋也不能帮你赢得更长的假期。事实上，大多数情况下，局面正好相反。我们试图购买的是无价之物：时间。你可能需要工作几百小时来买一块名表，工作几年来买一辆豪车，工作一辈子才负担得起一栋度假屋。也就是说，我们宁愿放弃时间，购买时间的幻影。

不要曲解我的意思，我十分肯定，劳力士和梅赛德斯制造的都是高质量、精雕细琢的产品，这些产品本身没有原罪。真正的问题在于，

---

① Instagram，基于图片和视频分享的社交应用。——编者注

你感觉这些物质产品会让生活更加美好，更加有意义和完整。但你拥有的物质财富并不能使你成为更完整的人。我们让这些物品进入自己的生活，至多只能将其当作为生活提供舒适和效率的工具——它们可以强化有意义的生活，但物品本身无法给生活带来意义。

现代广告简史

广告产业告诉我们，如果能拥有品质优良的物品，例如完美的汽车、时装和化妆品，我们就会感到幸福。这是广告在反复强调的内容。根据福布斯的数据，美国人每天会接触4000到10000条广告。在搜索这一统计结果时，我又遭遇了数十条广告。

这并不是说一切广告都有与生俱来的害处，甚至邪恶。但广告的创作动机不尽相同，其作用也千差万别，从提供有效信息，到彻头彻尾的破坏性，差别巨大。

在拉丁语中，"advertere"意为"引人注意、诱导"，这恰好就是当今广告公司的目标，砸下重金将你的视线转到他们的商品和服务上。即便产品供大于求也没问题，只要预算足够，广告可以制造出虚假需求。

近年来，全球每年在广告上的花费已超过5000亿美元，即便把这个数字完整写出，500 000 000 000，人们恐怕还是无法真正理解个中深意。

但这并不算太糟，不是吗？毕竟，广告也是用钱把有用的事物介绍给大家，难道不是吗？

最简单的整理术就是根本别把东西领回家。

某种程度上是的。

20世纪以前，广告在很大程度上在产品制造商和真正有需求的消费者之间建立了联系。但在那之后，如大众传播学专家斯图尔特·伊文（Stuart Ewen）在他的著作《意识统帅》（*Captains of Consciousness*）中所说："工业化扩大了制造业产品的供应，美国的广告业也随之迅猛发展。在更高的生产率之下，若想获取利润，产业就需要将工人发展成产品的消费者。于是广告应运而生，以期在更大范围内影响人们的经济行为。"

到了咆哮的20年代，在被称为现代广告和公共关系之父的爱德华·伯奈斯（Edward Bernays）的推介下，美国的广告从业者接受了人类天性可以"被有目的地驾驭"这一学说。伯奈斯是西格蒙德·弗洛伊德（Sigmund Freud）的外甥，他意识到，当时广告业的主流做法，即博得客户理性思维的共鸣，远不如基于无意识欲望来销售产品更加有效，他认为后者才是"人类行为的真正动因"。自那之后的百年间，我们见证了广告商不断触及乃至过度深入人类心灵的过程。

广告商已然深谙此道，他们把垃圾卖给我们，还声称它们对我们有益。这毫不夸张，看看无处不在的垃圾食品就知道了。

治愈根本不存在的问题

按下快进键，我们来到今时今日。近年来，广告商急速过度扩张的一个最显著案例，就是用于治疗高血压的药物西地那非。当临床试验表明这种药物并无效果时，其生命周期本应画下句点。

但随后，广告商介入了。

在发现几名男性试验对象在临床试验中经历了长时间的勃起后，西地那非的制造商急切需要为这个解决方案找到一个问题。于是他们雇了一个广告公司，臆造了"勃起功能障碍"一词，随后，伟哥（又称"万艾可"）诞生了。这番操作，从一个相对不重要的问题入手，创造了每年利润高达30亿美元的蓝色药丸。

当然，伟哥尚且是个温和的事例。许多药物的副作用非常之大，以至于不得不在广告中强行植入健康的绿色牧场、极富感染力的笑容以及手牵手的演员，来掩盖"直肠出血""记忆减退""自杀倾向"的可怕后果。

在一个理性的世界里，推广有潜在害处的处方药是一种犯罪行为。事实上，在除美国和新西兰以外的所有国家，针对消费者给处方药打广告都是违法的。

但我们还是让万能的美元横行无阻。

1976年，时任默克公司（Merck & Co.）首席执行官的亨利·加兹登（Henry Gadsden）告诉《财富》（Fortune）杂志，他宁愿把药卖给健康的人，因为他们更有钱。从那时起，我们就开始销售新的"治疗方法"。

尽管如此，请不要认为我们是在反对伟哥。研究表明，伟哥是一种相对良性的药物。因此这一药物本身并无不妥，引发问题的是付费广告。

许多广告公司雇用作家、人口学家、统计学家、分析家甚至心理学家，致力于让我们现金账户中的钱流空。在一系列精心调整下，"免责声明"甚至也成了销售手段的一部分："如果勃起超过4小时，请及时就医。"不知道你怎么看，反正我宁愿去咨询我的妻子。

伟哥并非唯一背离初衷的产品。你知道吗？李施德林原本是一款地板清洁剂，可口可乐本来是吗啡的替代物，而全麦饼干的制作初衷是防止小男孩手淫。

极简主义生活守则

以防万一守则

你不肯扔掉某些东西，是因为觉得万一有一天会用到它吗？事实上你不必执着。看看这条"以防万一守则"，又名20/20守则。它的工作原理是，任何你所丢掉的东西，假如你真的需要，都可以在不到20分钟的时间里花不到20美元从附近买回来。

乍一听，这好像是条特权规则。每次更换都要花20美元，谁负担得起？这样每年岂不是要搭进去几千美元？事实证明并非如此。你其实很少需要为捐出去的东西寻求替代品，其中大多数都毫无用处。

贩卖稀缺性

为什么我们看到的广告永远都像是紧急状态下的通知？

现在就行动！

限时抢购！

售完即止！

广告商设下的这些人为限制都是虚构的。事实上，"错过"一场所谓促销根本无伤大雅，因为商家永远在寻觅新的契机，每天都在寻找让你买点什么的理由。不然还能如何？"抱歉，消费者女士，你多等了一天才做决定，我们现在不想要您的钱了。"开什么玩笑。

既然如此，为何几乎每个卖家都在广告中注入紧迫感？正如伯奈斯一个世纪前意识到的那样，原因在于，这一策略善加利用了我们的原始本能：在察觉资源匮乏时，人类会迅速——通常是仓促地——做出决定。

当我们面对的首要议题是生存时，这是有道理的；但若我们认为不参加周末的"开门狂欢"盛宴，就再也买不到渴望的沙发、游戏机或是手提包，这就说不通了。一款商品今天可能大打"折扣"，但如果不买，便是你享受了100%的折扣。而不买其实是未来的自己提前做出了放手的选择。

一个广告更少的世界

几年前，我开车从伯灵顿到波士顿，突然感到有些异样。绿宝石色的风景浑然天成，就像个宁静的屏保，当里程标记牌一个个过去，我感受到一种难以名状的平静。

后来，我越过了马萨诸塞州的州界，答案呼之欲出：这趟旅程之所以宁静，很大程度上是因为没有广告牌，广告牌在佛蒙特州是违法的。目前，阿拉斯加、夏威夷、缅因和佛蒙特这四个州，都禁止广告牌。全球共有1500多个城市和城镇有相同的禁令，包括世界最大的城市之一，巴西的圣保罗。

圣保罗在2007年推出"城市清洁法"时，超过15000个广告牌被拆除，与之一同消失的，还有30万侵入性标识——塔式界标、海报、公共汽车和出租车广告。

在这座曾经的世界第三大城市，清除所有这些广告会有怎样的结果呢？之后的一项民意调查显示，多数圣保罗人支持这一决定。问问大家真正喜欢的是什么，而非让盈利能力决定城市景观，多么新颖的想法。

不幸的是，我们已经把广告当成日常生活的一部分，习惯将其视为"信息传达"的常规构成。毕竟，我们都是免费通过广告来获取所有电视、广播节目、在线文章和播客的信息的，不是吗？

可天下没有免费的午餐。每一小时的在线电视节目伴随着将近20分钟的插播广告，大部分其他媒体亦是如此。事实上，广告虽然被贴上了"免费"标签，但我们却需要为此付出代价：两项最宝贵的资源——时间和注意力。

如果我们不想让广告夺走自己的注意力（或是我们孩子的注意力），就必须心甘情愿地为那些我们认为"免费"的东西付钱。

网飞、苹果音乐和其他同类服务商，都提供一项付费服务，让用户得以避开传统广告模式。其他企业和个人，例如维基百科和布莱特·伊斯顿·埃利斯（Bret Easton Ellis），基于这种无广告模式的变体开创了一种"免费增值"模式。创作者无偿提供内容，感兴趣的观众打赏支持（顺便提一下，"极简主义者播客"就是在这种模式下免广告的）。

无论你对网飞、苹果音乐、维基百科、布莱特·伊斯顿·埃利斯或其他类似公司和个人的看法如何，毫无疑问，这一做法保护了创作者的作品，使其免于被无故打断，作品呈现的质量也得到了提高；与此同时，观众知道创作者不会为广告商的意志所累，信任感也有所提升。他们得以直接与观众进行交流，强化彼此之间的联系，因为掌控一切的是劳力士无法换来更多时间，奔驰车无法带你更快抵达目的地，度假屋也不能帮你赢得更长的假期。

"顾客"，而非"广告买家"。

不仅如此，作为顾客，从出钱交换作品这一点出发，我们也将变得对自己希望消费的作品更加慎重。既然是付费消费，就要确保物有所值。奇怪的是，面对所谓"免费"节目，我们却常常并未如此对待：我们确实不需要花钱，但它们也不值得我们付出注意力。

无论你的时间价值是每小时10美元、100美元还是1000美元，你每年可能都花费了数万美元在广告信息上。想想看，你实际就是在为广告买单，而付出的注意力等于白白浪费。

你不需要它

2017年，我搬到洛杉矶，为"极简主义者"创建了一个影音工作室。一来到这座城市，我就发现自己被他人已拥有的东西所吸引：花岗岩台面、特斯拉汽车、限量版乔丹鞋。美国新概念主义艺术家珍妮·霍尔泽（Jenny Holzer）在德国保时捷博物馆的宝马"艺术车"一侧写下"难以企及之物分外迷人"，这句话或许点出了问题的关键。即便身为极简主义者，在消费主义的巨大吸引力面前，我也很容易就会觉得所见之物皆所需。仿佛我这近十年来一直不知不觉地准备随时为兰博基尼、梅尔罗斯大道上的高档住宅和三层高的购物中心买单。

假如用一句话概括极简主义的核心理念，那就是：你可能不需要。我们总有理由让自己相信，确实需要那张沙发、那个炊具、那支眼线笔、那条裙子、那个小雕像。这或许是因为，我们已经进化到能够自我欺骗。"思想的头号指令就是欺骗自己，"《不仅是寓言》（*More*

Than Allegory ）一书的作者，分析哲学家贝尔纳多·卡斯特鲁普
（Bernardo Kastrup）这样说道，"我们的现实由一种极其精妙的自我
欺骗过程创造而成。"

将卡斯特鲁普的观点延伸到物质世界，我们立刻会有一种恍然大悟
的感觉。如果平均每个家庭都有数十万件物品，而其中的大部分都无法
提升我们的幸福指数，那我们为何还要留着这些垃圾？答案很简单：我
们人为地赋予物品以故事。对于自己的所有物，你讲了多少故事告诉自
己，如果失去的话后果不堪设想？而你又会想出什么样的新故事，换个
说法告诉自己，因为这些物品的存在，自己将变得更加强大？

我总听到媒体在讲，美国梦比以往任何时候都遥不可及。但情况并
非如此，实现美国梦比以往任何时候都容易。问题在于，我们所追求的
是错误的东西。

曾几何时，美国梦是一种适度的表达：在普通岗位上努力工作，你
就负担得起一栋建在适中地段的普通住宅，可以过上简单朴素的生活，
拥有的一切都刚刚好。而今，我们什么都想要，想要立刻得到种种：豪
宅、豪车、奢华生活，疯狂购物、饕餮盛宴，值得在Instagram上晒出
的生活点滴。我们沉迷于每次购物刺激多巴胺分泌所带来的快感，因
此，我们永不餍足。

有多少才够？

我们还没有问过这个问题，便盲目追求，需索无度。

在消费这个问题上，我们已经习惯了来者不拒，就像就着消防栓的
水龙水饮水。

获取、消费、沉溺。

多一点，再多一点。

有多少才够？

没有答案，我们便不知如何行动。

因为我们不知道何时能停下来。

我们会被盲目的欲望牵着鼻子走。

当然，对每个人来说，"足够"是不同的。

随着需求与情境的变化，"足够"也会发生变化。

你所说的"足够"可能包含了一张沙发、一个咖啡桌和一台电视；

一张六人餐桌；

一幢三室住宅；

双车位的车库；

一张放在后院的蹦床。

又或许，这太多了一点。

"足够"随时间而改变；

昨日的"足够"，放在今日可能已经"太多"。

有多少才够？

少了就是剥夺；

多了就是放纵；

"足够"是一个最佳的中间点；

一个意图与满足的交会之处，

在这里，欲望不会阻碍你创造有意义的东西。

当然，你可以追求更多。

但"可以"并非为所欲为的理由。

你觉得足够，那便是够了。

购买前要问的六个问题

每付出一张美钞，都是在跟一小部分自由说再见。如果你时薪20美元，那么一杯4美元的咖啡会花掉你12分钟的劳动，一个800美元的iPad则需要一周，一辆4万美元的新车，则会用掉你一整年的自由。

当生命逐渐走向尾声，你觉得自己想要的是一辆车，还是一年更多的时间？这不是说我们必须避开咖啡、电子产品或汽车。这三者我都拥有。问题在于我们不加思考地随时将任何物品带入自己的生活。如果我们对一切都毫无质疑，则万物皆可令我们倾心。

在决定购买之前，在将又一件物品带入自己的生活之前，眼看收银机马上要吞掉自己的血汗钱时，你应当问问自己以下这六个问题。

1. 这是买给谁的?

我们的所有物并不能告诉世界我们是谁，遗憾的是，物品却常常诉说着我们想成为谁。在这种情况下，我们错误地用自己的所有物来定义自己。我们展示心爱的品牌，徒劳地试图彰显个性：看到这个光鲜亮丽的新物品了吗？这就是我！就像其他所有人一样，是我们拥有的物品的商标让我们觉得自己独一无二。

但问题不是品牌本身，我们都需要物品，所以才需要创制物品的公司。但当我们的购买行为是出于外部的压力，仿佛新购买的小物件是通往美好生活的捷径时，问题就出现了。

外部压力不应是消费的信号，假若它确为某种信号，也应该是提醒我们暂停，然后扪心自问的信号：这是买给谁的？是买给自己的吗？还是买来用以在别人面前树立一个形象？如果真是为自己而买，而且购买能增添有意义的价值，那么无论如何，买就是了。我们无须苛待自己，为了奉行极简主义就连提升生活价值的事物也放弃。但如果购买只是为了传达一种心安理得的消费心态，那么，你恰恰是在阻碍自己正试图追求的自由。

2. 它会给我的生活增添价值吗?

我拥有的物品不多，但每样都能为生活增添价值。也就是说，我拥有的每件物品，从汽车、衣服到家具和电子产品，要么是一种工具，要么能赋予生活积极的审美价值。换言之，我会问自己，物品能否发挥功用性，能否以有意义的方式为我带来快乐? 如果不是，那就不值得买。

3. 我是否负担得起?

如果你不得不刷信用卡来买单，或者你需要为此融资，或者你还身处债务之中，那么你负担不起。今天"可以"买下来，并不意味着你实际上负担得起这样东西。如果负担不起，那最好还是让它留在橱窗里吧。

那么购房或上大学呢? 那理应是例外，对吗? 这也可能是"不同的"债务，虽比信用卡债务强些，但终究也是债务。几千年来，人们都说借款者是贷款者的奴隶，因此我们的目标应该是尽快还清所有债务。我知道这个观点不太寻常，可正是我们所谓"寻常"将我们推入14万亿美元的混乱中。我们会在与金钱的关系那一章讨论关于债务的诸多误解。

4. 这是这笔钱最好的用途吗?

换句话说，这笔钱还能用来干什么? 有没有别的选择? 我的朋友，词曲作者安迪·戴维斯（Andy Davis）在他的《美好人生》（Good Life）中这样写道："我们付不起房租，因为牛仔裤太贵了。"这句歌词简明扼要地点出，在我们的文化中，拆东墙补西墙是常有的事。当然了，你或许负担得起那条昂贵的牛仔裤，但这笔钱用在别处会不会更好？例如，放在退休金账户里，或是用于家庭旅行（或支付房租）？如果答案是肯定的，请停止这次购买行为，把钱花在更有用的地方。

5. 实际成本是多少？

正如本书引言部分提到的，一件物品的真实成本远不止价格标签上的数字。商业领域称之为"全成本核算"。但在此，让我们实事求是地讲，它是拥有我们自以为需要的所有物品的实际开销。

说到我们拥有的东西，就必须考虑储存成本、维护成本以及心理成本。把所有这些都加起来，我们就能理解实际成本是多少，同时往往还会意识到，即便付得起前期费用，我们也根本负担不起总的成本。

6. 最好的自己会买这个吗？

几年前，我的朋友莱斯利在当地杂货铺的结账队伍里，摸索着钱包拉链，准备来一场冲动消费。排队等待的时间让她有机会对手中的东西提出质疑。她仔细掂量着这些东西，问了自己一个问题：乔舒亚会怎么做？（What would Joshua do?）也就是说，如果换作乔舒亚，会买这个物品吗？他不会，她想，然后迅速将物品放回到货架上。

给我讲这个经历的时候，她开玩笑说自己应该买条"WWJD"（What would Joshua do?）字样的字母手链，避免日后强制性消费。我笑了，随即想到，多问问自己这个问题，我也会从中获益，其他人亦是如此。

先说清楚，我不是希望你走到哪里都在问自己，"乔舒亚会怎么做？"请别这样。我们该扪心自问的其实是：在这种情况下，最好的那个我会怎么做？同样，最好的那个你会怎么做？如果他或是她都不会买，那么你也不该买。

在购买每样新物品前，稍稍停留，问问这六个问题，乍看似乎很麻烦。但假以时日，这个习惯将令你和家人都从中受益——减少家里的杂物，把钱用在重要的事情上。毕竟，最简单的整理术就是根本别把东西领回家。①

极简主义生活守则

应急物品守则

一小部分的"以防万一"物品最好保留：应急物品。

其中可能包括急救包、跨接线以及几加仑的饮用水。如果你生活的地方气候严寒，那么诸如轮胎链、道路照明弹和应急毯一类的物品可能也要算在其中。虽然你希望自己永远不需要，但基本的应急准备会让你感到安心。但小心，不要把每样东西都判定为"应急物品"。大部分东西在紧急情况下都用不到。不仅如此，无论我们准备了多少东西，都不可能做到万全。

---

① 想要以上述问题为背景的手机壁纸或桌面背景图片，请访问 minimalists. com/wallpapers 免费下载。这是个很好的提醒，让你暂停并重新思考每一次消费，无论是在商场排队的时候，还是点击网购页面上的"结账"按钮之前。

开启新生活

在瑞安的"打包派对"实验过去近十年之后，"极简主义者"决定正式做一次案例调研，看看在其他人的生活中，类似的实验会带来怎样的启发。

经过十年实践，在举办关于极简主义的演讲的过程中，与生活在几百个城市的数十万人交流后，我们积累了无数关于"清理"的故事。通过一手材料，我们了解到，瑞安和我的故事不是个案，消费主义确实在全球范围内影响着许多人的生活。但是，我们还没能量化隐藏于这些表象之下的秘密、情感和痛苦。

人们面对面讲述自己如何运用我们在博客中提到的方法来简化生活，一些勇敢的读者已经着手进行"瑞安打包派对"的改良版。但我们仍然没有正式收集整理过这些故事。尽管每个故事都证实了我们的信念，即"简化"能让生活变得更有意义，但如果我们要以一种有理有据的方式进行书写，就需要更多的数据。于是我们启动了"打包派对案例研究"。

2019年3月，通过对我们的线上观众——包括个人和家庭——进行筛选，"极简主义"行动招募了47组参与者。在4月的大部分时间内，他们采用"打包派对"的方法清理自己的囤积物。将打包的范围设定为整栋住宅对一些参与者来说不现实，因此我们给大家提供了3个选项。

选项1：整屋打包派对。"像尼科迪默斯一样，将所有东西打包，就当自己要搬家。在其后的3周里，只打开能为生活增添价值的东西。"

选项2：单间打包派对。"无须像尼科迪默斯那么彻底。通常，针对一个房间展开的21天打包派对，已经足以开启清理过程。"

选项3：多房间打包派对。"或许你并不想打包家里的所有东西，但想针对办公室、车库和浴室来一场打包派对？又或者是厨房、卧室和起居室？你自己决定！"

大家一起才叫派对，因此我们让所有47组参与者在2019年4月同时行动起来。由于4月1日是周一，我们指导大家在前一个周末开始打包。3月30日和31日，每个人都买了足够的旧纸板箱来装东西，假装自己要搬家，利用周末收拾。然后，从4月1日到21日，派对参与者每天都可以拆包，拿出自己真正用得到或是能带来欢乐的东西。大家还可以在论坛的私密版面进行交流，分享彼此的经历、挣扎，以及照片。

瑞安和我全程观摩。第一天结束之后，我们让每组参与者描述自己打包的经过，最后惊讶地发现，他们的策略五花八门，很多都跟瑞安的大相径庭。

娜塔莉·佩德森，一个来自威斯康星州迪尔菲尔德的参与者，这样写道："我们从厨房开始，最后完成整栋房子的打包，花费的时间比想象的要长，但全部打包好的时候，感觉真是太棒了！"

来自弗吉尼亚州费尔法克斯的阿比盖尔·道森选择了多房间打包的形式。她说："我跟丈夫住在一室公寓，他并不是极简主义者，我们一起打包了厨房和卧室的所有东西（除了他的衣服）！"

来自佐治亚州罗斯韦尔的埃莉·多布森选择了整屋打包，她声称："我成为极简主义者已经几年了，所以只花了一两个小时就搞定了。在所有东西都打包好之后，我的感觉是，'妥了，然后呢？'"

好问题。

然后呢？

一旦每个人的东西都打包完成，面对一屋子的纸箱，参与者需要记录下来，在最关键的第一天，自己拆包了哪些东西。理所当然，最先被拿出来的东西对生活而言也最重要，对吗？

许多家庭发现实用物品最有价值。

多房间打包派对的参与者，来自马里兰州不伦瑞克的霍利·奥赫，拆包的是"必需品：牙刷、牙膏、梳子，以及我和两个小孩的衣服、尿布、湿巾。烹饪和吃饭需要用到的餐具，盘子、碗、叉子、勺子、刀、密封袋、开罐器、量匙、百洁布，布洛芬、沐浴玩具、洗发水、浴巾、面巾、日历、笔、尺子，以及红酒杯！手机充电器、枕头、毯子、白噪声助眠器、咖啡机和咖啡（我的生命线）、维生素、吸管杯、厕纸，以及可冲散卫生湿巾（我们正在训练宝宝自己上厕所）"。

伊恩·卡特来自英格兰汉普郡的弗利特，他参与了多房间打包派对。他拿出了自己的"电脑、财务记录、一支笔、一台扫描仪和一把贝斯"。他当晚还请了几个客人来家里吃饭，于是又拆包了"几个盘子，一个水壶，茶、咖啡、水杯和餐具"。这一晚，这一实验为伊恩和客人提供了不少谈资。

其他参与者在第一天只拿出了很少几样东西。单间打包派对的参与者，居住在弗吉尼亚州托阿诺市的奥特姆·达菲，拿出了"一条裙子、一件毛衣，所有日常洗漱卫生用品"。而埃莉·多布森则打开了"我所有的背包装备，因为我今天要去露营。可当我都拿出来之后，却发现大部分都不用带"。

派对结束后，参与者有机会决定接下来如何处理这些多余的物品，卖掉、捐掉、回收再利用还是留下。很多参与者选择清理掉，一部分则选择留下待用。在本书中，我们将继续讲述他们的故事。

极简主义生活守则

截至目前，我们已经确定，你需要丢掉那些"以防万一"之物，别再抓着不放；我们也确定，你需要保留一份妥善安排的应急之物。但是，还有一些你自知未来肯定会用到的东西，我们暂且称之为"有朝一日"之物。这些通常是易耗品，尽管表面上看很相似，但它们与鬼鬼祟祟的"以防万一"之物截然不同。因为你"确定"自己用得到。没人会一次只买一截厕纸、一小块香皂或是一支牙膏。这些物品你通常会批量购买，供"有朝一日"需要的时候使用。那么清理的关键就在于，哪些物品是因为"可能"需要而留着的，即"以防万一"之物；哪些物品是"将会"需要的，即"有朝一日"之物。我们必须诚实面对这样的问题。

结语：物品

嘿！瑞安·尼科迪默斯在此！从此书的这一章结尾部分开始，我会帮你反思前面读到的内容，思考如何将每章所学运用到实际生活中。

为了最大限度利用这部分内容，我强烈建议你：

1. 买个笔记本与本书配套使用，来完成这部分的练习，同时也用于笔记和个人所思的记录。记录的时候务必注明日期，这样就可以定期回顾。

2. 找一个（或几个）靠得住的伙伴与自己一起开始这一部分的练

习。大部分内容你们都可以一起完成，或者你们也可以每周找个固定的时间见面喝杯咖啡或是通个电话，讨论记录下来的答案和感想。

配套的笔记本和靠谱的伙伴会帮你更投入地参与到结语的练习当中，在这个过程中，参与度越高，成长与进步就越明显。行动起来，掌控全局！

既然乔舒亚已经全面探讨了我们与物品的关系如何影响生活，我也想花些时间聊聊这一关系究竟会给你的生活带来哪些具体的影响。为此，我有几个问题和练习想和你分享。

关于物品的问题

首先，请诚实、周密、严谨地回答以下问题。未来的那个你会感激你此刻的努力、专注和坦诚。

1. 对于你和自己的家庭，"足够"意味着什么？请具体一点：几间卧室、几台电视，衣橱里要有多少件外套。仔细思考那些对生活真正有意义的东西。

2. 你害怕放弃的是什么？为什么？

3. 怎样界定你的自由的价值？为了获得自由，你愿意放弃什么？

4. 若想保留你的所有物，需要花费多少实际成本（不仅限于经济成本）？

5. 如何清除冗余物，为更有意义也更愉快的生活腾出空间？要具体一点。你的愿景越清晰，清理手段就会越丰富。

关于物品的应做之事

接下来，在这一章中，关于自己和物质财产之间的关系，你都学到了什么？你会坚持的有哪些？哪些会鼓励你放弃多余的物品，让生活变得更有意义？以下五条你今天便可付诸实践：

- **了解你的收益**。列出减少杂物之后你能获得哪些益处。

- **制定你的个人守则**。运用本章介绍的极简主义生活守则，确定你今天可以开始执行的条款。如果某一条不适用于目前的情况，请放心修改，或另加制定。

- **创建你的"物品预算"**。为了帮助自己管理物品，按如下步骤创建"物品预算"：

☆选择一个必须清理的房间；

☆打开日志，翻到一个新空白页，在页面顶部写下三个不同类别：
　　必需品、非必需品、废品（参考"零废品守则"）；

☆将这间屋里的所有东西，逐一填写到其所属的类别下面；

☆问问自己，"必需品"一栏下列出的所有东西是否确为必需品。
　　如果不是，将其重新归类到"非必需品"或是"废品"。

- **清理物品**。至此，你制定了一个需要捐赠或回收处理的废品清单。你很可能会舍不得。若格外依恋某样物品，但又明知该丢掉，不妨想象一下，要是这件物品已经"自燃"，你会有何感受？或者，想象一下，这样东西若是到了别人手里，会不会变得更有意义？如果害怕有朝一日会忘掉与此物相关的回忆，不妨拍个照，这样将来看到时便能记起。

- **找到同伴**。今天，为你即将开启的旅程找到至少一名同伴，可以是朋友、家人、邻居、同事，或者也可以找个在线社区（比如Minimalist.org），上面有一群思想开放的人乐意帮忙。此外，你还可以在当地雇个专业的整理师，他们非常清楚，最佳的清理方法就是放手。

关于物品的切忌之事

最后，我们来说说处理物品时的绊脚石。如果你不想让自己的生活一团糟，那么从今天开始，注意下面这五个切忌：

●别指望一次性丢掉所有东西。获得这些物品需要时间，放弃它们同样需要。

●别让他人的意愿左右你处置自己财产的决定。你只需要考虑自己的想法。

●不要觉得缺少了某样东西你就会变得不幸。事实上，如果你自己感到不快乐，没有任何"物品"能让你幸福。

●不要为了以备未来之需，就紧抓着某样东西不放手，不会有这样的一天。

●不要只是"整理"自己的物品，要精简！整理的结果通常是有序的囤积。

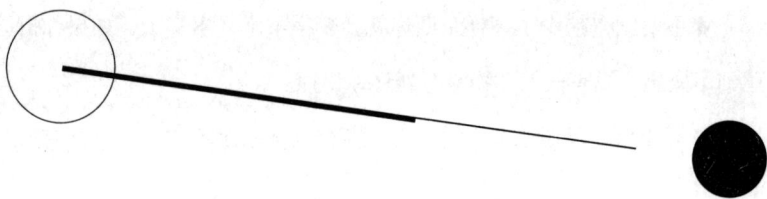

真相

圣诞节前两天，我收到了母亲一通惊慌失措的语音留言。那是2008年，她几个月前刚搬到佛罗里达州，避开折磨了她63年的中西部冬季。当我结束一天繁忙的工作，在晚上给她回电话的时候，她一边啜泣一边对我说，晚期肺癌正逐步侵蚀她的身体。"这不是真的！"我自言自语，找不到任何话语来安慰她，只是难以置信地盯着电话，绝望无助，怔得一动不动。

得知母亲的病情后，我2009年的大部分时间都在圣彼得斯堡度过，开车带她遍寻医生，徒劳地试图控制癌症转移。当她变得越来越虚弱，我竭尽全力希望修补我们之间脆弱的关系。她的酗酒行为令我的童年蒙上了一层阴影。我高中的时候，她开始戒酒，但过去十年间的伤害——酗酒、不确定性、谎言——已经让我们之间的关系变得紧张。18岁生日那天我就从家中搬出，之后没几年，她又继续开始喝酒。

我还记得，21岁生日那天，我到县监狱探望母亲。一个月前，她因为第二次醉酒驾车被捕，被判60天监禁。不管过程如何，她成功让警卫们将探视区变成了一个临时生日派对场地。我真希望我能拍照记录下那天的超现实主义场景：身高1.5米的母亲骄傲地站在那里，穿着沃伦县监狱的橙色套头衫，拿着一束彩色气球，背后是堪比精神病院的白墙，以及粗壮的狱警；而我，1.88米，比母亲高出许多，拥抱着这个小女人，然后和她还有其他狱友一起，吃着从商店买来的香草口味生日蛋糕。

接下来几年里，她似乎再次戒了酒。我小心翼翼地回避这令我痛苦的源头，就像一个被烧伤的小孩子，此后整个童年都会躲着炉灶。不料，我的回避行为最终毁了我们之间的关系。在我内心深处，理智与情感激烈交战。理智告诫我应该保持距离，但就情感而言，我对克洛艾·米尔本的爱从未停止。

爱她似乎是理所当然的事。母亲善良，体贴，富有爱心。每年感恩节，她都会不顾自己的经济问题和酗酒陋习，为那些比我们更加（惊人地）不幸的人举办一场感恩节盛宴。当地一所教堂提供厨房和体育馆，一个童子军小分队会带来桌椅，两间本地杂货铺会捐出火鸡和火腿、盒装馅料和脱水土豆泥，罐装的蔓越莓，以及肉汁和苏打水。附近的裁缝店会提供桌布和餐巾。而母亲的教友们则会拿出各种样式的盘子和餐具。每年，母亲都会放下自己的问题不管，在那七拼八凑的自助餐厅里为200多人提供食物。但她的善举并不仅限于节日期间，她就像一个被扣在黑匣子里的千瓦灯泡，只要发光的理由存在，就会穿透裂缝，源源不断地输送能量。

归属感危机

一旦开始处理多余的财物，我们会发现许多意想不到的真相。大道至简，但"简单"并不等同于"容易"。我们很"容易"便会躲在缺陷、借口和物质财富之后，但这会令生活离真相越来越远。我们之所以躲起来，是因为直面自己的不完美、不完整、支离破碎会让人崩溃。于是，我们用谎言和夸大其词创造出一种与现实不符的假象。我们的生活越是因这些假象而变得复杂，我们越是感到焦虑和沮丧，就越应该进行简化，因为返璞归真才能揭示掩藏于复杂谎言下的真相。

在跟新闻记者约翰·哈里（Johann Hari）聊到他的著作《失去联系：为什么感到沮丧和如何找到希望》（*Lost Connections: Uncovering the Real Causes of Depression—and the Unexpected*

没有捷径，只有直路。

Solutions)时，他解释说，我们的抑郁和焦虑问题远不及我们的意义危机严重。哈里在书中强调了抑郁的九大主要成因，其中两个涉及人体生物学，但在过去的一个世纪，抑郁症病例在西方世界迅速增多，主要影响因素都与人们远离有意义的生活相关。

我的母亲显然就是这样。失去有价值的工作，与他人切断联系，看不到生活的意义（哈里提到的九大成因中的三个），进而失去希望（另一个成因），在这之前，她并没有陷入抑郁和药物滥用的困境中。有那么几次，她也想要远离酒精，但无论哪一次，她的出发点都不是想要摆脱啤酒或葡萄酒，而是希望追求更有意义的事情。"上瘾的反义词并非清醒，"哈里说，"而是联结。"

在南本德市市长皮特·布蒂吉格（Pete Buttigieg）的2020总统竞选活动中，我与他聊起过这个话题。跟我一样，他也来自一座中西部工业城市，自从去工业化席卷所谓"锈带"，这座城市就陷入了困境，居民的生活遭遇种种问题：从日益严重的犯罪、吸毒，到失业和衰败。在与数千名公民交流后，布蒂吉格意识到，加剧这些问题的正是他所说的"归属感危机"。你看，当南本德一切看起来都很好的时候，人们感到自己是一个强有力的集体中的一员。这便是一种归属感：一个劳动团体，一个社区，能让自己对未来充满希望。只有当希望破灭时，绝望才会悄然降临。而一旦被绝望统治，我们将给所处的世界创造一种虚幻的假象，自圆其说道："一切都没有意义了，情况不可能好转，所以我最好也放弃吧。"

这就是我与母亲所遭遇的情况。生活本就不易，一切有意义的事物多少会与困难相随。母亲没有勇敢面对这一事实，而是用一套虚无主义的论调来解释所有事情："因为我们穷，因为时局艰难，因为我们无法拥有自己想要的东西，"她这样想，"酒精是痛苦的出口。"某种程度上，我们都是这种思路的受害者。因为直面事实过于棘手，所以我们希望寻找简单直接的出路。

杰森·塞戈蒂（Jason Segedy）是俄亥俄州阿克伦市的一名城市规划师，阿克伦也是"锈带"上的一座城市，自20世纪70年代开始面临一系列挑战。杰森精辟地阐述了这些问题本质上并不仅仅是经济问题："大部分这些地区人口充足，经济活动繁荣，甚至可以说累积了不少财富，培养了大批受过良好教育的居民。不管那些没有在此生活的学者怎么想，代顿（或是南本德和阿克伦）不会消失。问题不在于这些地方缺少财富或经济活动，无法提供工作岗位或是发展机遇，而在于城市中心地带和边缘地带之间的巨大鸿沟。在"锈带"地区，这种差距比在全国任何其他地方都严重。换言之，出于多种原因，无论从字面意义（地理层面）还是比喻意义（人际关系层面）而言，我们的疏离程度正日益加剧。

显然，联结的缺失不仅限于中西部工业地区。从社会层面而言，在其他地区，我们也看到了同样的疏离——不仅仅是像我的家乡那样贫穷而没有归属感的地方。《深度经济：社区的财富与长远的未来》（*Deep Economy: The Wealth of Communities and the Durable Future*）一书的作者，环境学家比尔·麦克基本（Bill McKibben）发现，随着个人住宅建筑面积的增大，人们能够信赖的挚友也在减少。也就是说，当拥有更大的房子、更高的地位以及更多的财富时，我们也往往会与社区、合作、交流、参与，以及应对问题的能力和丰富的人生经历渐行渐远，而能让我们感觉到自己生命能量的往往也是这一切。

限制级的真实

尽管问题缠身，我的母亲显然还是一个充满爱心的女人，最明显的特质就是她身上的幽默感。她讲的笑话常带有政治不正确的喜感，透出狡猾的智慧，这与她头戴宽檐帽的虔诚信教老女人形象截然不同。

在生命最后几年回首往事时，她总说自己想写本回忆录，题目就叫《限制级：一个前修女、前空姐、前秘书、前妻和前酒鬼的真实生活》。她从没真正动笔，但我饶有兴味地记住了这几个塑造我童年的关键词。

在我成长的过程中，母亲最开心的事就是给我和杰罗姆兄弟二人，以及一帮让我家纱门超时工作的邻居小孩讲下流段子。

我们居住的社区几乎全是黑人，我说"几乎"，是因为有两个例外——我与母亲是白人。甚至我的兄弟杰罗姆也是黑人（我上次见到他的时候他仍然是）。若不是母亲粗鲁的幽默感，我都不会提到这个

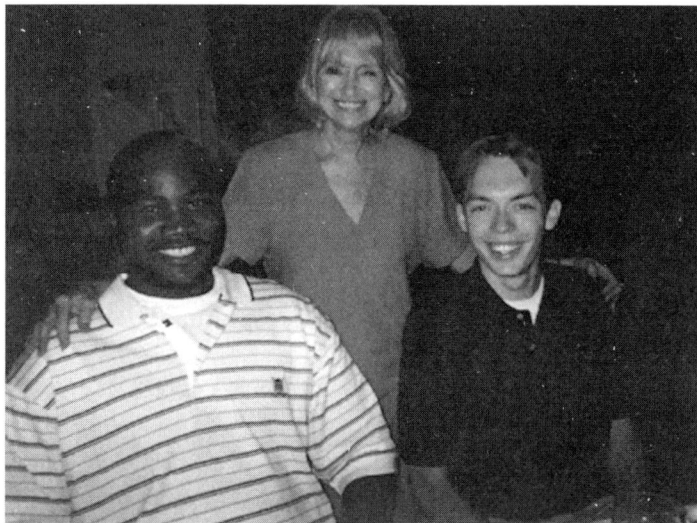

细节。

我13岁生日前几周，母亲觉得，我和杰罗姆，还有邻里间几个处于青春期的朋友，应该用一场烧烤来庆祝夏日的来临。于是，她拎着一个装有木炭、热狗、面包和调味品的塑料袋，带我们来到位于幸福大街的幸福公园。回想起来，我们居住的街区早已破败不堪，相形之下，那个公园的名字，以及它所在街道的名字，似乎显得刻薄。愿望与讽刺之间仅一线之隔。

我和朋友们在支离破碎的柏油路面上运球，几个中距离跳投后，将球投入锈迹斑斑的铁圈。母亲在公园的铁质小烤架上将香肠烤至全熟。很快，纸盘被拿出来，富含防腐剂的面包被切开，午餐开始了。我们将番茄酱和芥末酱挤在热狗上，这时，我的朋友嘉顿，一个充满好奇心的小个子，看了看自己的盘子，又看了看我母亲，问道："热狗是从哪里来的？"

母亲脸上露出顽皮的微笑。

她看了看我兄弟，又看了看我，然后看着嘉顿说："取决于热狗的类型。"

"类型？"嘉顿问。

"一般的热狗由猪肉做成，"她停顿了一下来营造效果，"但是一英尺长的热狗由黑猪肉做成。"

公园里顿时迸发出笑声。"这小个子白种女人怎么这么酷？"他们互相问着。

瞧，我知道这个笑话带有非常典型的偏见，但我母亲从没想要侮辱谁。事实恰恰相反，她用自己的俏皮话来表达对他人的爱。而结果是，这些下流笑话并没有给母亲带来不好的影响，正因为母亲的幽默，邻居孩子们才非常爱她。

我想应该是卡夫卡说过："生活中最严肃的话题只能以玩笑的方式来谈论。"或许这是我自己编的，我不是非常确定。我发誓在20多岁的时候在什么地方读到过，但再也找不到出处了。无论如何，这看起来似乎是实话。在这个社会中，真正讲实话的人不是古板的政客或公司高管，而是喜剧演员，像是戴夫·查普尔（Dave Chappelle）、杰洛德·卡迈克尔（Jerrod Carmichael），还有，毫无疑问，我母亲。

当然，作为孩子，我将母亲不恰当的玩笑视为理所应当。也因为她在讲这些禁忌话题时极度轻松自然的姿态，只是天南海北地畅谈，不会妄加评判或是感到羞耻，所以，在听到性、亲密关系或敏感话题时，我也没有感到拘束和尴尬。在我连一根胡子都没长出来的时候，她讲述的情色故事让我提前感受到了青春期的甜蜜和烦扰。

母亲曾在修道院中生活过5年，她说那段"嫁给耶稣"的时光"极其无聊"，在那之后，她跟自己最好的朋友，我的教母罗宾，一起搬到了芝加哥。在那里，她成为一名空姐，得以探索更广阔的世界，或者至少是达美航空能够抵达的地方。就这样，她遇到了第一任丈夫布莱恩，一个在百慕大拥有连锁杂货店的有钱花花公子，他不加遮掩地频频欺骗她。而塑造她"后修女时代"生活的，除了四处飞行，"自由恋爱"也功不可没。

母亲金发碧眼、美丽娇小而且自信善良，自然会受到许多男人的关注，尤其是那些登上她飞机的名人。又因为独立自主、百无禁忌的性格，因此，在自己休息而他们恰巧路过奥黑尔国际机场时，母亲也不反感与之共度好时光。其中之一是吉姆·布朗（Jim Brown），克利夫兰·布朗队著名的跑卫，母亲说他"温柔、有趣，在各方面都很强

大"。她甚至还认识年轻的劳伦斯·特劳德（Laurence Tureaud），早在他成为"T先生"（Mr.T）的十多年以前。当时，他还只是个戴着金链子的夜总会保镖，在妈妈那栋高层公寓楼下的酒吧工作。她从来没有跟我说过细节，但我能从字里行间明白她的意思。

但即便在最好的时光，也不全都是良辰美景。每十个吉姆·布朗中就会有一个浑蛋，像是皮特神父，风度翩翩，却让母亲意外怀孕，然后又强迫她堕胎。尽管这样的不幸发生过不止一次，但母亲相信，绝不能让自己被受害者的标签禁锢。她不曾压抑自己，不避讳谈论这些不幸，也会诉说因这些经历而感受到的沉重，但她并没有给自己套上枷锁。"直到一切结束，真相会还你自由。"在大卫·福斯特·华莱士（David Foster Wallace）有关成瘾与孤独的小说《无尽的玩笑》（Infinite Jest）之中，这是我最喜欢的一句话——听来像是陈词滥调，却揭示了现实。的确，尽管黑暗程度不一，谈论事实真相对母亲而言总是很难，但时过境迁，她也终于能走向自由。这样的自由最终培养出了幽默感，能照亮最黑暗的时刻。

19岁生日那天，母亲送给我一份包装华丽的礼物，装点着各式各样的蝴蝶结、丝带和彩带。我拆开包装，看到了一个大鼻子面具。你知道那种面具，可以在商场低级饰品店里买到，配有傻里傻气的鼻子、眉毛、胡子还有眼镜。只不过，我收到的面具，眼镜下面不是鼻子，而是一个大号的半勃起的阴茎。

在之后的十年里，母亲和我乐此不疲地将面具互相送来送去。我曾用联邦快递将它送到她从事秘书工作的地方。几个月后，她又付费将它快递回来，并着人当面送交，不顾我正处于员工会议上。即便在母亲身患癌症之后，这种互相致意也一直没有停止，我附上了一张"早日康复"的卡片，将面具寄到佛罗里达州。作为回报，在后来一次去探望她时，走进病房后，我看到她靠在可调节的病床上，体重轻了15磅，头发也因为化疗变得稀疏，而脸上正戴着那个配有厚底眼镜、大号阴茎的面具。确实，面对生活中的困难时，我们常常需要坦然以对，否则必将因悲伤而感到窒息。

记住，这个女人的后半辈子大部分时间在酗酒中度过，但她也会为无家可归的人提供食物，投入大量时间做慈善，无论状态如何都会每周参加天主教弥撒。我好像在写两个截然不同的人。可我们难道不都是如此吗？我们是圣洁的罪人、富有爱心的浑蛋和真诚的骗子。我们都具有两面性——我们是活在二元论世界的三维生物。

因为生活充满纷纭繁杂的细节，所以才会有爱之深、痛之切。真的，我们往往会将最爱的人伤得最深。面对自己所爱，我们经常会粗心大意，若长久如此，任何事物都有可能破碎。

舒适是个骗子

在真正离婚之前几年，我的婚姻就已经破裂了，起初，我并没有意识到这一点。后来，即便不满与日俱增，我还是没有勇气画下句点，也没有勇气说实话。于是我撒谎了，假装一切都好，情况会奇迹般地好转，这便是我对自己撒的谎。

无须多言，对问题视而不见终归不是办法。尽管你不希望反应过度，但反应不足也绝非上策。如果一家座无虚席的电影院着火了，你肯定不希望因为惊慌失措而在前往出口的路上踩到别人，但你也不可能继续看电影，无论你的座位有多舒服。

我一直觉得自己在婚姻中是舒服的。如果给我27岁的生活舒适度打分，10分满分，那绝对可以打到6——刚好是个逃避改变的分数。我并没有感到幸福、满足或是快乐，只是觉得维持现状也还过得去。因为如果做出改变，我就肯定会经历不安。谁希望自己感到不安呢？纵观历史上一切伟大成就，不难发现，不安恰恰是伟人成长的起点。不安是真相所在，它将缺陷、错误、不协调之处都暴露出来；而舒适则是个骗子。

凯莉和我高中就认识，但直到我20岁左右，我们才开始约会。我无法确定具体的时间，因为我们的感情是逐渐升温的。我们不知不觉开始同居；其后短短几年，我们缔结的关系像滚雪球一样，我们订婚，而后结婚，有了第一个房子，累积起消费债务，过着毫无目的的生活。我们遵循既定的框架，一步步往前走，并没有思考生活的意义。

有句陈词滥调说："我们曾爱着对方，但不曾知晓爱的含义。"大部分的滥俗话往往蕴含深刻的道理。根据《亚当夏娃在拂晓》（*Sex at Dawn*）和《文明至死》（*Civilized to Death*）的作者克里斯托弗·莱恩博士（Dr. Christopher Ryan）的观点，亲密关系包含三个基本元素：化学反应、相容性和爱。人类往往基于其中的一种，有时是两种元素，便进入一段关系。或许是最初的性吸引（化学反应），或许是共同的兴趣（相容性），抑或能够推动关系发展的深层联结（爱）。但随着时间的推移，任何元素的缺失都会导致深刻的不满，最终带来痛苦。

即使在一两种元素上非常强，情况也依然如此。你们可能性生活十分和谐（化学反应），却仍然感到关系不完整；你们可能在财务处理和生活方式上意见一致（相容性），却仍对彼此的关系不甚满意；你们可能很在乎对方（爱），却还是不想再携手走下去。我就属于最后一种情况，我非常爱凯莉，也非常尊重她。但仅有爱是不够的，我们需要具备全部三个元素，才能维系一段亲密关系。凯莉和我起初也迸发过化学反应的火花，却未能燃烧成火焰。更重要的是，我们在很多方面不具备相容性，我们的愿望、兴趣、目标、信仰还有价值观都不一致。因此，在婚礼之后，我们逐渐开始感到沮丧。

我很怕面对我们两人关系的真相：这是一段不成功的关系。但我没有在某个时候选择跟凯莉一起坐下来，就我们的关系和其中的问题展开艰难的对话。相反，因为自身的懦弱，我最终迈出婚姻之外去试图寻找缺失的元素。这就是为什么很多人一次又一次地出轨。一旦快乐消失，一段关系中的缺陷就会再次暴露。而人们会继续说谎。

"另一半"谎言

《关于关系的一些想法》（*Some Thoughts About Relationships*）是此类书籍中我最喜欢的一本。作者柯林·赖特（Colin Wright）总结了一系列"关系方针"，这是一切有意义的关系建立的基础，无论是不是亲密关系。这其中有"争吵的方针""嫉妒的方针"，还有"欺骗的方针"。但我最钟爱的是"另一半方针"。

我们很多人，很小的时候就听人讲过关于"另一半"的故事，那个神秘的人，在这个星球上只为我们而存在。无论身处何方，我们都必须开启"英雄之旅"才能找到这个人。如果流行文化是可信的，那么，一系列的喜剧场景和戏剧化的冒险将带领我们找到这个人。

然而，在现实生活中，"另一半"这个概念不仅荒谬，而且具有潜在伤害。设定某人是使你生命完整必不可少的存在，这意味着，你并非完整的个体。同时，这也表明，除了"另一半"，其余所有人都不过是你走向大团圆的垫脚石，对人际关系来说，这太糟糕了。

接下来，赖特解释说，我们有能力同时爱上不止一人。你可以同时爱自己的女儿、丈夫还有母亲。因此，神奇的"另一半"并不存在。"你自己才是那个唯一，"赖特说，"你是世界上唯一可以成就自己，使自己完整，让自己幸福的人。在这一过程中，其他人都能锦上添花（但愿如此）。你生而完整，死亦完整，而在这之间的旅途上，与谁共度，你完全可以自己决定。"

在二人关系的初期，凯莉和我都过于关注找到一个让自己变得"完整"的人，希望改造对方，使之契合自己的信仰体系，因此，我们并没有意识到自己本身已经是完整的个体。这段关系非但没能加倍提升我们的共性，反而扼杀了彼此的个性，因为我们没有诚实面对彼此的相容性。在一些重要问题上，我们的观念截然相反，在子女、共同体和财务问题上也都无法达成一致。委屈逐渐积攒成怨气，最终蔓延至生活其他方面，造成难以言说的强烈不满。

我们二人本身都没有"错"，只是想要的结果不同。如果你爱听摇滚而我爱听爵士，我们谁都没有错，不过如果想一起听一场音乐会，二人恐怕都无法乐在其中。

当然，凯莉和我本该在结婚前就进行人生中最重要的对话：

我们的价值观一致吗？

你理想的伴侣是什么样的？

你是怎么应对挑战的？

你的底线是什么？

"你要在哥斯拉还是个幼崽的时候就杀了它，"励志演说家托尼·罗宾斯（Tony Robbins）曾说，"等它占领城市的时候就已经来不及了。"如果凯莉和我在最开始就提出这些重要问题，我们可能根本就不会结婚。但我们就这样结婚了，而后我又无视所有的"出口"标志——放弃了所有在痛苦升级之前快刀斩乱麻的机会。八年时光，哥斯拉已经长成一只成熟的怪物，潜伏在我们婚姻的边缘，准备摧毁一切。而我们还在自欺欺人。

当两个人的价值观指向完全不同的方向，要么一人主动顺从，心中不悦；要么一人被拽着走，心中不悦，两者必选其一。无论哪种情形，心碎都近在咫尺。再假装若无其事，痛苦只会加倍。

真诚的人不在乎你开
哪种车，住在哪里，
穿什么牌子的衣服。

另一句契合这种情形的老话是："错不在你，在我。"不过对于我的婚姻，这句话不算十分恰当。"问题不在她，也不在我——我们俩都有责任。"虽然没有那么简洁有力，但这可能是更准确的说法。凯莉是个很好的朋友，而我，尽管怀着良好的初衷进入这段关系，却在这个过程中变成了一个糟糕的丈夫，因为若要按照她的方向前进，我无法感觉到快乐，但我又不愿放弃这段关系。

讽刺的是，我们始终在维系这段关系，因为我们都不愿伤害对方的感情。我们认为，诚实会毁了我们的婚姻，就好像真相是刻薄而恶意的，隐瞒才是唯一的出路。然而，真正能维系一段关系的只有真实。就算再不舒服、再艰难或是再痛苦，真实也是增强感情的黏合剂。

错误和错误决定

母亲去世的第二天，我背叛了妻子。我很想告诉你那是个失误，但那不是，而是糟糕得多。出轨是一种卑劣的行为，是最深层的背叛，是一种谋杀。即便在施害者扼杀了一段关系之后，受害者的痛苦还是会延续。而且，这从来都不只是一个"失误"的结果，哪怕仅仅是一次不忠，背后都是一系列未曾宣之于口的错误决定。

一名政客利用职务之便犯罪被抓后，说自己"犯了大错"；一个女商人遗漏大笔收入未报税，然后说了一些美国国税局常说的话；一个少年未经允许开着他母亲的车兜风，之后坦承了自己的"错误"。

但这些不是错误本身，而是错误的决定。

考试中答错题是错误，而不学习则是错误决定。错误是无意识造成的，而错误决定却是有意为之，而且通常不顾后果。

将错误决定归类到"错误"的范畴，便很容易为之开脱。这样能减轻压力、弱化打击。但这同时也很虚伪。将一个错误决定粉饰为一个错误，就推卸掉了责任，也抹去了你的失误。因此，如果只把它当成一个错误，你再次做出错误决定的概率会更高。

我们都会犯错，也都会做出错误决定。这是人生经历的一部分。我们应该勇于承认错误，并从错误决定中得到教训，但请不要将二者混淆。如果我们能够承认自己搞砸了，在犯错的时候负起责任，就能寻到最高尚的前进道路，并在此过程中清除错误决定带来的心理负担。的确，承认错误和错误决定比混淆视听更困难，通往真相的道路往往艰辛，恰恰因为这才是我们追寻的终极目标。

谎言的代价

再美好的童话故事也不是现实。可悲的是，人类的典型特征之一就是具备说谎的能力。

神经学家山姆·哈里斯（Sam Harris）说："人们说谎是为了让别人形成不真实的信念。"他的著作《撒谎》（*Lying*）提出，说谎终归不合礼仪[①]，哪怕是最小的善意谎言，人们撒谎的本质动机都是想假装成另一个人。

令人惊讶的是，我们经常对亲朋好友撒谎。在一项题为"亲密

————————

① 除非是出于自卫的谎言，以避免肢体暴力。

和随意关系中的日常性谎言"的研究中，贝拉·德保罗（Bella M. DePaulo）和德博拉·凯希（Deborah A. Kashy）发现，配偶之间10%的交流带有欺骗性。这一发现乍看有悖常识。你会觉得面对所爱之人时，自己最为真诚，不是吗？但是根据《心理学杂志》（*Journal of Psychology*）上发表的一项关于"社会关系中的欺骗行为"的研究，"当感到自己的行为与他人的期望不符时，人们就会说谎。关系亲密的人对彼此有更多期望，因此，相比其他关系，在亲密关系中，违背期望的可能性以及撒谎的可能性都会更大"。在面对自己最亲近的人时，我们会感到理所当然。

无论你如何解析，人类与实话实说之间，展开的是一段复杂的关系。在大约4岁的时候，我们发现了谎言的力量。一开始，我们用"善意的谎言"来试探真相的边界，随着边界不断扩展，我们学会了用谎言来误导、欺骗和操纵别人。然而，我们并不能立刻理解谎言的代价，也不具备掌握事实真相的神奇力量。

撒谎的诱惑力与暴饮暴食的诱惑力一样——我们会轻易就范，同时立即就会产生满足感。谎言可以让我们暂时逃避责问，推卸责任，忽略自身的不足。它是一条通往短期回报的捷径，但事实上没有捷径，只有直路。真相就是一条直路。但就像维护花园一样，说实话也是件难事，我们宁愿马上吃个奶油蛋糕，也不愿付出辛苦，来年才从一个争奇斗艳的花园中得到自己想要的"甜蜜"。

HBO经典剧集《切尔诺贝利》（*Chernobyl*）在开头提出了一个简单的问题："谎言的代价是什么？"在五集制作精良的剧集中，我们很快就会发现，谎言的代价是，我们需要付出一切。因为谎言，我们丧失了诚实、荣誉、正直、美德和信任。谎言让我们失去了友谊与爱情，有意义的经历和令人愉快的交往，以及尊重和自由。在《切尔诺贝利》所呈现的极端情况下，人们还会因为谎言付出生命的代价。

而另外，真相的代价则是单调沉闷、精勤不倦以及延迟满足，但得到的回报却是了不起的思想——劳动"总是"物有所值。

"诚实是我们可以送给他人的礼物，"哈里斯在他关于撒谎的书中写道，"同时它也是力量的源泉，是简单的引擎。如果知道无论在任何情形下自己都会说出事实，我们便无须做任何准备。因此，我们可以简单地做自己就好。"

诚实是简单的引擎，仔细想想这句话，若果真如此，为何说真话仍然是一件困难的事？好吧，因为简单并不等于容易。

事实不止一种

谈论"事实"颇为不易，因为人们对这个词的理解千差万别。你最喜欢巧克力口味的冰激凌，可能是事实；但二加二等于四也是事实。这是因为，有些"事实"是主观事实，而另一些则是客观事实。

你可以将主观事实，比如说宗教或者对食物的偏好，理解为信仰或是个人真理。就像人们说得太多的"你必须活出真实的自己！"因为其特定视角，这类事实不可能是"错误"的。毕竟，你没法跟某人说他喜欢香草味冰激凌是"错误"的。

客观事实，像是重力或算术，我们可以称为原理、规则或是法则。在任何时候，它们都适用于所有人，因为不管你相不相信，客观事实都是普遍正确的。无论你设想的答案是什么，两美元加上两美元永远等于四美元。

无论主观还是客观，有一点很清楚，事实越令人难以接受，人们就越难承认它，尤其是被谎言掩盖的事实。

人们会公开谈论某些事实，而将另一些藏在心中。你在本书引言中读到的大部分内容，瑞安和我如何被消费主义、不满以及支离破碎的童年所折磨，都属于前一类。虽然是一些让人感到痛苦的事实，但在过去的十年里，我们还是心甘情愿地分享出来，不是一股脑地，而是慢慢拓宽舒适区的边界，每次吐露一点新的内容。

另外一些事实，即便时间流逝，对我和瑞安来讲，依然难以启齿。一直到现在，瑞安才讲出了自己阿片类药物成瘾的细节，这个每月要花掉5000美元的恶习，让他在下降的螺旋上一路狂飙。我们会在此书中进一步拓宽舒适区，写下我们至今守口如瓶、令我们羞于承认的许多事实真相。

极简主义生活守则

自燃守则

物质财产带来的压力比你意识到的更大。过往的采购令你越来越不堪重负，不满情绪随之慢慢发酵，直至到达燃点。但你不必等到冒烟后再采取行动。这是我们设立"自燃守则"的初衷，它源于一个简单的问题：如果这件物品"自燃"，你会不会感到宽慰？如果是，请允许自己摆脱它。

羞耻与渺小

我们需要聊聊关于羞耻的问题，这意味着我必须谈到内疚。尽管经常交替使用，这两个词本质上却有所不同。内疚揭示了一些涉及我们行为的内容，我们破坏了规则，伤害了他人的感情，或是做出了违背理想自我的事情，随后对此感觉很糟糕。但羞耻却反映了我们是谁——我们的身份认知。

《今日心理学》（*Psychology Today*）的一位作者玛丽·拉米亚（Mary Lamia）这样描述道："羞耻让你看到一种能力不足、不光彩或后悔的内心状态。"所以我们对隐藏的事实那样难以启齿。我们觉得，如果说出来，自身的无能与缺陷就会暴露于光天化日之下，让我们觉得脆弱又无助。

然而，只有说出真相，我们才能获得自由。这可能会令人不适，但不适总好过羞耻，因为不适会随着时间的推移而消失，但羞耻却会持续累积。

我们可以坦白承认自己的错误和错误决定，克服内疚的感觉——"我承认我搞砸了，现在咱们继续吧！"但是，在忏悔之后，羞耻感仍将挥之不去，因为这样一来全世界都知道了真相："我并非自己假装的样子。"我们相信，如果已经尽人皆知，自己便不再是已经树立的完美形象。更糟糕的是，跌落神坛也会摧毁我们的自我价值感，而自我价值感是人类的基本需求。

尽管每个人都在通过不同途径提升自我价值，但并非所有途径都是正义的（也并非都不正义）。若想感受到自我的价值，自己的独一无二和特别，正义和非正义的方法都有。而正义的道路，恰好也是艰难的道路：去赢得它。最近，我女儿艾拉在一场比赛中贡献了她们足球队仅有的两枚进球。比赛一结束，她母亲跟我立刻夸赞了她的"技术"；我们很小心，没有去夸她与生俱来的"天赋"。"你踢得很棒"比"你棒极了"更有力。前者称赞的是她的行为，而后者谈及的则是她的资质。因为具体化能够提升正向的价值感，所以我们详细指出艾拉踢得"很棒"的原因，举出她具体做了什么的例子，详细说出她在何时、如何做到的，以及我们为什么会感到骄傲。当我们通过努力获得技能、成就感和目标感时，我们的自我价值也会随之增加，因此，我们凭努力赢得的价值感会随时间增加。一年后，艾拉的球会踢得更好，而她也会在这个过程中获得更坚实的自我价值感。

另一条背道而驰的道路由即时满足感铺就而成，它不是通过努力赢得价值感。这类价值感稍纵即逝，如此一来，为了保持仅有的一点点关注，我们有可能会诉诸有害的行为："嘿，看着我！"好像大声喊叫会让我们变得更重要一样。然后，当大喊大叫不再奏效，我们就开始玩一些愚蠢的噱头：喝醉了在脸书上发帖，发吸引眼球的推文，在Instagram上晒出裸露上身的照片。这些行动没有任何一种能让自己变得更好。最后，当无伤大雅的吸引眼球行为也不再起作用，我们就沿着可鄙的方向继续越走越远。我们跨过伦理道德的边界，诉诸凌辱、自残甚至暴力。在当时那一刻，这么做一定会让我们感到自己很重要，但这种感觉依然如昙花一现。因为即时的满足感并不能真正令人满足，尤其是长期来看。

诚然，吸引眼球的行为或许能获得大量关注，这就像发生车祸时一样，人们会不由自主放慢脚步围观现场，但不会持续关注车祸之后的清理工作。这就会让想要吸引眼球的人感到空虚孤独，感到自己更加无足

不安是真相所在，它将
缺陷、错误、不协调之
处都暴露出来；而舒适
则是个骗子。

轻重。而这种感觉，正是他们起初想要吸引他人眼球的动因。自然，这只会放大他们试图逃避的羞耻感。

也就是说，羞耻并不总是坏事。它会激励你尽自己的最大努力，在这个范围内，它是有益的。有些时候，一定的羞耻是完全合适的，比如当你的所作所为一再与未来的理想背道而驰时。你想成为作家，却从未动笔；你想身材健美，却拒绝运动；你想升职，却不愿意努力工作——这种情形下，羞耻是自然反应，是对持续犯错的一种情感惩罚。

不幸的是，我们对羞耻的自然反应往往不是纠正自己的行为，而是退缩、放弃、反刍，甚至否认问题的存在。长此以往，这种失败主义的循环会导致对过去行为的悔恨和对未来的绝望。

根除羞耻的关键在于，不要从自己塑造的形象或是过去的自己中寻找价值，而应当从最好的你自己中寻找价值，然后使自己的行为与之保持一致。要做到这一点，你首先需要承认自己曾经的负面行为，这有助于消除一直深藏于心的内疚感。但你还需要向前一步。你必须不再遮掩，甘于每天以不起眼的方式出现，兢兢业业工作，即便那既不有趣，也不性感，更不刺激。你的行为举止应该使你将来感到自豪——并非让别人自豪，而是让你自己自豪，按照他人的理想而活是羞耻诞生的根源。

和你遇见过的其他人一样，你也撒过很多谎，犯过错，做出过错误决定。但从今往后，你没必要再做个骗子。你要好得多。你有能力实事求是，无论对己对人，也有能力关心真相。因为如果你不关心真相，你就不关心任何事。

是的，我自己在生活中也做过错误决定，行事懒惰，撒谎，甚至对我的第一任妻子不忠。但过去不等于未来，我也不是一成不变的。从过去的自己身上，我可以吸取教训，感恩犯过的错误——不是自豪，而是感恩——因为我无须再重复它们。

在进入下一个话题之前，有些问题值得思考：你羞于更换工作，是因为他人可能对你的决定有想法，还是因为你在逃离些什么？你因自己的身材感到羞耻，是由于他人的审美取向，还是因为你知道自己本可以身材更好？你对自己的创作能力感到羞耻，是因为别人更"高产"，还是因为你意识到自己还能做得更好？你对自己还没结婚感到羞耻，是由于社会上的普遍观念，还是因为你仍然在寻找能够共享人生的伴侣？

这些个人问题没有放之四海而皆准的答案。因此，能给出正确答案的只有你自己。对你来说不正常的事情，对我来说可能完全正常，反之亦然。所以，我们最好别浪费时间让他人的期望左右我们自己的欲望、行为，甚至最终左右我们的生活，否则，内疚和羞耻感会源源不断地产生，因为我们永远不可能满足人们相互冲突的价值观。只要不伤害别人，你只需按照自己的标准生活，其他一切都会导致不满。简言之，当你过上和谐的生活，就永远不必担心清除你的浏览器历史记录。

事实比沉默更有价值

并非所有事实真相都同等重要。我们经常将完全的透明、开放和事实真相混为一谈。尽管同为说实话的方式，但在一些重要的方面，这是三个完全不同的概念。把它们混为一谈会给自己带来伤害。

即时的满足感并不
能真正令人满足，
尤其是长期来看。

我们听政客谈论"建立一个透明的政府",但我们实际并不希望政府完全透明,因为有些信息必须保密,这样我们才能免遭不法之徒的侵害,比如核代码。我们渴求的是一个诚实负责的政府。同样的道理,对个人生活而言,如果我是完全透明的存在,那也会很乐意在此写下我的家庭住址、社保号码还有我母亲的闺名。但若细节化到这个程度,就非但没有必要,还会造成伤害。

有时候开放也会过度。我租了一个共享工作空间来写这本书,假如我四处走动,跟每个男人、女人还有宠物交流对其衣着和午餐选择的看法,这样的"开放"肯定惹人讨厌,同时也将显得我很愚蠢。很多事情最好不要宣之于口,因为如果说出来,要么会带来不必要的伤害,要么代价巨大,抑或根本于大局无益(也可能三者兼而有之)。

这并不是说,假如有人问你,"你觉得我的新衬衫怎么样?"你就应该撒谎。即便在这样的情形下,你也可以保持诚实但又不过分开放。我们无须以刻薄的方式来实事求是。

还有一些事实不值得公开宣扬,是因为代价巨大。如果我告诉你我是个共和党人,那读者中一半的美国人就会合上这本书;如果我说自己是民主党人,也会有同样的后果。事实上,我是个登记注册的无党派者,但即便这么说,我也依然会付出代价。然而,我的政治立场与我在这本书中想要传达的信息并无关系,而这意味着它们可能妨碍一个更重要的事实:我没有试图表达政治意识形态;我只是想要表达一些想法,向读者说明如何才能过上更有意义的生活,不论他们是什么政治立场。

又或者,假如我告诉你我不喜欢洋葱、海滩和小孩呢?即便这是真的(我以第五修正案做辩护拒绝回答),在这本书中,我在此承认这些，又能在全局上带来多大的好处呢？有些事实最好不讲出来，否则只会成为噪声，干扰真正的意义。我的友人，作家内特·格林（Nate Green）曾告诉我："只有当语言比沉默更有价值时，你才应该讲话。"如果我们能够以此为座右铭，就都会成为更好的聆听者，每当我们开口的时候，言语也会更加掷地有声。

当然，有些时候沉默是一种错误的回应。如果我们希望过上有意义的生活，必须勇敢说出某些事实。在生活中，你有没有害怕公开承认的事实，但如果能承认，最终会对你自己有益？起初，你会觉得承认这些事实显得冷酷甚至自私，同时，如果要坦承自己的生活与理想大相径庭，也会让人不舒服，但若想成为最好的自己，这是唯一的途径。

通过打包派对发现真相

让我们再来看看打包派对案例研究的参与者们。在第一天试验结束的时候，我们问了每位参与者，过去24小时的经历说明了他们自身与真相之间的什么问题。我们毫不意外地发现，由于一整天都对着实体物品，最重要的事实真相都与物质财富相关。

来自纽约布鲁克林的单间打包派对的参与者梅·弗兰克伯格说："我努力保持清醒，希望弄清楚知道自己已经拥有了些什么，将什么东西带入了生活。但有时候，我并没有足够仔细地审视一切。我主要需要努力的方向是，诚实地认知生命中什么人和事是重要的。"

来自佐治亚州亚特兰大的整屋打包派对的参与者克里斯廷·休伊特承认："即便作为一个自封的极简主义者，我也不能承认过去12个月里囤积了这么多东西。当进行整理的时候，我意识到其中的大部分我都不需要。"

来自佐治亚州萨凡纳的凯特琳·莫布利参与了多房间打包派对，她坦言："我与真相之间的关系变幻不定，因为即使我很清楚将什么带入了自己的生活，也仍然会屈服于社会压力，让它告诉我家中该有何物。"

随着时间的推移，参与者们继续拆包自己的囤积物，也随之认识到越来越多的真相。瑞安和我每周结束的时候都会检查，鼓励每个参与者抛开物质财产本身，讲述这一试验如何揭开生活中未曾被意识到的事实真相。

试验过去一周后，埃莉·多布森发现，一个更显而易见的事实从她和伴侣的生活中浮出水面。"我们之间有种逃避关系，"她说，"我们声称了解彼此，但实际上我们一直在避免走近对方。"

极简主义生活守则

十件最昂贵财产守则

花点时间写下你在过去十年间购置的最昂贵的十样东西，比如车、房、珠宝、家具。在旁边列出另一个清单，即对自己生活最有价值的十件事情。其中可能会包含一些经历，例如与所爱之人一起看日落，看孩子打棒球，与伴侣做爱，跟父母一起晚餐，等等。比较一下这两张清单，它们可能几乎没有共通之处，甚至可能全无重叠。

两周过后，居住在堪萨斯州莱内克萨市的整屋打包派对参与者卢克·温格，盯着剩下的那堆纸箱说："无论'真相'是什么，我都怀疑它在其中一个箱子里。"

三周的试验结束后，很多人已经接受了这样一个事实：自己实际需要的远少于自己以为的，与此同时，一些意料之外的挣扎也被"拆包"。一位参与者意识到自己挣扎着在生活中"寻找平衡"，另一位则承认："我仍然难以确定什么是真正的'真相'，什么是我被教导要相信的。"

被恐惧笼罩

我们前面介绍过霍利·奥赫，一个打包派对案例研究的参与者，她在试验的第一天发现了一个惊人的事实，有关自己与物质财富之间的关系。她说："我靠物品来填补空虚，却不敢探究那空虚的真相。"

一开始面对自己的物品时，人们普遍都会感到恐惧。我们害怕拉开帘幕，并非因为害怕物品本身，我们不敢面对的是在丢掉这些东西后，需要为更有意义的生活付出的努力。但是，如果我们不迈出第一步，不解决掉横亘于道路中间的混乱杂物，就永远无法为真相腾出空间。

那么，我们应该如何摆脱恐惧？

像霍利一样，我们得先承认其存在，先说实话。我们都有害怕面对的事物。有些恐惧的对象很明显，比如蜘蛛、高台、死亡。另一些则没有这么具体，比如对失去的恐惧，害怕失去物品、失去认同、失去朋友、失去地位、失去爱。

恐惧将我们笼罩，阻止我们成长，妨碍我们为他人奉献，阻碍我们获得幸福、满足、充实的生活。恐惧与自由相对，从定义来看，恐惧是一种限制。

霍利并非我们遇到的唯一恐惧断舍离的人。还有不少人也表达了类似的恐惧，一个来自佐治亚州阿森斯市的多房间打包派对参与者莱斯利·罗杰斯说："我在很多物品寄托了回忆和情感。但是，由于没能恰当地处理自己的情感，我没有照看好这些物品。它们被装在盒子里或是散落在地，有些东西被我的猫抓破或是弄脏了。我被迫扔掉了几样饱含情感的物品，令人惊讶的是，那感觉棒极了！我的拖延源自恐惧。"

跟莱斯利一样，我们之所以保留一些东西，是因为害怕扔掉它，我们害怕失去可能需要的东西。但我们害怕失去的不仅仅是这些物品，还有这一切在未来对我们的意义。结果是，我们一直执着于自己根本不曾拥有的想象之物。

当你大声喊出自己的恐惧时，它们听上去显得可笑。不信你试试。请说："我害怕丢掉这件衬衣、这本书或是这个手机充电器，因为如此一来我的生活会受到严重影响。"

无稽之谈，是不是？

因此，当我们执着于某样东西，需要找到真相的时候，我们必须问自己一个无法回避的问题：我害怕的究竟是什么？

尝试一下。

我没法对那个人说"不"。我在害怕什么？

我无法写一直想写的小说。我在害怕什么？

我没法学一直想学的乐器。我在害怕什么？

我无法锻炼身体、健康饮食。我在害怕什么？

我没法辞掉我厌恶的工作，追求自己真正所爱。我在害怕什么？

我无法丢掉自己的存钱罐。我在害怕什么？

我无法……我在害怕什么？

问题的答案几乎都不合逻辑：

我怕别人会不喜欢我。

他们不会再尊敬我了。

我爱的那个人会不爱我。

真的吗？你衬衫上没了那个商标，别人就会不喜欢你了？你扔了那个睫毛膏，别人就不尊敬你了？你开一辆便宜的车，其他人就不爱你了？如果这都是真的，那便是你遇人不淑。但更大的可能是，你虚构了这些假想的恐惧，而正是这一切令你难以去做真正想做的事。

真诚的人不在乎你开哪种车，住在哪里，穿什么牌子的衣服。尽管如此，我还是要告诉你一个好消息：恐惧可以被克服。人类发展出对恐惧的反应，是为了在危险逼近时保护自己，但如今，我们似乎恐惧一切：股市轻微下挫，社交媒体上的负面评论，丢弃一件物品的微末想法。我们选择，也意味着，我们可以选择无畏地生活。当某些东西挡住去路，你必须扪心自问，自己害怕的究竟是什么？

很多人都选择摆脱恐惧，继续前行，向更充实的生活迈进。但不要我说什么就信什么，自己试试看。

做一件你通常不大会做的事情。

把你最喜欢的衬衫捐掉。

丢掉你的电视机。

把旧的电子产品放进回收箱。

扔掉那盒往日的信件。

过自己的生活，更精彩的生活。

你还在怕什么？

是时候远离那些妨碍你快乐自由的事物了，就从生活中的冗余之物开始。

崩溃之后的夜晚

临终关怀医院的气氛太沉重，压得人喘不过气来。顶灯发出柔和而平静的光。我的椅子紧挨着母亲的床，她的小卧室里装点着各种物品——相框、艺术品、玫瑰念珠，精心的布置让她感觉像在自己家。我们旁边是一台带有LED屏的复杂机器，用以监控母亲的生命体征。机器已经关掉了。我发现自己在痛哭，这是成年以来的第一次。

我的脸颊因泪水而灼痛，10月夕阳的余晖从百叶窗狭长的缝隙射进来，我对着母亲的遗体诉说歉意。尽管触感冰凉，她慈祥的脸上仍闪耀着安详的光。那并非如坚冰般的寒冷，只不过是失去了生气，是一种属于物体的温度，而非人的体温。我无法抑制地抽泣，直到泣不成声我才意识到。这是一种自然反应，就像发生在我体内的地壳运动，是一种情感的震动。

她躺在那里，看上去瘦小而脆弱，仿佛她强大的人格从未超出她的躯体。我想要拥抱她，抱起她虚弱枯萎的身体，通过摇晃让她活过来，回到这个世界，告诉她我爱她，告诉她我很抱歉，因为我不知所措，我不像自己假装的那样成熟，也不像自己以为的那样坚强。我想告诉她，我不会再像以前那样了。我想这样大声地告诉她，告诉所有人。有时候，直到所爱的人从我们的生活中消失，我们才懂得如何去爱。

"对不起！"我抽泣着说，泪水已经打湿我的衬衣。房间里只剩我和母亲的遗体，但我知道，我面对的只是她的肉身，并非她本人。她没有消失，只是离开了我。"对不起，对不起！对不起！……"我一遍遍地重复着，像精神病患者一样在椅子上前后摇晃。

眼泪是一种奇异的宣泄，能释放每一次发作的内疚、愤怒和悔恨。但对我来说，眼泪也意味着别离，我的人生将从此翻篇，而那时的我并没有意识到，这一页必须翻过去。

终于，眼泪也流干了，是时候离开了，我已无未尽之言，亦无未尽之事。在我叫出租车返回母亲的公寓之前，她的护士谢莉在走廊里拦住了我。她一定注意到了我脸上悲痛的表情。她久久地拥抱着我，头顶上的一盏荧光灯在不住地闪烁。一天后，我和谢莉躺在了一张床上。那是我唯一的一次背叛。但事关不忠，任何大于零的数字都是对真相的侮辱。

如果不是因为严重的自我憎恶，一个男人不会背叛自己的妻子。当然，还有一些其他原因，比如丧失信心、沮丧、绝望、强迫、性欲，但自我憎恶的不断拉扯的力量是最大的。这也是我从婚姻中出走的原因。我当时没有意识到这一点，只是非常讨厌那时的自己。我已经欺骗自己很多年了，我想结束一切。我不自觉地希望打碎一切。

我隐瞒真相太久了，终于被真相抓住。受伤的不只我本人，还有我身边的每个人。因为我拒绝面对彼此不合适的事实，我的婚姻痛苦不堪，最后我们都被带往自己并不希望的方向。我与母亲的关系也不好，因为我急于获得所谓的成功，而现在我再也无法找回与她共度的欢乐时光。我的友谊和社交也受到影响，因为我只关注自己，可我的成就是如此空洞且稍纵即逝。我的创造力受损，因为相比创造，我更关心消费，它在我的灵魂中打开一个空洞，任何装饰品都无法填满。

在近二十年的时光中，我一直都在追求地位、成功和物质主义。但是，每一次升职、每一点成就、每购置一件新物品，都让我离生活的真相更远。我真希望自己当时就明白，购买豪车并不能让我成为更好的人。我希望当时的自己能提出质疑，问自己何为重要之物，而不是让外界的期望来左右我花钱、分配时间和精力的方式。我真希望自己能意识到，即便孤身一人在空无一物的房间，我们每个人也已经是完整的人，至于其他一切，对我们的生活起到的只是扩充、提升或丰富的作用，它们不能成为我们前进路上的障碍。

结语：真相

嘿，瑞安在此。乔舒亚在本章分享了一些残酷的真相，很显然，真相并不干净整洁，它是原始的，也可能是丑陋的，通常并不"讨喜"。但真相就是真相，这也是我们在此想要探讨的：你与真相的关系会如何影响自己。为此，我准备了下面的一些练习。请慢慢看，认真思考其用意。如果确实能这样做，你将会在日常生活的嘈杂中找到真相。

记住，在日志中记下你的回答（标好日期，这样就能反思自己的进展）。完成之后，记得约个时间跟你的伙伴分享所学。

关于真相的问题

1. 你现在隐瞒的一个重要真相是什么？

2. 隐瞒真相会引起怎样的不满，对人际关系有何伤害？

3. 如果说出真相，最糟糕的后果是什么？最大的益处是什么？

4. 为了避免做出更多的错误决定，你需要展开何种艰难对话？

5. 真相会如何帮助你成长？谎言又将如何阻碍你成长？

关于真相的应做之事

接下来，你在这一章里学到了什么？什么是你会坚持下去的？什么样的教训会激励你在日常生活中更加诚实？以下的五项你今天即可付诸行动：

● **承认**。先列出你想要打破的谎言。

● **接受不适感**。在所有列出的谎言中，最让你感到不舒服的是哪个？你将如何面对？

● **消除**。现在就选择一个你不想再背负下去的谎言，要消除它，你会怎么做？

● **致歉**。你的谎言伤害了谁？联系他们并致歉。这个经历会如何影响你们未来关系的走向？

● **疗愈**。向被你的谎言影响的人请求原谅。你要明白，你并非合该得到宽恕，就算能得到，或许也需要一些时间，但真正的疗愈可以自此开始。

关于真相的切忌之事

最后，让我们讨论一下不诚实的风险。如果你想成为一个更诚实的人，从今天开始，你应该避免以下五件事：

●不要想当然地认为一切都还好，还能奇迹般地自己变得更好。

●不要试图说服自己隐瞒真相会让情况变得更好，或是让你们的关系变得更好。

●不要为了避免实话实说就将自己隔离起来。

●不要为了掩饰已有的谎言而撒更多的谎。

●不要假定让他人恢复对你的信任是不可能的——重建信任需要时间，也需要日复一日的诚实。

自我

我从未同抑郁症进行过斗争，直到我真的患上抑郁症。2019年，在密布的乌云最终累积成我们如今所称的"新大萧条"之前，我一直认为自己是个盲目乐观主义者。多年来，我始终是人群之中最开心的人，一个能透过生活的乌云找到一线光明的人。当然，像其他人一样，我也会经历悲伤、忧郁和哀恸，但即使在最黑暗的时刻，我的悲伤也没有演变成抑郁。我总能以最快的速度穿过山谷，返回附近的山峰，而不是陷入其中。情绪低落的时候，我就对着镜子微笑；心情疲惫的时候，我就去运动；在心理上墨守成规时，我就寻求语言上的改变。

　　即使在混乱的20岁年纪，面对单调的打工生涯，我也有法子让自己因最平凡的邂逅而兴高采烈。每天清晨5点左右，在乘坐拥挤的电梯到达11层之前，在穿过被荧光灯照亮的走廊和小隔间去我办公室之前，在打开我的台式电脑和黑莓手机之前，在来回切换电子表格、电子邮件和即时消息之前，我都会走进大楼中庭的咖啡屋，而迎接我的则是一声昏昏欲睡又被迫营业的问候："过得如何？"

　　每天，我都会报以微笑，停顿一下，然后加重语气答道："好极了！你呢？"

　　不可否认，这样的回答让人措手不及——尤其是在刚开始的时候。他们期待的是标准的"好"或"我很好，谢谢"，不料却得到了热情洋溢的回应，这并不符合一大清早普通人的语气。喜剧演员乔治·卡林说，当别人问你过得如何时，你永远都应该回答："好极了！"因为这会让你的朋友开心，让你的敌人愤怒。虽然认同这个观点，但这并不是我的初衷，我的回答从来都是诚实的。我确实感到好极了，因为我一直在留心，致力于从平淡乏味的生活中努力寻找不平凡的点滴。

在接触极简主义之前的几年，我就发现，自己的"日常生活"无须像词典中定义的那样，常规、平凡、普通。尽管我过着不怎么起眼的生活，一如买杯咖啡这样的简单小事，也可以，并且"应该"成为不同寻常的体验，无论多么短暂，都能让人感受到活在当下的快乐。

一些咖啡师觉得我的热情不合时宜，甚至令人生厌，但很快，几乎每个人都对我的热情产生了好感。"好极了？"他们问，仿佛这是一道谜语。不久，我便能看到人们脸上绽放的笑容。"好极了，是啊，我喜欢这个词！"

"欢迎你借用，"我会说，"免费并且可转让。"后来，咖啡店员工不再往我的咖啡杯上写"乔舒亚"了，而是改成了"好极了先生"。

关注的艺术

我不希望人们简单地"感知到"我是快乐的。一个痛苦的人带着微笑，也还是一个痛苦的人。我热情回应，是因为知道自己和大多数人一样，不善于活在当下。但是借由言语、音量、语气、声调、肢体语言和面部表情，我们能够改变内心状态，帮助自己以欣赏的眼光关注当下，即便当下并不完美。在这个问题上，极简主义尤为有益。通过摒弃周围的物质干扰，我们得以审视内心，开始对精神、情感、心理和心灵的整理。

关注和欣赏并非易事，尤其是当我们被物质世界狂轰滥炸的时候。关注需要调动宝贵的资源——注意力、精力、专注。欣赏也同样如此，甚至更多——对一切事物，尤其是平凡事物所蕴含的卓越品质的认可。

二者都需要精神和肉体的共同参与，在这个瞬息万变的时代，这样的境界越发显得珍贵。

我们只能同时应对有限的事物，因此我们总是倾向于沉浸在自己的想法、故事和生活当中，仿佛其他人都是我们故事里无须付费的临时演员，仿佛他们并未经历过同样的奋斗挣扎。于是，我们在生活中跌跌撞撞，放弃当下。我知道自己便是如此，始终游走于过去和未来，却忽视了许多眼前最重要的时刻。然而，生活即一切当下时刻的集合，如果放弃这一切，我们就放弃了生活本身。

浏览。

下拉。

发邮件。

发短信。

发帖。

发推文。

更新。

答复。

重放。

回应。

这些都是我们在当代社会中牺牲当下的一部分方式。当然，这些行为本身并无问题，可如果它们妨碍了更有意义的生活体验则另当别论。我们大多数人都无视身边触手可及的自然美景，转而在一个微小的发光屏幕里寻找人造的美。①

———————

① 更多关于科技干扰的内容，请见《创造力》那一章。

更休提在前科技时代就已数不胜数的逃避当下的方式：

思前想后。

担心。

焦躁。

念念不忘。

分解剖析。

施加压力。

痛苦挣扎。

看，这问题并不新鲜。自从在洞穴里咕哝出几个音节，我们就找到了将注意力从当下转移的方法。只是今天，我们有了更多途径来分散注意力。

回到当下

如今，"好极了先生"告别那家咖啡屋已逾十年，我仍竭尽全力活在当下，有意识地关注眼前之物。与每个人一样，我要同分心、和解还有厌倦进行斗争。我们"不擅长"某事，并不意味着我们必须屈服，"不擅长"恰恰是我们必须努力活在当下的原因。如若轻而易举，我们也不需要付出努力了。幸运的是，无论何时偏离方向，我总能通过一定的方法回到当下。而我经常偏离方向。

说到活在当下，对我影响最大的两人分别站在信仰的两极：基督教牧师罗布·贝尔（Rob Bell）和著名无神论者山姆·哈里斯（Sam Harris）。尽管二人都曾做客"极简主义者"播客，我最早却是以书迷的身份接触其作品。

为了避免以偏概全，找出截然相反的观点十分重要，这样才能质疑并强化我们自己的观点。就精神观点而言，这两位公共知识分子站在光谱的两端。贝尔，一位来自大急流城的前教堂牧师，以其具有争议性的著作《真爱无敌》（*Love Wins*）广为人知；哈里斯则是一位神经学家和冥想教练，以宗教批评闻名[以及在《彪马实时秀》（*Real Time with Bill Maher*）上与本·阿弗莱克的那场公开混战］。

在自己的第一本著作《重绘信仰》（*Velvet Elvis：Repainting the Christian Faith*）中，贝尔讲述了一个故事，上帝指引摩西爬上山顶，摩西照做了，而当他终于抵达顶点的时候，上帝要求他"待在山上"。

我想摩西一开始会有点恼怒。"我一早就听见了！'去到山顶！'如你所愿，我在山顶了。现在该如何？"

上帝可能同样恼怒，回答说："就待在山上。"

被上帝多此一举的要求搞糊涂后，摩西可能会皱起眉头，因为他不明白上帝并不希望他只是爬到山顶，然后立刻琢磨下一步。上帝不希望他心事重重，站在那里担心自己怎么下山，有哪些账单要付，或是出门前有没有关灯。

上帝想让摩西"待"在山上，享受那一刻。如果我们停留在不断计划、不断焦虑、不断如何如何的状态，就根本无法享受当下。

无须与罗布·贝尔（或是山姆·哈里斯）秉持同样的信仰，你也能发现这则当代寓言的价值。这一故事只是想提醒我们，人类几千年来一直因同样的事而困扰。在电视机、互联网、智能手机、YouTube和Instagram出现以前，我们的注意力同样容易分散。这是人类的共性。

贝尔想要说明的是，当我们暂停片刻，就可以享受那一刻。攀上顶峰费尽千辛万苦，因此我们应当停下来享受片刻，哪怕只是一小会儿。停顿与行动一样重要，如果不懂停顿，那我们就只是在按照待办清单行事。

想要享受生活，我们必须"待在山上"。不是说不该制订计划，但也请享受制订计划的过程。也不是说不该努力工作，但我们可以享受在全神贯注的状态下工作的快乐。

只要有可能，

不要沉湎于过去。

不要担心未来。

待在山上。

只是，在那里。

"活在当下"的敌人

之后，在贝尔的第十本书《如何活在当下：创造有价值的生活指南》（*How to Be Here: A Guide to Creating a Life Worth Living*）一书中，他探讨了活在当下的乐趣。不仅如此，他还指出了"活在当下"的三个敌人：百无聊赖、愤世嫉俗和绝望。

百无聊赖是致命的。它意味着，所有的一切都很无趣。百无聊赖揭示了我们对所处世界的看法。百无聊赖的致命性，在于它所反映的一种静态、固化的世界观——世界已经终结。

愤世嫉俗和百无聊赖略有不同，但同样致命。它意味着，一切都不再新鲜。愤世嫉俗常以智慧自居，但大多源于自身的创伤……很多时候，愤世嫉俗者在某个时刻确实做了新的尝试，却以失败告终，因此在嘘声中被赶下台；因此，在痛苦的驱使下，他被迫选择批评和嘲笑，因为这样做没有任何风险。如果你与某一事物保持距离，然后加以取笑，就不会受到任何伤害。

然后是绝望。百无聊赖可以很不易察觉，愤世嫉俗可以显得相当聪明，甚至狡猾，可绝望就像一记朝心头打出的沉闷重击。绝望者说："我们所做的一切都是徒劳。"绝望反映了一种无处不在的恐惧，害怕所做的一切都没有意义，害怕自己最终只是在浪费时间。

如果要我给这些观点加个附注，我会说：

如果你百无聊赖，那么你是沉闷无趣的；

如果你愤世嫉俗，那么你是懒惰的；

如果你沉浸于绝望之中，那么你没有活在当下。

当然，我在写"你"的时候，我实际上也在说我自己：

如果我百无聊赖，那么我是沉闷无趣的；

如果我愤世嫉俗，那么我是懒惰的；

如果我沉浸于绝望之中，那么我没有活在当下。

贝尔认为，百无聊赖、愤世嫉俗和绝望都是"心灵的疾病"，"让我们看不到最根本的事实，即我们身处当下"。三者令我们远离当下的生活，让我们无法做必要的停留，以便欣赏当下之美。

永远是现在

另外，山姆·哈里斯通过反思不可避免的死亡来探讨当下的珍贵之处。在很受欢迎的演讲《永远是现在》（"It Is Always Now"）中，哈里斯集中探讨了既定命运和优先选择。哈里斯说我们大多数人总是避免讨论死亡。但只消一通电话，我们就能感受到生命的无常。

而在那样的时刻，人们往往会意识到，自己在平日里浪费了很多时间。这并不仅仅是把时间花在了哪里的问题，也不仅仅是说他们花了太多时间工作或强迫性地查收邮件。而是他们发现自己在乎的事情是错误的。他们为自己关注的事情感到后悔。当生活一切正常时，他们年复一年，将注意力都放在了琐事上。

这让我想起了十多年前公司附近的咖啡屋。偶尔会有人抱着怀疑问："是什么让你感觉'好极了'？"仿佛应该总有什么重要缘由，比如升职加薪，或是中了乐透。但实际答案是："因为我活着。只要专注地感受当下，即使最平凡的经历也会非同一般。"

对你们这些愤世嫉俗者来说，阳光开朗的举止或许令人生厌，或是与"现实"世界格格不入，但对我来说，无论过去还是现在，这样的举止都能让我专注，暂作停留，发现当下的点滴快乐。

然而近来，我在日常交往中却再难遇到"好极了先生"。他好像离我而去了，没有留下只言片语，甚至连联系地址也不留，随之而来的是深度抑郁。

错误决定的代价

最近，我偶然发现了一个表情包，精准概述了这段时间内我的困苦。一个摇滚明星在演唱会舞台上大喊："今晚大家过得怎么样？"人群热情回应："哇噢！"而一个站在会场后面的人说："其实，这几个月我过得很艰难。"

的确如此。

签下这本书的写作协议之后的那年，是我生命中最痛苦的时光，远非其他的艰难可以比拟。奇怪的是，它恰恰开始于我生活的高光时刻。

2018年夏天，进入37岁之后，我过得很悠闲。甚至不需要刻意为之，我就能自然而然地活在当下。我的创作很顺利，个人生活和职业发展蒸蒸日上，比以往任何时候都更能投身于有意义的事业。经过几年的小灾小病，我的健康恢复到最佳状态，睡眠良好，体力充沛，能够专注，过着卓有成效而令人愉悦的日子，内心平静。毫不夸张地讲，2018年的夏天是我成年之后感觉最好的一段时光。

我是如何抵达这一巅峰的？答案算不上性感。我花了十年的时间，循序渐进，改变习惯，历经一次次失败。清理掉大量物质财产，给生活腾出空间；远离被他人的期望左右的生活；修正自己的行为，使之符合我对自己的期望；关注自我的价值观而非内心的冲动。[1]若想过得有意义，就需要让自己的生活和谐统一。

但情况并非总是如此。

---

[1] 更多关于这个话题的内容请参见《价值观》那一章。

这辈子大部分时间，我都没有好好对待自己的身体。儿时，有段时间母亲的酒瘾一发不可收拾，从6岁到7岁，我的体重翻了一番。周边的一切混乱不堪，食物成了唯一我能够掌控的东西。麦片、夹心小蛋糕、花生果酱三明治、芝士汉堡、炸薯条，我从这些食物中获得了满足感。其结果是，我的体重飙升。短短几年，我变得病态肥胖，成为学校里名副其实最胖的孩子。

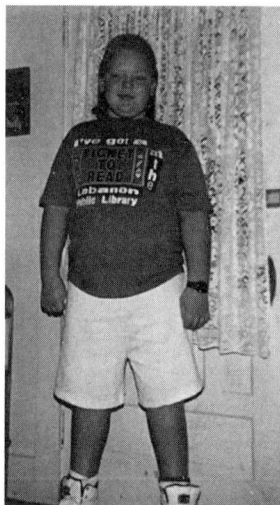

十几岁的时候，相比体态消瘦的男生，大部分女生显然不会喜欢超重的男生。于是我又以一种不健康的方式减肥：不吃东西。我同样因此获得了掌控感，进而是确定感。营养不良以及青春期的到来成为疾病的诱因。我频繁生病，但是我告诉自己，至少我的体重减轻了。

进入高中的时候，我身高1.88米，体重63公斤，瘦得像电线杆，相比一年之前，体重轻了45公斤。其他同学都没有认出我（不过至少还有一个同班同学问我是不是乔舒亚·米尔本的亲戚）。这感觉就好像我有了一个新的身份。我好像可以是任何人。

我的减肥行动见效很快，但我并未在习惯或是心态上做出改变，于是，高中毕业之后，我的体重又渐渐长回去了。日积月累，在20岁出头的时候我再次超重，腹部、下巴和腰部的赘肉都出来了。工作之后职场上的压力也没有改变这种状态。不良习惯无意识地养成：我一天到晚从自动贩卖机里买零食，放弃规律的日常运动，尽可能地缩短睡眠时间。工作这么忙，谁还顾得上关注健康？追求升职加薪成了我生命的全部，因此自然而然放弃了其他所有一切。

在此过程中，医生开出的药物解决方案我照单全收。现代医学似乎能够迅速解决所有问题。不良饮食导致皮肤问题？来，吃片药。哦，上次那个药不管用？试试"这个"。上次那个药方有副作用？别担心，我们有另一种药来治疗副作用。

每条捷径引发的不良后果都比短期功效更大。每种药品都有一系列副作用，看起来似乎比它治疗的小毛病更糟糕：皮肤干燥、瘙痒、皮疹，口干，脱皮，眼白发炎，关节疼痛，背部疼痛，头晕，嗜睡，紧张，手指甲和脚指甲病变，抑郁，有自杀倾向（这只是我服用的一种药物的副作用）。

没有任何一个医生提过我应该改变饮食习惯，我最终不得不自己悟出这一点。在此之前，我盲目听从医嘱，对他们开出的一切药片、药膏、吸入器、药水照单全收。对于他们的治疗办法，服从比质疑更容易。而这些解决方案，也比掌控生活、改变习惯更容易。

我不认为自己的生活习惯有问题，真的。我是说，我不抽烟，不喝酒，没有服用毒品，也避免了无保护措施性行为，而这些都是体检时医生会问的常规问题。但我的生活习惯也谈不上好。我并不切实理解什么是健康。我学过食物金字塔的知识，但却并不了解加工类食品、食物来源或是过度使用处方药的负面影响。真该死，21岁时，我以为只要吃了足够的炸薯条，就能保证足够的蔬菜摄入量。

极简主义饮食

即使在21世纪的今天，专家们也很难对什么是健康达成共识。一个网站可能会推荐原始人饮食法，而另一个推荐的可能是植物性饮食，下一个则可能会推荐低碳水化合物饮食。被大量五花八门且相互矛盾的建议搞得晕头转向之后，我们"啪"地合上笔记本电脑，重新捧起煎炸奥利奥（顺便说一下，煎炸奥利奥可是纯素食）。

在"极简主义者播客"的第184期"极简主义饮食"节目中，我们举办了一个讨论会，嘉宾包括一个纯素食主义者，只吃植物的里奇·罗尔（Rich Roll）；一个肉食主义者，只吃动物的医生（并没有打错），保罗·萨拉迪诺博士（Paul Saladino，MD）；一个杂食主义的医生，托马斯·伍德博士（Thomas Wood，MD），他跟99%的人一样，既吃植物也吃动物。虽然三位专家都是健康典范，他们的观点却大相径庭。

相比主持一场"辩论"，我更感兴趣的是，这些专业人士会在哪些方面达成共识。尽管方法不同，但他们一致认为，加工类食品不利于健康，糖、麸质、化学品、精炼油或工厂化养殖也是一样。他们都认同的一点是，从基因来讲，每个人都独一无二，具有相同饮食习惯的两个人可能得到完全不同的结果。

因此，我们就不难理解，为何健康是一个复杂的话题。同样的事物，对一个人有效，对另一个人则可能完全没用。这可太令人筋疲力尽了。因此，与其设立一种放之四海而皆准的生活方式，不如把注意力放在普适性原则上。下面是极简主义健康饮食的框架：

吃天然的食物。

不要吃得过多或过少。

避免刺激性食物。

远离精炼油。^①

远离加工食品。

不要吃那些让自己感觉不舒服的食物。

关注问题本身，而非症状。

食用有机植物和草饲肉类。

尽可能购买本地产品。

尽管对个人而言结果会有所不同，但一个健全的框架让我们得以筑起最适合我们需求和愿望的家园。

25岁左右的时候，我不再等着有人拿药来帮我解决问题，而是在经过亲身研究后改变了自己的饮食习惯，排除了导致我肥胖的因素。对我来说，那意味着忌糖、面包和加工类食品，多吃蔬菜水果，避免吃零食，一日两餐，每天16小时的禁食期。

---

① 远离菜籽油、大豆油、红花籽油、玉米油、人造黄油等，因为这些油是使用对我们有害的化学物质精炼而成的。选择健康的有机替代品，如特级初榨橄榄油、鳄梨油、椰子油和草饲黄油或牛脂。

自我管理

尽管在25岁左右将体重控制下来了，但我仍对医生的服药建议深信不疑，未曾寻求另外的意见，也不曾聆听自己身体的声音。我曾被开了几个疗程的异维甲酸（Accutane）来治疗面部痤疮，这种药在今天的美国已经停用。它的药效过强，我不得不每月验一次血来确保肝脏没有发生功能减退。我那时候并不知道，我的痤疮其实很大程度上是由于乳制品。当我的日常饮食中不再有牛奶、芝士和酸奶，痤疮便消散了。

后来，医生给我开了复方新诺明（Bactrim）来治疗我头皮上的结节性痤疮，这种药被视为"良性"抗生素。同样，我那时候不清楚，这个结性痤疮的诱因是大豆过敏。当我停止食用豆腐、毛豆和其他豆制品，马上就摆脱了这一烦恼。我连续多年每天服用这种抗生素，到27岁的时候，一系列前所未有的症状开始出现：季节性过敏、多种化学品敏感、食物过敏、消化问题、慢性疲劳。几年之后，过量摄入抗生素导致了严重后果，一种危险的艰难梭菌（Clostridium difficile）在我的肠道过度生长（这种细菌每年导致1.5万美国人死亡）。

而我同样不清楚的是，我的大部分健康问题——如果不是所有——都源于肠道菌群失调及其导致的炎症。根据《非常规医学》（*Unconventional Medicine*）的作者克里斯·柯莱瑟（Chris Kresser）的观点，人体内的菌群"会影响健康的方方面面"，包含但不限于过敏反应、自体免疫、骨骼健康、大脑健康、癌症、心血管疾病、糖尿病、肠胃健康、免疫力、肥胖、皮肤健康和甲状腺疾病。根据《营养学》（*Nutrients*）和其他同行评议期刊中的研究，大量证据表明，肠道生态失调也是身体发生炎症的原因。

柯莱瑟博士提到，有八个因素会破坏人体菌落，全都与现代社会速效疗法的世界观有关：抗生素、某些特定药物、剖宫产、标准美国饮食、转基因食品，睡眠和昼夜节律紊乱，慢性压力以及现有的慢性感染。意料之中，即便在减重之后，我也不健康：到30岁出头的时候，这

极简主义生活守则

赠礼守则

我们已经给自己设定好程序，在生日、节日通过礼物来表达爱意。但赠送礼物并非爱的语言，就像儿童黑话并非浪漫语言一样。人们真正的意思是，"奉献是一种爱的语言"。如果礼物是付出的"最佳"方式，就不应该被极简主义束手束脚。搜索"极简主义赠礼守则"，你就会知道不送实物礼品，仍能完成送礼。

陪伴是最好的礼物。那么，今年就以共度时光作为礼物，如何？你的节日和生日会因此变得多么难忘？想想这些可以一起做的事情：听场演唱会，做顿家常饭，在床上吃早餐，做一次按摩，参加节日游行，随心漫步或开车出游，不受干扰地畅聊整晚，参观灯光节，滑雪，跳舞，一起度假，欣赏日落。

如果必须以实体形式呈现这样的体验，那就彩印出这些经历的图片，放在华丽的礼品包装盒里。又或者，如果你认为有绝对必要赠送实物礼品，可以选择易耗品，比如一瓶红酒、一条美味的黑巧克力、一袋本地烘焙的咖啡，而不是另一个对方并不需要的装饰物。

不送实物礼品，
仍能完成送礼。

八项我都占了。[①]

到此，你可能会想，这和极简主义有什么关系？一言以蔽之，全部相关。极简主义是一种有意识生活的实践。虽然从物质开始，从终极意义而言却是一个人生管理方案。如果我能回到过去，把智慧传授给童年的自己，我会集中讲一个词：管理。

很小的时候起，我对自己的身体就不管不顾，仿佛它坚不可摧，可以随意对待。对于自己的躯体，我不是个合格的管理者，就好像它并不属于我，在我的身体之外，仿佛有另一个"我"存在。那时的我并不知道该怎么办。

遗憾的是，长大以后，我还是不清楚应该怎样，因此保持着一成不变的生活方式。即便我自认健康，也还是会不停地做出错误决定：被包装食品、糖类、精炼油还有化学品包围的饮食习惯；过度使用抗生素及其他药物；少锻炼少睡眠；工作、人际关系以及并不引以为傲的生活带来的巨大压力，这一切最终让我付出惨痛代价。健康问题和生活中的多余物品一样，如果我们始终视而不见，它们永远不会自动消失，混乱与疾病会年复一年地累积。

断舍离是良药

玛塔·奥提兹来自墨西哥城，是我们打包派对案例研究的一名参与者。在几年前开始简化生活以前，她被严重的健康问题折磨。奥提兹

---

① 想了解有关肠道健康的更多信息，迈克尔·鲁肖博士《健康的肠道，健康的你》（*Healthy Gut, Healthy You*）可以作为入门尝试，它将肠道健康的复杂问题讲得简单易懂。

在试验进行到第一周的时候说："我无视身体向我发出的重要信号。"在过去的三年里，她接纳了一些奉行极简主义的租户，也将不少对自己生活无甚价值的物品捐了出去，但是现在，同时处理自己全部的物质财产，让她对自己和自己的健康有了新的发现，例如过度压力、不良饮食、睡眠不足、缺乏锻炼以及严重消化问题等等。

即便在首次尝试极简主义之后，奥提兹仍然"过度投入，过度工作，过度消费，过度饮食"。在整理纸箱，试图取出对自己重要的东西的时候，她意识到了这一点。"在生活的各个方面，我依然过度劳累，也因此在身体上和精神上都付出了沉重代价。我把自己推到了悬崖边上。"她说如果不继续简化，自己就会"越过那个边缘"，这是一个含义明确而又很不吉利的隐喻。

奥提兹说："消除生活中的噪声帮我听到真正重要的声音——我的健康。"如今，在继续清理的时候，她能够一步一个脚印。在"派对"上，面对多余的物品，她对自己承诺："确定清晰的界线，吃得更健康，购物的时候三思而行，注意聆听自己内心和身体的声音。"

奥提兹承认，之所以会有这种思想意识上的变化，不只是因为最近打包家中物品进行整理，也不只是因为自己几年前捐过一些旧衣服。真正重要的是，自己清理掉了那些占据绝大部分注意力的物品，为"意识"腾出了空间，自己因此能更专注于对自身幸福的提升，而非点缀生活的物质消遣。只是因为这样一点小小的改变，在不费一文的情况下，她的整体健康情况得到显著改善。从某种意义上讲，断舍离是一种免费医疗。

食物是良药

托马斯·伍德博士是华盛顿大学儿科学部的高级研究员，也是主营线上业务的公司"Nourish Balance Thrive"的首席科学官，该公司使用先进的生化测试来优化运动员的表现。根据伍德博士的观点："最好的药物都是免费的：饮食、锻炼、睡眠还有阳光。"

让我们来逐一探讨这些"药物"，从食物开始，这是健康的基础。

医生和研究人员会告诉你，对很多运动员来说，如果想重新掌控健康，就必须首先掌控自己的饮食，因为食物是确保生命运转的燃料。当你把食物看作燃料，而非娱乐，就不会成为冲动的奴隶了。当身体需要燃料的时候为它提供食物，就像车没油的时候给油箱加油。你不会因为今天是"放松日"或是想"犒劳自己"就给车加过量的油。另外，我们不能再把往脸上投毒当成"款待"了。真正的款待，是尊重我们的身体，提供让自己活下去所必需的营养。我们必须为当下的幸福而活，而非为下一次款待而活。更不要说，每周有一天是"放松日"，这等于说我们一年有七周在"行骗"。不知道你怎么想，要是我妻子骗了我这么久，我可不会感到开心。然而，我们却持续不断地自我欺骗。

这是不是说我们不能享受美食了？当然不是。但实事求是地说，不管吃什么，我们很少真正享受吃进嘴里的食物。相反，通常的情况是，我们从外卖车道购买快餐，边走边吃，因为无聊而吃零食，在吃饭的时候一心多用。

上周，在办公室的公共休息区，我看到一个体形庞大的男人一边用iPad看网飞剧集一边吃下了整张意大利香肠比萨。他吃得不健康，面部表情也绝不显得愉悦。一定要说的话，他的表情传达出一种挫败感，仿最好的药物都是免费的；饮食、锻炼、睡眠还有阳光。

佛午餐时光是一种逃避。就整个过程来看，甚至一点快乐都没有。[1]

这或许会令人困惑，但在成为"健康饮食者"之后，我比以往更加享受进餐这件事了，但其中只有一部分原因跟食物本身有关。当然，我可以告诉大家如何将"健康食物"做得好吃[2]，也会说，了解到自己不会在享用下一顿大餐之后觉得内疚，那感觉有多好，但我还是想花点时间讲讲自己最享受的餐食——与他人一起分享的美餐。比起看着电视吃零食，以及在车里大嚼快餐，坐在餐桌前与他人一起就餐是让我最开心的体验。

运动是良药

虽然饮食是理想健康状况的基础，但仅靠均衡的饮食并不足以获得健康。久坐不动的人即使拥有完美的饮食习惯也不会健康。说到健康，饮食和运动就像《末路狂花》中的塞尔玛和路易丝一样密不可分。

"健身"可能令人生畏。走入附近任何一家健身房，你马上就会面临选择悖论。

我应该从有氧运动开始吗？

我应该举多重？

要做几组？

---

[1] 当然，我从这个男人身上看到了自己。如果不加以控制，我也会冲动、强迫、易分心。

[2] 例如可参见马克·西森（Mark Sisson）的《原始蓝图食谱》（*Primal Blueprint Cookbook*）。

那台机器是做什么的？

今天应该练腿还是练手臂？

如何锻炼背部肌肉？

我的"核心"到底是什么？

当你不知所措，离开健身房似乎是最好的选择。但实际上，运动的基本概念很简单。

我跟不少专业人士探讨过这个话题，像是本·格林菲尔德（Ben Greenfield），健康与生活网站"Greatist"评选出的"100位最具影响力健康与健身人士"之一；瑞安·格林博士（Dr. Ryan Greene），妙佑医疗国际（Mayo Clinic）受训医师，专攻人类行为表现；还有我妻子丽贝卡·舍恩（Rebecca Shern），Minimal Wellness的创始人。获

极简主义生活守则

收礼守则

这句话从极简主义者嘴里说出来可能有些令人吃惊：想要得到更好的礼物，必须主动要求。

当然，这并不是说你应该索要更贵的礼物，或需要索要实物礼品。爱你的人想送你礼物，这没问题，你可以让他们送。不要拒绝礼物，而是要引导他们送非实物礼物。告诉朋友你想跟他们一起做的事情；告诉同事你最喜欢的咖啡屋或烘焙坊；告诉家人你信赖的慈善机构，以及他们怎样以你的名义进行捐赠。这些听上去难道不比一副袖扣好得多？

得基本的身体健康的关键可以用一个词概括：活动。运动并不复杂，付诸实践就行。不管是去健身房还是公园锻炼，在泳池还是在湖里游泳，在人行道还是专门的健行步道上健走，关键在于，每个人每天都需要规律的运动以保持肌体活力，尤其是在当今社会，人们越来越习惯久坐不动，相比身心健康，人们会更看重方便舒适。不仅如此，每天保持适度运动，晚上也更容易入睡。

睡眠是良药

《我们为什么睡觉：解锁睡眠和梦的力量》（ *Why We Sleep: Unlocking the Power of Sleep and Dreams* ）一书的作者马修·沃克博士（Dr. Matthew Walker）认为，我们集体性地睡眠不足已经成为一种健康危机。"人体的所有主要器官，以及大脑的一切活动，都能通过睡眠得到最佳强化（也会在睡眠不足时受到损害）。我们每晚都能享受如此丰厚的健康福利，这并不让人意外。"沃克博士指出，人类是唯一"毫无合理理由故意剥夺自己睡眠"的生物。我们总有无数理由，为自己"无法"保证充足的睡眠开脱，可能是工作、娱乐、聚会，或者就是一般意义上的忙。睡眠被放在次要位置，是因为它不像其他选项那样让人感到兴奋。但是，如果不能保证充足的睡眠，我们也无法让自己保持最佳状态。睡眠不足不是什么荣誉勋章，而是一种不负责任的标志。

完美睡眠是不可能的，尤其当我们大多数人都面对着阻碍完美睡眠的绊脚石时，例如襁褓中的孩子，焦虑以及复杂的工作时间，所以最好将完美抛到脑后。但即便面对挑战，我们还是可以做到力所能及之事，控制可控的部分，以此提高我们的睡眠质量。怎么做？沃克博士提供了一些简单的技巧，其中一部分你可以每晚合理运用。只需几项，你便能提高自己的整体睡眠质量：

- 每天在固定的时间起床和睡觉。
- 白天前往户外，沐浴阳光。
- 保证每晚睡够八小时。
- 保持卧室凉爽（温度约18摄氏度）。
- 在睡觉的房间挂上遮光帘。
- 避免摄入酒精或镇静剂（镇静状态并不是睡眠）。
- 将咖啡因摄入量降到最低，避免午后摄入。
- 使用耳塞和眼罩隔绝噪声及光亮。[①]
- 睡前一小时调暗灯光并关闭所有电子产品屏幕。

阳光是良药

虽然晚间过度的光亮会影响夜间睡眠，尤其是我们电子产品屏幕发出的蓝光，但在白天，适当的日照却很重要，足以成为第四种"免费良药"。

你可能已经注意到了一个模式，所有这些"免费良药"彼此都紧密联系：饮食和运动、运动和睡眠，当然还有睡眠和光照。根据《睡眠医学诊所》（*Sleep Medicine Clinic*）期刊上由珍妮·F. 达菲（Jeanne

---

① 我妻子还会使用白噪声器，因为舒缓的环境声有助于她入眠。

健康问题和生活中的多余物品一样，如果我们始终视而不见，它们永远不会自动消失，混乱与疾病会年复一年地累积。

F. Duffy）和查尔斯·A. 泽斯（Charles A. Czeisler）两位博士主持的一项研究表明，"动物和人类的昼夜节律周期接近24小时，但也并不完全是24小时，而是需要每天重置，以保持与外部环境时间同步"。而据数字媒体"Everyday Health"的作家克里斯汀·斯图尔特（Kristen Stewart）和塞缪尔·麦肯齐博士（Dr. Samuel Mackenzie）所言："由于控制睡眠时间的生物钟对光线很敏感，所以我们白天晒了多少太阳，夜晚又暴露于什么类型的光线下，这些因素都会影响睡眠时间。"

我们晚间接触的蓝光太多，而白天沐浴的阳光又不够。我们一直在家、办公室和室内公共区域之间往返，路上也都待在车里，据估测，美国人有93%的时间都在室内度过，而我们的祖先则几乎全天都待在阳光下。"无论是因为常年沐浴的阳光有限，还是因为繁忙日程而晒不到太阳，"红光治疗仪制造商JOOVV公司联合创始人贾斯廷·斯特拉恩（Justin Strahan）说，"读到这段话的时候，你很可能并不在公园里、海滩上或是庭院中……如果每周只有几小时在室外，你就很可能接触不到足够的自然光。这是个极大的健康风险，远比大多数人意识到的更严重，也可能成为失眠、疲劳、抑郁和其他症状的根源。"

因此，晚间避免蓝光很重要，因为蓝光会对有益睡眠的褪黑素的分泌产生负面影响，但与此同时，白天获取足量光照也同样重要——从晨间第一缕自然光开始。一家名为"睡眠健康"（Sleep Health）的机构通过研究证实，早上能沐浴到阳光的人，不仅晚上睡得更好，而且相比其他人，也更不容易感到抑郁或压力。因此，早上醒来的时候，打开百叶窗，在露台上享受一杯咖啡吧，或者更好的办法是，早上一起床就去附近街区散散步。你会获得更好的自我感觉，睡得更好，压力也会更小。

压力与成功

加州大学圣迭戈分校的行为医学教授西蒙·马歇尔博士（Dr. Simon Marshall），用一个首字母缩略词SEEDS概括了本章中提到的四种免费"良药"，分别代表Sleep（睡眠）、Exercise（运动）、Eating（食物）、Drinking（饮品）以及Stress Management（压力管理）。

马歇尔博士曾为美国疾病预防控制中心（CDC）工作，发表过100多篇经同行评议的科学论文，通过自己的网站SEEDS Journal，他集中探讨了人的行为变化，认为它需要循序渐进，是个坚持不懈的过程，任何翻天覆地的变化都并非发生在一朝一夕之间。

对于每一个健康的"支柱"，设定一件力所能及的小事来促进它朝有利的方向发展……专注于细小的行为有助于塑造正确的思想意识，能够引发连带效应，从而让该健康"支柱"里发生其他改变。简言之，进步会带来更多的进步。

这同样适用于极简主义。我们不能指望仅通过一次简化就永远过上简单的生活。极简主义是长期的增量变化累积的结果。它始于我们与物品的关系，即我们与自己紧握不放的所有购买物之间的关系，随后，这种变化又将推及其他"关系"（真相、自我、价值、金钱、创造性以及人际）。

但是，在马歇尔博士的首字母缩略词中，我最信服的是最后一个字母"S"：压力管理。在善加利用"免费良药"的同时，避免过度压力的毒害性同等重要。

我的朋友约翰·德洛尼（John Delony）拥有双博士学位，包括一个心理咨询方向的，他将压力和烟雾报警器进行了对比。他告诉我，"如果你的厨房着火了，关掉警报也于事无补"。同样，压力过大的时候，我们可能会求助于呼吸技巧训练或是瑜伽冥想，但这也只能暂时切断压力信号。不找到引燃焦虑的罪魁祸首，火焰仍会继续吞噬我们的生命。

人们常说，"物极必反"，同样，没有什么像"成功"一样会令人倍感压力。渴望成功、取得成功、保持成功，这些是构建压力与焦虑的砖瓦。在一个24小时资讯不断的世界，你很难保持冷静。但你若想让自己处于高压之下，我能想到许多方法来加剧你的焦虑：

买更多的东西。

视一切为无价之宝。

拒绝放手。

频繁切换频道。

沉迷社交媒体。

时刻关注电子邮件收件箱。

专注于生产率。

比较成就。

渴求物质上的满足。

牺牲睡眠。

放弃运动。

心存怨恨。

不断拖延待办清单。

匆匆忙忙。

负债。

花更多钱。

减少存款。

对一切说"好"。

或许，如果能反其道而行之，多创作、少消费、多储蓄、避免忙碌，我们就有机会让生活恢复平静，但方法是提早防范来有效避开会吞噬自己幸福的火焰，而非拆掉烟雾探测器的电池。

令人心碎的走廊

回到2018年9月，在"新大萧条"到来前不久，我和瑞安到巴西圣保罗参加一个会议，当时我觉得自己的健康处于最佳状态。在演讲结束之后，我们享受了一顿本地佳肴，席间喝了当地的自来水。很快，一场"食物中毒事件"将我击垮。但不同于典型的食物中毒，我的症状持续了几周，并且在我返回洛杉矶之后的几个月里徘徊不去，包括肠痛、皮疹、痤疮、腹泻、腹胀、炎症、脑雾、嗅觉过敏、性欲减退、嗜睡。而后，就是绝对的抑郁，我感觉自己像是被困在一个大玻璃罐里，被放在夏日骄阳下暴晒，解脱和自由近在咫尺，我却触摸不到它们。

抑郁看似突如其来，但如果仔细分辨，就会发现不同的阶段。尽管你感觉像瞬间跌落山崖，可事实并非如此。首先是悲伤，接着你会感觉难以保持高效，随后你将意识到日常工作变得费劲。最后，当情况糟到一定程度，你就会在YouTube上搜索"如何系绳套"的教程了。

我只想说，这不仅仅是悲伤或绝望；这是我第一次经历真正的、令人衰弱的抑郁症。到2019年1月的时候，每天早上，我一睁开眼就在想，我要是没有醒来就好了。这与短短几个月前我的状态天差地别，情况也变得更加棘手：我从最陡峭的山峰跌落至最黑暗的山谷，不知如何才能找到回去的路。无从逃避的阴影笼罩着我的生活，影响着我健康的方方面面。我的创作产出减少了九成。我挣扎着照顾自己，与此同时，我帮助他人的力量变得微弱。最糟的是，我的人际关系也受到影响，我觉得自己是身边所有人的负担，无论是妻子、女儿、朋友还是工作伙伴。

"旅行者腹泻"通常在1—2周内就会痊愈，因此，我的医生感到困惑不解。结肠镜检查也没能找到答案。很快，进一步检查显示，在我的结肠里，大肠杆菌和条件致病菌过量繁殖，几乎可以确定源自我在巴西喝的水。后续检测证实，所谓"坏"细菌（变形菌门、拟杆菌门、瓦兹沃氏双菌门）已经驱逐了许多"好"细菌（双歧杆菌门、阿克曼氏双菌门、瘤胃球菌），使得后者已经检测不到或完全消失，这便在我的肠道中造成了严重的内部失调。并且，胶囊内镜的检查结果显示，我的小肠上出现了上百个小型溃疡。

在进一步理解这个问题的过程中，我想起了几十年前母亲从"十二步疗法"中学到的"日子要一天一天地过"。如果是20多岁的时候，我一定会嘲笑这个老掉牙的一刀切的陈词滥调。但当我正苦苦挣扎时，这话听起来却似乎很有道理。

日子有好有坏。沮丧的时候，再好的日子也会变得阴郁，只不过比坏日子强一点；而坏日子往往更是糟糕至极。

但是。

这并非全部。每次冒险都是愉快的，也都是痛苦的，这也是冒险之为冒险的原因。痛苦令我们更加生机盎然。拒绝痛苦，你就是在拒绝生命本身。而经由痛苦，你会比自己料想的更加了解自己。

去一趟杂货铺通常谈不上冒险，只是不值一提的事件。我们不计后果地任由自己跌跌撞撞地经历一系列近似生活的体验，日复一日地累叠着不寻常的事件，假装那就是生活。但它并不是。它只是一份待办清单，一连串任务，一个生产力黑客。活着事关高峰体验以及编织出我们的存在的错综复杂而难以名状的情感。这需要我们在生命历程中体会每一个当下。快乐与痛苦，高峰与低谷，经由这些通道，我们才会从一地来到另一地。既温暖人心，也令人心碎。一段有意义的旅程不会毫无痛苦，也不会全无欢乐，而会是悲喜交加。有时候，你无法决定接下来迎接你的会是怎样的经历。

痛苦的目的论

孔子说过："每个人都有两次生命，当我们意识到生命只有一次之时，第二次生命就开始了。"[1]我们可以从理智层面理解其中的道理，但若要透彻领悟，有时候需要改变命运的经历来点化我们。

如果说我在过去一年学到了什么，那就是一个众所周知的真理：健康就是财富。不仅如此，最佳的健康状态才是真正的财富。或者再进一步，像另一则格言所说，"快乐的人想要一万件东西，而生病的人只想要一件（健康）"。是的，我以前也知道这一点，但只停留在知识层面。如今，亲身经历了疾病、疲惫和破碎，我发自内心地领悟了这个道理。

---

[1] 原文为 We have two lives, and the second begins when we realize we have only one。部分人视之为孔子所言，疑为"未知生，焉知死"在西方的流传中演变至此。——编者注

我希望能与你分享一个终极"解决方案"，能够应对一切状况，但我做不到。至少我无法在这本书中做到。因为我仍然在经历。最深刻的教训往往源自创伤。我学到了很多，但前方还有很长的路要走。这是学习的一大悖论：我们学到的越多，越会发觉知道的太少。这没什么。我们永远不可能洞彻大千世界，始终无法抵达彼岸，因为根本没有"彼岸"。从某种程度上讲，我们都是迷失的人。怎么可能不迷失呢？我们就是一群站在一块潮湿巨石上的外行，巨石正不断掉落，坠入不断扩大的无尽空间。我们很快就没时间了，可从我们的所作所为来看，却仿佛生命是无限的。想到死亡的时候，我们通常考虑的是寿命，也就是自己究竟能活多久。但也许我们真正应该考虑的是健康寿命。短暂而充实的人生明显优于痛苦的一辈子，抑或更糟糕的，庸庸碌碌的一生。

因此，我无法给出所有答案，但现在我明白了一件事。如果在读这本书的时候，你身体健康，那么你已经过上了梦想中的生活；其他所有一切，财富、地位、房产，以及他人的认可，都只是一种装饰。我也知道，若拉长时间线，一切痛苦都是暂时的。我们总是时不时要崩解，再重组，变得更坚固。这是一个痛苦的过程，但有时，我们就是需要从崩溃中重生。

浴火重生

2019年5月28日，正当我与自身问题进行斗争时，连续14场龙卷风袭击了我的家乡俄亥俄州代顿市，这个已经被经济不振、毒品泛滥和其他不幸重创的地方。①灾难过后的景象的照片看起来有如末世，汽车被掀翻、电线刮落折断、屋顶撕裂、加油站底朝天，连拥有5500个座位的多功能场馆哈拉体育场也被时速140英里的大风毁坏。我小时候就是在这里第一次看到《冰上芝麻街》（Sesame Street on Ice）。

但是，或许代顿也能从这场龙卷风中获益。尽管毁灭是灾难性的，也有一人罹难，但没有人在这场破坏性的大风中受伤。而其他所有一切，那些看似重要的物品，都可以找到替代品。

之后的几天甚至几周里，这个社区以一周前完全不可能的方式凝聚在一起。教堂、社区中心以及普通民众都打开大门，接纳刚刚失去家园的人。食物银行和救济厨房也收到了大量食品、瓶装水、应急设备以及货币捐赠。民主党和共和党的拥趸将政见分歧放在一边，热心帮助有需要的人。龙卷风推倒的仿佛并不仅仅是实物的墙，还有横亘于人心之间的形而上的藩篱。

我们的团队（The Minimalists）以多种方式参与了救援工作，因为我们掌握了方法。但是，更加令人感到鼓舞的是，本身在风暴中受灾的人也在不懈努力。在重新站起来之后，所有人都立刻想要帮助他人。贡献是一种能感染他人的力量。这就像航空公司安全手册里写的一样："先将自己的氧气面罩戴好，再去帮助他人。"

这里还有两个重要的教训：

首先，你需要自助。

其次，在保证自己安全后，请马上向他人伸出援手。

---

① 就在龙卷风过境2个月后，这里发生了一次导致9死27伤的大型枪击事件，事发地点距离我童年的家只有2个街区。

最深刻的教训往往源自
创伤。

提供帮助无须得到许可，或是完美的条件。紧急情况突发时，得到许可再行动于事无益。就像你无须等到飞行员许可再戴上氧气面罩，代顿的居民也无须等待所谓专家或精英来为自己解决问题。他们掌握了主动权，采取了大量行动。要想扭转局面，就必须以大于灾难影响的力度行动。这是我们取得进展的唯一方式：向前走，即便在遭遇悲剧之后。

几周时间内，临时避难所建好了，数百栋房屋得以修复，较之过去几年，人们之间的联系紧密多了。团结是摆脱困境的关键。

要摆脱困境，就不得不进行新的尝试，有时需要多方尝试，而且常常行不通。你会踉跄、跌倒，在前进的道路上经历失败。又或者，像爱尔兰作家塞缪尔·贝克特说的那样，"再次尝试，再次失败，更好地失败"。我们的失败构成了我们最好的部分——无论是作为个人，还是作为共同体，都是如此。

要记住很重要的一点，每个地基都曾是壕沟。有些壕沟始终是壕沟，而有些则会在时机成熟的时候成为新的结构。我们必须决定哪些属于前者，哪些属于后者。

自私自利、自我完善、舍己为人和服务他人

我着迷于"神性放弃"（kenosis）一词，它源自一个意为"倒空"的希腊词语。在历史上，kenosis指的是一种关于牺牲的伦理，我们通过服务他人体验到深刻的意义。在当今的语境下，我将"神性放弃"理解为"舍己为人"，在"倒空"自己来服务他人的时候，我们也会感觉自己更有活力。

的确，极简主义往往涉及"倒空"自己的家，移除冗余之物，给其他东西腾出空间。但是要倒空自己，我们必须首先有值得这么做的理由。航空公司要你先戴好自己的氧气面罩也合情合理：只有自己呼吸顺畅，才能更容易地帮助有需要的人。这也是为什么照顾自己是如此重要。为自己的利益而行动并不是自私自利，相反，自我完善是为他人做贡献最有效的方式。

当人们以牺牲他人为代价来满足自己的愉悦时，就出现了自私的行为，比如欺诈、蔑视、操纵。另外，自我完善则是说，你非常关心他人，以至于你愿意提升自己，愿意善加管理自己的幸福，以便拥有足够多能付出的资源。因此，间接说来，不好好照顾自己是一种自私的行为，因为如果照看不好自己的幸福，你就永远不会有足够的资源来为别人付出。

贡献不应与"拯救"混为一谈。服务者不是救世主，一个服务者明白，如果世界对其他人来说变成了一个更好的地方，那么对服务者自己来说也是一样。

有关贡献，最大的奥秘在于，为他人奉献自己后，你会"得到"更多。不是物质层面的回报，而是得到意义和喜悦。你不仅是在帮助别人，也是在帮助自己。在谨慎行动的情况下，给予和自我完善会成为一种自我成长的机制：给予得越多，你就成长得越快；成长得越快，你就拥有更多能给予的东西。当进入良性循环，这一切都将为美好生活奠定坚实基础。

伟大不是以转瞬即逝的事物来衡量的。在亚伯拉罕·林肯做葛底斯堡演说的时候，没有人在乎他银行账户里有多少钱；当塞涅卡写出《论生命之短暂》（*On the Shortness of Life*）的时候，也没人在乎他拥有多少土地；当哈丽雅特·塔布曼13次拯救被奴役之人时，又有谁在乎她Instagram账号的粉丝有多少？伟大是用我们带给世界积极影响的能力来衡量的。为了实现这一点，我们必须首先照顾好自己，因为如果自己一无所有，我们也无从给予。

照顾自己与治愈过程

我们拥有的似乎是个疾病护理系统，而非健康护理系统。正如我自己的不幸经历显示的那样，我们的社会习惯于面对症状，而非问题本身。一直要等到疾病缠身，我们才知道需要照顾自己，而事实上，最好的健康护理是预防保健，在身体健康的时候就照顾好自己，以确保良好的状态能够持续。

"照顾自己是一个被用滥的词，""简单自我照顾"播客（Simple Self-Care Podcast）的主持人兰迪·凯伊（Randi Kay）说，"但这是对治愈过程最精准直接的描述。"凯伊出生在北达科他州法戈市，在20多岁的时候首次产生了后来被她称为"自我保健"的想法，她将其定义为"聆听自己的真实需求并采取相应措施的行为"。

26岁那年，她对自己的宗教信仰失去信念，第一段婚姻也宣告破裂。她告诉我："我那时竭力想弄明白自己是谁。"在那之前，她一直是任由别人的想法和期望来定义她这个独立的个体。"摩门教徒""妻子""抑郁"，当她开始质疑这些强加于自己的标签，她的观点也开始有了转变。"我不再相信那些我曾经笃信的事物。我不需要一个权威，来使我与自己的灵魂相连。我不需要一个医生来告诉我需要照顾

在"倒空"自己来服务他人
的时候，我们也会感觉自己
更有活力。

自己。"

尽管在十几岁时被诊断患有抑郁症，但直到20多岁时，凯伊才开始正视这一疾病，她开始"审视自己的内心"，意识到自己才是自己生命的主宰。"我必须学习如何相信自己，避免自我怀疑。我必须学着听从自己身体的声音。"只有这样，她才能够治疗抑郁症，而在这以前，她不过是靠处方药和疗法在勉强维持。"药物有一定的帮助，但无法根治问题……如果静心聆听，你的身体会告诉你出了什么问题。"

这个自我发现的过程，包含生活方式循序渐进的改变——饮食、徒步、攀岩、写日记、按摩、组织愈合，甚至现场演奏音乐。通过这个过程，她得以用自己的方式，一点一点地与自我"建立联系"，而理想中的自己也最终浮出水面。

"我称这个疗愈方法为'选择你自己的冒险'，"凯伊说，"在离婚之后，在离开教堂之后，我曾经设定的条条框框也不再适合自己。"在她生活中一度扮演关键角色的东西变得不再重要。生活一直在变化，今天赋予我们力量的事物明天可能会成为制约。我们必须懂得放手，这样才能为新的生活方式腾出空间。这不仅适用于那些我们紧抓不放最终成为古董的物质财产，也适用于生命中所有的关系。

通过探索和尝试新的活动，凯伊体会到了身心之间的联结。她培养了新的习惯——瑜伽、呼吸法、健身法，给她的生活带来了新的意义，让她摆脱了令自己倍感压力的旧习惯和标签，即"平庸的生活——让我不快乐的生活"。

随着自己的痊愈，她意识到，多年来，自己一直不经意地沉溺于人际关系和社交活动中的戏剧性和毒害性的元素。她并没有享受生活，而是一直在追究令自己不满的根源，不断在抱怨。她已经习惯了低落的状态，她甚至会给自己的生活制造混乱，而让自己持续保持抑郁。仿佛相较于不确定的美好生活，确定的抑郁症反倒更好。"要打破这一循环，我必须停止暗示自己是个患有抑郁症的人，"她说，"我不再给自己贴上'抑郁'的标签，开始做自己真正喜欢的事。同时也会对一切提出质疑。"

当提出很难回答的问题时，我们并不总是能得到期望的答案。质疑也许能让信仰更坚定，也可能会令其破灭。对物质财富、关系、职业生涯以及身份认同来说，也是一样。

最近和凯伊通话的时候，我问了她一些照顾自己的小窍门。她是这样对我说的：

● 首先弄清自己最大的压力来源和痛苦所在是什么，然后问自己究竟是什么在阻碍自己进步。什么叫嚣得最大声，什么是最大的阻滞？

● 生活变化很可能让人不适，这种不适令你质疑一切，而这些质疑对于自我实现至关重要。

● 照顾自己这件事高度个性化，没有一种可以照搬的模式。

● 对一个人有益的方式和习惯，对另一个人来说或许有害。

● 根据自己的实际情况，而非你设想的应该的情况，来调整你自我照顾的方式。

● 自我照顾不用大阵仗，细小的改变常常就够了。

● 如果当前的行为不管用，要愿意做出改变。

● 关注"为什么"，而不是"应该如何"。

● 旅程没有终点：你可能还是会感到疲惫，需要重新调整。

● 最重要的：这是属于你自己的冒险之旅，不要与其他人进行比较。

聊到最后，她提到了一个极简主义与自我照顾之间的重要关联。"人们物质财产方面的障碍通常与自我照顾方面的障碍很相似，"她说，"我们不去面对自己的物品或自己的治愈过程，因为我们有一大堆借口：'我时间不够。''我对从前的轻率感到羞耻。''我觉得做出这些改变很自私。''我不知道从何下手。''别人会怎么看我？'"

然而，最好的借口终归也只是借口。如果我们想从一手经营的庸庸碌碌的生活中脱身，就必须做出一些艰难的改变。"人通常并不了解自己，"挂断电话之前她对我说，"而自我照顾是了解理想自我的最佳途径。"

结语：自我

我是瑞安。针对我们与自我的关系，乔舒亚和这一章里提到的专家提出了许多值得思考的问题。现在该考虑一下这一关系会对自己有何影响了。所以，我希望你花些时间，通过下面的练习对这一关系进行探索。听起来很不错？太好了！让我们开始吧。

关于自我的问题

1.你最希望目前的生活方式能为自己带来些什么？为什么？这是你想要的，还是他人的期望？

2.迄今为止你自我感觉最好的时刻是？原因是什么？

3.日常生活中，哪些新的做法和习惯有助于你更加关注自己的健康？

4.你能在自己的健康生活中增加哪些"免费良药"？

5.如何为他人的幸福做出贡献？

关于自我的应做之事

下面，从这一章里，你对自己有了哪些了解？哪些东西你会坚持下去？又有哪些教训会激励你成为更好的自己？以下是五条建议，你可以立即付诸行动。

●**感恩**。明确生活中所有非同寻常的事。越是对自己拥有的一切心存感激，越容易摆脱压力和焦虑。现在，写下对你生活产生积极影响的十个人的名字，以及近期令你感到欣慰的十件事。

●**停顿**。找到合适的方式，每天稍稍停顿，可以是冥想、散步、呼吸练习，或其他能够帮你放慢节奏的自我疗愈法。每天固定拿出5分钟来冥想，20分钟来外出散步，或其他任何对自己有用的自我疗愈活动，将时间固定下来。

●**识别习惯**。列出自己希望养成的于健康有益的习惯。

●**过得健康**。在生活中引入一种适合自己的健康方法。健康是相对的，而找到适合自己的方案需要付出时间和努力。因此，现在开始先从健康习惯清单上挑出一个来，今天就应用到生活当中。

●**负起责任**。为了达到最健康的状态，每天努力。有两个办法可以帮助自己全速前进：（1）找一个伙伴来监督你；（2）将这些有益健康的活动标记在日历上，作为每天的固定日程。

关于自我的切忌之事

最后，我们来说说自我的陷阱。要成为更好的自己，从今天开始请避免以下这五件事情：

●不要因为害怕错过就失去动力、止步不前或是忽略当下。你总会错过一些东西，真正的力量源于专注与坚持。

●不要让琐事妨碍有意义的生活。

●不要把自己的身体不当回事。

●不要将食物当作娱乐。

●别给不健康的生活方式找借口，或是埋怨他人。

价值观

我带着负罪之人的侥幸心理走出试衣间，裤子口袋里塞着一条明黄色的领带，双眼疯狂扫视监控摄像头。我刚满18岁，第二天将迎来首个重要面试。

我母亲已经戒酒一年多，在一家邮购目录公司工作。她在那里认识了一个人，这个人又认识一个为当地电话公司招聘零售店员的人。于是，我润色了一下自己的简历，添上收银员、洗碗工、餐馆员工、服务员、电话销售员的工作经历，将我唯一的正装衬衫和卡其裤熨平。面试之前，我唯一还缺的就是一条领带。可我没有领带，也没有钱，于是我选择从代顿购物中心的大卖场拿走一条。我知道这是错误的，但仅此一次，让自己的价值观妥协一下，真有什么大不了的吗？而且，如果我真的需要它，还能算偷吗？

在跟着我走出商店的便衣警卫看来，我的神色一定紧张极了。他一直等到我出门才给我戴上手铐，宣读我的权利。我听见他说："你有权保持沉默。"然后我的心跳声掩盖了其他一切，我什么也听不见，觉得自己难受极了。

小口径的妥协

我有权保持沉默，但我又有什么可说的呢？说我并不想这么做？发誓说自己能给出很好的解释？说我希望能有悔过的机会？我不觉得有必要进行苍白无力的辩解，所以只是沉浸在自己的羞愧中。

我戴着手铐被护送穿过购物中心的美食广场，没什么比这更能彰显我的罪了。你可能会认为我已经吸取了教训，下半辈子都不去购物中心。但我那时不知道，十年之后，我会负责150家零售店，其中一家旗舰店就在这个购物中心外面，实现了能让人患上幽闭恐惧症的美国梦。我一次又一次地做出妥协，才终于走到这里。

1998年12月，我提早一个学期从高中毕业，到1999年的开头一直在一所录音学校学习。但是很快我就放弃了成为录音师的梦想，因为我发现，这个行业中大部分人都拿着微薄的薪水，而要想挣钱就要被迫录制自己讨厌的音乐。我不想跟身边每个成年人一样，被困在一个地方；我想挣大钱，即便不得不为毫无灵魂的公司工作，即便我与公司的价值观截然不同。

你见过一群梭鱼袭击水面之上的物体吗？那景象看起来不可思议。它们看到闪闪发光的东西就会立即做出反应，就和周围所有的梭鱼一样。它们没有价值观，只知道冲向旁边发光的物体。人类常常也是如此，跟随潮流，背上债务，应聘自己讨厌的工作，这样我们就买得起车，然后开车去上班。我们撒谎，欺诈，偷窃。我们将生活构筑在妥协之上。但如果毫无原则，最终我们就会妥协一切，包括我们自身的价值观。

对象A

大部分人在18岁的时候都不知道自己的价值观是什么。又或者同我一样，秉持的是错误的价值观。作为一个十几岁的孩子，我看重每一样自己不曾拥有的东西：金钱、财物、大房子、豪车、精巧的小玩意、所谓安全感、权力、地位、白色尖桩栅栏的院子。拜媒体、广告、同辈压力所赐——更别提童年时期的艰难困苦——这是个很容易掉进去的陷阱。

法国心理分析学家雅克·拉康（Jacques Lacan）称这种驱动欲望为"对象A"，我们认为，只要能获得、拥有或是实现自己的愿景，我们就会感到满足。

金表。

豪车。

品牌服装。

郊区住宅。

升职。

搬到一个新城市。

求婚。

奖励或证书。

傻乎乎的黄色领带。

我们都有自己的"对象A"，而最危机四伏的是，在我们的一生中，"对象A"会不断变化，直到最后，我们的欲望成为不满的来源。那部三年前你一刻也离不开的智能手机现在又慢又过时。那辆你梦寐以求的新车现在不过是一份分期付款账单和一个负担。那艘能在周末带给你无限自由的帆船如今却是个消费的无底洞。与此同时，我们发现，自己过去想要的东西不是我们现在想要的。

当我跟哲学家彼得·罗林斯（Peter Rollins）聊到欲望的时候，他说，"对象A是那个你认为可以解决一切问题的东西，尽管在每个人心中，对象A具体指代的事物不同。它指的是能动摇你的生活的东西：一定要在一起的那个人，梦寐以求的那份工作，为了过得更有活力而必须搬去的那座城市。"在最极端的情况下，按照罗林斯所言，对象A是"你宁愿摧毁一切也要得到的东西，你愿意毁掉自己的健康、人际关系，自己的一切，就为了得到它"。

不过或许它并没有听上去那么极端。我们可能日复一日都在做出微小的牺牲，直到生活最终成为一个巨大的妥协。随着年龄增长，我们放弃健康，停止锻炼，不再健康饮食，体重每年长上几磅。随着事业发展，我们牺牲自己所爱之人，将更多时间花在同事和客户的身上。我们放弃追寻梦想，因为，与白色尖桩栅栏、运动型多功能汽车还有每月要还的贷款相比，梦想仿佛触不到也摸不着。于是，说来也怪，我们确实会燃烧自己来获取短暂的快乐，只不过是缓慢燃烧，即使最终我们会陷入长久的痛苦也在所不惜。

因此，问题不在于欲望，而在于我们相信，下一个里程碑会带来持久的欢愉——尽管从过往经验中我们已经知道它并不会。我们都曾经成功赢得奖杯，搬到新的社区，开始一段新感情，获得渴求已久的新物什，而后，不过是在欲望的另一边品尝失望。

"看待对象A的另一种方式是将它视为不存在的东西，"罗林斯解释道，"它只是一个化身。"他声称，人类生来就倾向于认为，有一种绝对的存在能将我们修复。"无论是百万美元、一段感情还是一种宗教信仰，都是对象A的化身。可一旦得到，你总会感到些许不满足。"

很多人、很多产品，都承诺能带给我们对象A，声称可以带给我们无与伦比的平静、舒适和满足，让我们再无渴求，但这些承诺与那些狡猾的神棍的保证没什么两样，最终都会令我们失望。而且，据罗林斯所言，当对象A令我们失望时，钟摆通常会摆向相反的方向："如果一夫一妻制是你的对象A，一旦你对这段关系不满意，你就可能会希望寻求我们都有自己的"对象A"，而最危机四伏的是，在我们的一生中，"对象A"会不断变化，直到最后，我们的欲望成为不满的来源。

一夫多妻制。或者说，如果你是个保守的天主教徒，当信仰不再符合期望，你可能就会成为一名嬉皮士，反之亦然。东方不亮西方亮。"

无论我们的对象A是什么，从本质而言它注定会成为失望的根源。但我们还是继续通过自己的对象A来寻找幸福。我们之所以都会这样做，有三个原因：我们的兴趣会适应周遭环境，我们把快乐与满足混为一谈，我们的欲望与自己最重要的价值观并不匹配。让我们一一加以探讨。

享乐跑步机

卢克·温格（Luke Wenger）在堪萨斯州东北部的一个农场长大，过着朴素的生活，后来他到城市上大学，随后成为一名收入不菲的科研人员。温格是打包派对案例研究的参与者，我们在《真相》那一章简要介绍过他。他承认自己让生活本身成了一块绊脚石。"不管你认为自己的价值观多么坚定，"他在实验中期说，"当每天身处物质享受的诱惑之中，被狂轰滥炸时，你也会很容易在价值观上做出妥协。"

被聘为科研人员后，温格的固定工资足以令他得到想要的一切，将公寓填满。或者至少是广告商、营销人员还有这个社会认为他想要的东西。"但每一次，购物带来的满足感都很短暂，"他说，"而我继续花越来越多的钱，收集越来越多的物品，徒劳无功地寻找幸福。"

根据享乐适应理论，也被称为享乐跑步机效应，我们的欲望会随生活往前走而不断变化。像卢克·温格一样，一旦适应了新的变化，无论好坏，我们的期望值也会随之改变。尽管这一术语在1971年才被创造出

125

来，享乐适应的概念已经被哲学家们讨论了几个世纪。从伊壁鸠鲁到杨朱，许多在这一问题上颇具见地的思想家都发现，人类个体似乎具备一个享乐（或是幸福）的凝结点，意即，尽管我们在新的变化发生时会感受到一阵强烈的快乐，但我们的长期幸福并不会被这些冲击性事件大幅影响。

举例来说，假如在车祸中失去了一条手臂，你一定会感到很难过。但随着时间推移，你会痊愈，会适应新的状态，而且幸运的是，你还会再次感受到幸福。反过来，假如中了彩票，你可能会迎来巨大的快感和兴奋。但这种感觉终会逐渐消失，无论银行存款添了多少个零，你都会恢复到初始状态。

对于一些不那么极端的例子，情况也是如此。从金钱与财产到地位与成功，你渴求的东西通常都无法给你带来预期的满足。这就意味着，作为人类，如果想弄清楚怎样才能获得满足，我们就必须以不同的方式衡量满足感。

幸福的连续统一体

作为十几岁的青少年，在被铐着带离代顿购物中心之前的岁月里，我并没有意识到，要构建有意义的生活，需要先有一个完整的脚手架作为支撑。我当然知道"对"与"错"的概念，却总是置之不理，因为我追求的是短暂的快感、即时的满足和立竿见影的结果，即便为此付出的代价是长久的幸福、满足与欢乐，我也不管。这样的模式贯穿我整个20多岁的时光，并被我日益增长的购买力不断强化。

事实上，这才是真正的问题。我们混淆了快感与其他更有意义的幸福形式。快感、幸福、满足、欢乐，这四个截然不同的词被我们相互替换使用。但是我认为，四者之间的差异透露出重要信息，理解个中差异将有助于我们提升整体的幸福感。为了使这些抽象概念具象化，接下来让我们以食物为例，看一看多种多样的体验方式。

　　快感。吃生日蛋糕的时候，当加工过的糖、脂肪和麸质在你的味蕾上跳舞时，你会感到爆发式的快感。但是，快感不会持续很久，所以你继续咬第二口、第三口……直至最后吃不下去。这是纯粹的快感，可即便吃饱了，你的身体仍然很困惑，因为你只是狼吞虎咽了卡路里，并未摄入任何成长所需的微量元素、营养素或矿物质。澄清一下，快感没有什么问题。我们都希望感觉良好。但当我们为了享受快感而放弃更高层次的健康时，问题就出现了，此时，快感成了目的，而不是副产品。如果蛋糕是我们的主要食品，我们就会变得营养不良。所有形式的快感都是如此。当我们只追求快感，就会错过生命中必不可少的滋养，无论是精神上、身体上还是情感上的。吃上几口不会要我们的命，但我们也不能假装它对我们有益。单纯的快感是没有价值的，而且颇为矛盾的是，快感往往是幸福的敌人。

　　幸福。如果说快感是吃掉一块蛋糕，那么幸福就是享用令人愉悦且健康的一餐。当你做了一个即时有益的决定，幸福就会出现。你的午餐营养均衡，富含你所需的一切营养元素，你就会感到幸福——尽管短暂，因为你做出了正确的决定。这个决定或许不总像纯粹快感那样令人愉悦，有时甚至可能是令人不快的（想想你在健身房里挥汗如雨的情形），但你在那时那刻仍会感到幸福，因为你的决定与理想的自我相一致。快感和幸福都是短暂的，因此，两者都不是崇高目标。但如果生活

127

与价值观相符，你就会体验到幸福。因此，幸福不是目的，过有意义的生活才是，幸福是一种美好的副产品。

满足。沿用有关食物的隐喻，假使幸福是一顿健康的午餐，那么满足就是始终如一的平衡膳食。正如健康饮食与健康生活方式之间存在巨大差异，幸福与满足也有很大区别。当然，你一个月里可能会有几个"放松日"，但满足感来自较长时间段里一系列的正确决定，而非某一个正确或错误的决定。这是认真生活的副产品。当然，相比单纯的幸福，满足需要更多的自律，但回报也明显更高。

欢乐。幸福的最高形式是欢乐，只有在与他人共享时才会发生。你可能会从今天的午餐当中获得快感，甚至感到幸福，也可能会对自己的整体饮食习惯感到满足，但如果能与自己在乎的人一起进餐，你会感到欢乐。人们说"给予就是活着"，因为当你与周围的世界发生互动并能为之做出贡献的时候，你就是在过着最好的生活。一个被欢乐而非单纯的快感和幸福所驱动的人，会把给他人带去欢乐当成自己的使命。那才是真正的活着！生活中几乎所有的巅峰时刻，都伴随贡献而来。

欢乐区别于其他形式的幸福，在于它也能容纳负面情绪。快感、幸福还有满足容不下悲伤、挫败或失望。但是，由于欢乐并不追求即时满足，我们有可能体验各种情绪，包括痛苦、忧伤和悔恨，同时仍然感受到欢乐。它不止于单纯的满足，而是会寻求自我实现与内心平静。

当然了，欢乐的体验或许也能带来快感，但却远不止于此。欢乐具有自动性，不像快感那样需要不断渴求来获得。回忆一下自己生命中最欢乐的时光，是在什么时候？有谁相陪？很可能所有这些经历都有别人的参与，或直接或间接。一场音乐会、一个读书俱乐部或是交流小组，与你爱的人做爱。

不幸的是，我们经常满足于快感，因为它简单而又立竿见影；我们也会无休止地追求幸福。但在一个理想的世界中，我们应该追求满足而欢乐的生活，不断做出正确的决定，既符合自己的价值观，又能惠及他人。来自多伦多大学的临床心理学家乔丹·彼得森（Jordan B. Peterson）曾经谈到，相比幸福，一个更加高尚的愿望是"成为父亲葬礼上最强大的人"，这表明，高尚的生活会强健我们的品格，即使在最困难的时刻，这样的生活也远比建立在敷衍追求上的生活更充实。

　　在本书引言部分，我说过，作为极简主义者，我拥有的每样东西都有用处，或能给我带来欢乐。我选择这些词是经过斟酌的。一个物品仅仅能提供快感或幸福还不够，因为那样的话，我总能找到新的借口去获取更多。相反，我所拥有的东西必须成为能扩展生活的工具（服务于一个目标），或者能够服务于更大的福祉（带来欢乐）。否则，物品就只会碍事。

　　但是，在某种情境下，快感、幸福、满足与欢乐会发生交叉。当今，在英语世界，当我们说"追求幸福"时，一般指的是希腊和罗马的斯多葛学派所说的"ataraxia"，或是古希腊通常所指的"eudaemonia"。ataraxia，一般翻译成"不动心""冷静""镇定"或是"心神平静"，最早由希腊哲学家皮浪提出，后被伊壁鸠鲁和斯多葛学派用来描述一种非常平静的健康清醒状态，其特点是持续免于痛苦和忧虑的困扰。与之相似，eudaemonism是一种伦理体系，认为良好的行为会带来满足，而道德价值就建立在这一可能性之上。这也就是说，当我们的行为与最好的自己相一致，感受到快感、幸福、满足与欢乐就不仅是可取的，更是合乎道德的。

　　当然，现在多数人将这些表述看作同义词（而且甚至很少提到ataraxia或eudaemonia），对日常用语而言，这完全可以接受。但如果我们开始将这些状态作为幸福的不同层级来思考，视之为通往自我实现和心灵平静的阶梯，我们就可以做出更好的决定，让自己更接近满足与欢乐，而不只是获得快感和幸福。假以时日，这些更好的决定也将带来更好的生活。

极简主义生活守则

季节性守则

审视一下你拥有的所有物品，随便挑一样出来，你在过去90天里用过吗？如果没有，未来90天里你会用吗？如果不会，果断放手吧。这是一些人称之为"90/90守则"的原因。

这条守则最有效的地方在于照顾到了每个季节。假设现在是3月，你正为一次春季大扫除做准备。请从衣橱、地下室或其他储物地点拿出你第一眼看见的东西，可能是件旧毛衣。你现在要穿吗（春季）？过去90天你穿过吗（冬季）？未来90天你会穿吗（夏季）？如果答案是肯定的，留下来；否则就说再见吧！

酒后购物

最近的调查发现，"酒后购物"是一个每年约450亿美元的产业。显然，在喝到微醺的人们当中，79%都有过至少一次酒后购物的经历，每人年均花费444美元为自己醉酒状态的消费决定买单。

但在我看来，几乎所有人都会酒后购物。我们或许没有饮用酒精，但在买东西的时候，我们经常会受到即时满足的影响，以至于明知道客观上于己不利，有悖自己的价值观，我们还是决定买，只是为了感受瞬间的多巴胺冲动。

我们忽略自己的预算。

我们购买自己根本不想要的东西。

我们为了给别人留下深刻印象而购物。

我们为了短期的利益放弃自己的价值观。

这些我都干过，所以我一清二楚。

当对财富或快感的欲望比自己的价值观更强烈，我们就会为了短暂的收获而牺牲自我的充实与意义。我因为入店行窃被逮捕的那天便是如此。说实话，我可以向朋友借条领带，或者不戴领带去面试，也不会有问题。但我给自己讲的故事却是，我现在就需要它，非常需要它，为了得到它就算牺牲自己的价值观也在所不惜。我那时一杯酒也没喝，但从某种程度上讲，那也是在醉酒状态下的购物。我必须拥有它，我必须立刻拥有它！这种错误观念左右了我的决定，而由于我并不清楚自己的价值观，妥协再容易不过。

当然，每个人都会遇到这种情况。我们寻求捷径或冲动行事，而周遭的世界也在强化诱惑的信号。受害的不仅仅是酒后购物者，我们的孩子也被即时满足感冲昏了头。

回想你最近一次走出博物馆，很可能不得不经过纪念品商店再走出去。这是消费主义的垂死挣扎，但悲哀的是，它确实有效。我女儿每次蹦蹦跳跳地穿过那些小玩意、小摆件和纪念品时，都会央求我让她带一个回家：

"我能买点什么吗？求求你了！"

"你想要什么？"

"我也不知道——什么都行！"

这就是消费主义加诸个人的诱惑。我们不知道自己想要什么，但知道自己想要更多，而且立刻就要。我们甚至都不会停下来想想，扪心自问，哪些东西能为生活增值，哪些可能成为阻碍。可如果我们对带入生活的每样东西都不加置疑，就会允许一切。

而极简主义所传达的信息很简单：如果五分钟前你还不需要它，现在可能你也不需要。即便你真的需要，再多等一下也无妨。

如果我跟女儿说，让她第二天再来问我能不能买那些无用的小摆设，她通常就忘在脑后了。这是因为，我们只会记住有意义的事，其他都会如昙花一现。

理解我们的价值观

理解自己的价值观十分有益，这会为你指明前进的方向，以体验丰富充实的人生。正确的价值观会帮你做出真正想做的决定，包括负责任的消费选择。假使我对自己的价值观有更清晰的认识，我本可以做出正确决定，免于被捕所带来的尴尬、内疚与羞耻。我并不想成为那样的人。但话说回来，我也不清楚自己想成为什么样的人，因为我的价值观是模糊的。

因此，在接下来的十年里，我从一个糟糕的决定奔向另一个糟糕的决定，尽管表面上看，"我的生活步入正轨"。我或许拥有一栋郊区的幸福不是目的，过有意义的生活才是，幸福是一种美好的副产品。

房子，两辆雷克萨斯轿车，剪裁考究的西装，体面的职业，但这些所谓的成就掩饰了我充斥着未经检视的错误决定的生活。而且因为我不知道自己想要成为怎样的人，那些错误决定让我离最好的自己越来越远。起初，我只是在错误的方向上缓步徐行，但当心中的不满在20多岁的时候日益加剧，我仿佛在加速逃离自己所渴望的有意义的生活。

随着时间推移，经过反复的失足与挣扎，我意识到，假如方向是错的，即使走得再快，我也永远不可能抵达终点。为了探明正确的方向，我必须先搞清楚自己的价值观。

如果说我活了40多年学到了什么，那一定是：要想活得有意义，最佳途径就是让你的短期行为符合你的长期价值观。你会希望未来能够以此刻的自己为傲。否则，你不过是在从一段愉悦的体验迅速过渡到另一个，在那时那刻，你或许感觉良好，但留下的却是毁灭性的空虚。

至少有两个原因会令人对自己的价值观缺乏理解。第一，我们不会停下来问自己是谁，自己的价值观究竟是什么，于是便会被流行文化、媒体以及他人的想法所左右。第二，我们不明白，有些价值比其他价值更加重要。

如果你读到了这里，那么你已经在克服第一个障碍方面有所进展，你在追问自己的价值观了。好极了！但在思考这个问题的时候，还需注意另一个关键点，并非所有价值都同样重要。有一些其实根本算不上价值，还会妨碍真正重要的事物。因此，我将自己的价值归类为四类：基础价值、框架价值、表面价值和假想价值。让我们逐一进行分析。

基础价值

　　每个家都必须建立在坚实的基础上。你也许拥有一栋漂亮的房子，但如果地基不够结实，房子也会塌陷。我们的价值观也是如此。虽然总体上讲，大多数人都持有不同的价值观，但以下五种基础价值，我们都普遍认同：

- 健康
- 人际关系
- 创造性
- 成长
- 贡献

　　这些都是我生活中不可撼动的原则。所以每当感到不满足时，我就会检视自己是否忽略了其中之一。你或许还信奉着其他基础价值，但这五种基本价值放之四海而皆准。十年前，为了加深对基础价值的理解，我和瑞安合作写了第一本书，《极简主义：活出生命真意》（*Minimalism: Live a Meaningful Life*），对这五条共同价值观进行探讨。在接下来的部分，我不会重复整本书，但会逐一简要论述这五条基础价值。

基础价值一：健康

　　想象一下你中了彩票，找到了人生的另一半，还清了所有贷款，搬入了梦寐以求的居所，这辈子不用再工作。第二天醒来，你忽然感到腹部剧痛，于是离开了自己的海景房，开着豪车去看医生，等着听对自己身体的审判。"你还有不到一年的时间，"她说，"今天过后，除了起床，你可能做不了更多的事了。"噢，心好痛。你终于得到了"自己想要的一切"，但是你糟糕的健康状况立刻将这一切夺走，拥有的财产此时也无济于事。如果失去了健康，你就无法享受生活中最简单的幸福。

基础价值二：人际关系

想象一下，你中了彩票，身材近乎完美，还清了所有贷款，搬入了梦寐以求的居所，这辈子不用再工作。第二天醒来，无人与你分享新生活的喜悦。没有朋友，没有家人，没有爱人。噢，心好痛。你终于得到了"自己想要的一切"，却无人分享。缺乏有益的人际关系，你不可能过上有意义的生活。

基础价值三：创造性

想象一下，你中了彩票，身材近乎完美，找到了灵魂伴侣，建立起了最有意义的人际关系，还清了所有贷款，搬入梦寐以求的居所，这辈子不用再工作。第二天、第三天、第四天醒来，你发现自己无所事事，没有任何事情能点燃心中的火焰。噢，太恐怖了。你能看的电视节目、拥有的假期也很有限，直到你意识到生活失去了热情。生活缺少创造性，你便无法感到满足，也不会对生活抱有热情。这常常是许多人感到空虚的根本原因。

在本书后面的部分，我们会探讨创造性以及妨碍创造力的因素，但在这里，我想先花点时间聊聊"热情"这个概念。瑞安和我最初构思五个基础价值的时候，列表中的第三个本来是"热情"。但是有人可能会说，我们真正想说的是"创造性"。

如今在网上搜索，你会发现劝你"追随自己的热情"的专家层出不穷。这一具有误导性的建议起码存在两个问题。第一，这一诉求假设你生而具有热情，仿佛注定会成为一名宇航员、会计或演员。第二，在过去二十年里，热情这一概念被所谓意见领袖过分滥用和误用，以至于它失去了应有的含义。你可知，"热情"一词的拉丁词根，原义是"遭受"？你觉得这些互联网权威是在告诉人们"追随他们重蹈覆辙"吗？我不这么认为。鼓励人们保有热情很容易，但这是一个过分简单化的建议。

生活中并不存在绝对真理。没有谁的命运是预先注定的，也没有谁的热情生而存在，只待被发现。在生活中，你可以做很多事，几十件甚至上百件，拥有无限的创意机会来点燃自己的热情。这样一来，与"热情"一样，"创造性"能从根本上满足需求，又更恰当地表达了这一基础价值。

基础价值四：成长

想象一下，你中了彩票，身材近乎完美，找到了灵魂伴侣，建立起了最有意义的人际关系，还清了所有贷款，搬入梦寐以求的居所，从事能够让你最有热情的创意项目，而且找到了人生使命。然后呢？每天去最近的湖边钓鱼？坐在沙发上沐浴电视机发出的蓝光？当然不。你想要持续享受新生活，变得更加健康，拥有更和谐的人际关系，新创意源源不断。因此，你必须继续提升自我，继续成长。看来，古语所言"不进则退"诚不我欺。

当然，并非所有生长都于人有益。健身一个月之后股二头肌变发达，是一种生长。但肿瘤也是一种生长。因此，对于自己期望的成长模式，我们最好谨慎选择，否则便会受他人意志的影响。自工业革命以来，我们的社会衍生出一套特定说辞，认为我们必须追求"无止境"的成长。这一说法乍听之下似乎很有吸引力，但并不是我感兴趣的成长类型。我关注的是"有意识的"成长。

根据无止境的成长观点，我们必须不计任何代价地成长，而有意识的成长则要求成长与我们的价值观相一致。你是否曾因"一次"妥协而导致一系列更大的妥协？我有过。我起初只是通过撒谎、偷窃来获得自己想要的东西。但我并未止步于一开始的轻率行为。我用谎言来掩盖谎言，而后，我又需要继续撒更大的谎来掩盖。多么复杂的网。在做出妥协时我们经常会遭遇这样的情况，尽管妥协本身并没有错。事实上，在处理大多数人际关系时都需要折中。但当我们为了即刻想要得到的东西而妥协时，问题就出现了。坚持原则、拒绝捷径的诱惑并非易事，可若想朝正确的方式成长，这至关重要。

无止境的成长会为了利益而牺牲人本身，有意识的成长不会假装金钱无关紧要，但绝不允许自己的动机受利益驱动。瑞安和我有两处生意都是盈利的，一个是位于加州洛杉矶的"极简主义者"（The Minimalists）组织，另一个是位于佛罗里达州圣彼得斯堡的强盗咖啡（Bandit Coffee Co.），但两者的首要驱动力都不是金钱。我们的关注点在于，在不违背自己价值观的基础上，为读者、听众、观众、订阅用户、顾客和客户创造更多的价值。我们公平对待雇员，给出优厚的薪资。我们重视质量，而非数量。我们的任何平台都不加广告。我们不会将观众的数据卖给第三方。我们从不给他人发送骚扰或垃圾邮件。因此，人们信任我们，愿意支持我们的工作，无论是我们写的书还是我们烘焙的咖啡。当然，我们可能赚不到最多的利润，但知道自己的决定符合我们的价值观，晚上就会睡得更安稳。而且，当我们想到，两家公司的发展不只是为了填满我们的钱包，对公司的长远前景就更有信心了。

　　无止境的成长关注的是竞争和不断提升的期望，而有意识的成长则关注合作与更高的标准。在以前的公司工作时，我们须臾不忘自己设想的目标。我管理的零售店每天需要负责追踪29个不同的绩效指标，这意味着，即使在一个"业绩不错"的销售日，我们也总能找到不尽如人意的地方。在日常生活中也是如此，不是吗？我们查看浴室里的体重计，假装上面的读数代表健康。我们查看银行账单上的数字，假装它代表幸福。我们审视家中的物质财产，假装拥有这一切便是完整。这些期望只会随着时间的推移不断增长。于是，随着期望的膨胀，我们眼见曾经的远大目标成为司空见惯，混乱也在这一过程中产生。应对混乱的措施或许有些自相矛盾：为了恢复生活秩序，我们必须降低期望，提高标准。加州大学洛杉矶分校篮球队主帅约翰·伍登（John Wooden）明确禁止自己的队员去看记分牌。相反，他鼓励所有人全身心投入比赛，以最佳状态投入到比赛中。结果，伍登带领的球队在12年中10次夺冠，而他自己也成为全美大学体育协会篮球联赛历史上带队夺冠次数最多的教练，这并非源于他对胜利的渴望，而是出自他对高标准的追求。

　　在有意义的生活中，成长是关键的组成部分——只要是有意识的成长，因为不断地自我提升令我们更有活力，也给我们的行为赋予了意义。想想自己已经取得的进步，放到五年前或十年前，很多看起来不都高深莫测吗？你是如何做出那些改变的？极有可能，你并不是通过一次巨大飞跃达成目标的，而是在一段较长时间内循序渐进地进行修正。当然，有些改变可能立竿见影且影响巨大，比如分手、辞职，搬到新的城市。有些时候，巨大的飞跃确实是必要的，但大部分成长源于蹒跚学步，积跬步最终才得以至千里。

基础价值五：贡献

想象一下，你中了彩票，身材近乎完美，找到了灵魂伴侣，建立起最有意义的人际关系，还清了所有贷款，搬入了梦寐以求的居所，从事着令你热情洋溢的创意项目，找到了人生使命，并且每天都能实现新的成长。然后呢？站在金山银山上，享受成功？

不太可能。

无论称之为"给予""利他主义"还是"服务"，最后的基础价值始终是贡献，这是前述价值的完美补充。成长和贡献构成了一个再生序列：自身成长越多，越能为他人的成长提供帮助；对他人成长提供的帮助越大，反过来自己获得的成长也越多。有意识的成长让人感觉良好，但贡献带来的感受更好，因为，相比为自己，我们往往愿意为所爱之人做更多。之所以会这样，是因为人类为他人做出贡献的内在需要。虽然我们服务他人的途径多种多样，但找到为周围贡献的最有效方式至关重要。威廉·麦卡斯基尔（William MacAskill）是一位苏格兰哲学家、伦理学家，也是有效利他主义运动的发起人之一。在他看来，"有效利他主义旨在回答一个简单的问题：我们如何利用自己的资源来尽可能多地帮助他人？有效利他主义并不仅仅指做自认为正确的事，更重要的是运用证据和细致分析来找到可投身的最佳事业"。换言之，给予是好的，但建设性的贡献更好。

如果你以更聪明的方式做出贡献，"你可以对世界产生巨大的积极影响，"麦卡斯基尔说，"这是一个惊人的事实，却让人难以理解。设想一下，如果有一天，你看到一栋房子着火了，有个孩子困在里面。你冲向火海，抱起孩子，带他脱离险境。你会成为一名英雄。那么再设想一下，你每两年就会遇到一次这种情况，那么，你一生就将挽救几十条自身成长越多，越能为他人的成长提供帮助；对他人成长提供的帮助越大，反过来自己获得的成长也越多。

生命。这听起来是个令人匪夷所思的世界，但当前证据表明，很多人就生活在这样的世界。如果你在美国有一份中等收入的工作，每年将年收入的10%捐给防治疟疾基金会，你可能就会在一生中拯救数十条生命。"

不过，当然了，签支票不是唯一的参与方式。即使不具备向慈善机构捐赠的经济条件，同样可以找到为当地或全世界服务的方法：为流动厨房、无家可归者收容所和食品银行提供食品；与仁人家园（Habitat for Humanity）一起建造房屋；为需要帮助的孩子辅导学业。不计其数的需求亟待实现，主角不是完美的救世主，而是"你"本人，不完美但却愿意提供帮助的人。

2011年离开供职的公司之后，我和瑞安终于有时间做几件有意义的事情，此前的30年我们几乎毫无贡献可言。在过去10年里，"极简主义者"建造了两所孤儿院，为哈维飓风的受灾群众提供救援品，帮助奥兰多和拉斯维加斯枪击事件的幸存者，为肯尼亚的一所高中提供了一年资助，在三个国家安装了清洁水井，在老挝建了一所小学，为非洲购买了数千顶蚊帐对抗疟疾。写作这本书的时候，我们正筹款在代顿的西部建立一个非营利食品合作社，那里是美国最大的食品沙漠之一。讲这些不是吹嘘或自夸，而是希望告诉你，我们完全可以在一个较短的时期内就从全无给予做到全身心地贡献。而这一转变所需的只是帮助他人的一腔热忱。①

无论是签支票还是用自己的双手帮助他人（抑或二者兼有），最有效的贡献方式，是找到一个能够不断鼓舞你去给予、助人和服务的途

---

① 想参与极简主义者未来的项目，可以在 minimalists.com 上注册订阅我们的新闻邮件。

径。在帮助他人的过程中，你的贡献能力会成长。只要能持续不断地付出，你终将体会到新的意义，意识到生活并不仅仅是你个人的事，也关乎作为一个"共同体"的我们。

极简主义生活守则

一进十出守则

做一名极简主义者，并不意味着你不能购置新东西，其要义在于，你会更理性地购买，更慎重地丢弃，抑或两者兼备。

这条守则源于"一进一出制"，管理一栋建筑同一时间容纳的人数常用到这一原则。而"一进十出守则"有助于控制购买的新物品和留存的物品，因为每添置一件新物品，你都必须丢掉十件已有的物品。

想要那件新T恤？先清出10件衣物丢到回收箱。

想要那把新椅子？请把10件家具挂到eBay上。

想要那款新搅拌器？先淘汰10件厨房用品。

善加使用，这条守则将重塑你的日常消费习惯。

框架价值

地基打好后，就必须建立起整体框架了。尽管每座房子都有一个架构，各自的架构却并不相同，有的用钢筋和螺栓建成，有的用木材和砖块垒成，还有的用混凝土和水泥筑成。我们的价值观亦是如此。框架价值决定了你是谁——你的个人价值观。以下是我的部分框架价值，以及我对它们的定义[①]。

- 自主性：摆脱外界控制的自由。

- 足够：能辨别多少是足够的。

- 谦逊：清晰的自我认知，不自负。

- 流动性：不被地理位置所拘束。

- 质量：更好但也更少，有意识的结果。

- 克制：避免冲动的能力。

- 真诚：有诚意，不欺骗，不虚伪。

- 孤独：独处不与他人互动的时间。

- 脆弱性：有勇气不考虑结果地采取行动。

随着人生经验的累积，你的框架价值可能会发生轻微的变化，但就像房屋一样，一旦建好，结构基本就定型了。当然，除非你着手进行深度改造，这也是有可能的。在我30岁离开公司的时候，我用落锤给了自己的旧价值观一记重击，然后在全新的框架价值的基础上，构建了新生活。

表面价值

地基打好，框架搭好之后，你就需要对房屋进行外部美化了。虽然外立面不像结构本身那么重要，它却会使你的房子有趣、独特、赏心

---

① 此处仅为概要。有关我的框架价值的详细清单，请访问 minimalists.com/v。

悦目。你甚至可以说，正是外部美化让一栋房屋成为一个家。表面价值亦然。

这些"次要"价值在为生活增添多样性方面发挥着重要作用，你甚至可以视之为你的"个人兴趣"。但是，如果因为它们是一些"次要"的方面，就认为它们无法对自己的整体满足感产生重要影响，你就想错了；其"次要"地位是相对前面提及的更重要的价值而言的，但它们仍是多彩生活的重要组成部分。下面是我目前的一些表面价值[1]：

● 美学

● 艺术

● 清洁

● 设计

● 冥想

● 音乐

● 阅读

● 写作

随着兴趣的改变，表面价值也会发生巨大变化，可能以1个月、1年或是10年为周期。你可以通过粉刷墙壁或购置新的绿植使房屋焕然一新，同样地，确保这些次要价值符合你当下的兴趣和心愿，也能让生活保持新鲜感。如果一种次要价值已经无法为生活增值，那它本身也就算不上价值，不妨放弃它。若是日后改变主意，你随时可以重新拾起。

---

[1] 我的表面价值变化频繁。查看实时变化的清单，请访问 minimalists.com/v。

假想价值

设想一下，你建了一栋华丽的房屋，有坚固的地基、结实的框架，甚至还有漂亮的立面，这等同于已经过上了有意义的生活。不幸的是，这种情况并不常见。花点时间仔细考量一下自己的价值观，我们就会发现，自己其实经常沉迷于假想价值，这些价值甚至都不属于我们的价值观体系，而是我们前进道路上的障碍。这就像我们在房子周围竖起的栅栏，不扫清这些障碍我们都进不去房子。下面是我的一些假想价值，它们有时会阻碍我获得满足感[①]：

- 忙碌
- 舒适
- 电子邮件
- 生产力
- 公众舆论
- 社交媒体
- 电视

随着我们的人生经验越来越丰富，我们的假想价值也会发生变化。新的阻碍总会不断出现，因为一旦得到满足，我们就会任由光彩夺目的新事物转移自己的注意力。我们建造了精心装修的牢房，用如过眼烟云般的小物件装饰，然后又反过来抱怨这份自我施加的禁闭。

但是，我们必须冲破阻碍，让自己的生活变得有意义。作家瑞安·霍利迪（Ryan Holiday）向我们揭示："障碍即出路。"如果要给

---

① 查看我最新的假想价值清单，请登录 minimalists.com/v。

他传达的这条信息加一个附注，我会说，过上有意义的生活，唯一的方法就是清除假想价值造成的障碍，优先考虑更高层次的价值观。

如何运用这些价值

人与人各不相同。我的框架价值也许能成为你的表面价值，甚至是假想价值，反之亦然。这没有问题，甚至可能是很理想的情况。让生活如此有趣的正是我们之间的不同。想一想，要是每个人都和自己一模一样，那得多无聊。

同样值得注意的是，我们的表面价值有时会变成假想价值，不仅如此，如果诚实面对自己的内心，当我们调整生活重心的时候，即使是框架价值也有可能变成假想价值。这是很自然的事情。弄清楚想要什么之后，我们往往会发现，有些昨天还对自己有益的事物，今天就已经成了障碍。

为了帮助你认清自己的价值观，我们在这本书的末尾收录了一份价值观工作表。[①]填好之后，你可以找一个自己信赖的人检查一遍，如果对方愿意，也可以与他一起看看他填好的价值观工作表。很快你就会发现，一旦理解了自己和身边之人的价值观，你就知道如何更有效地与他们互动，这既有助于增进你们之间的关系，也会帮助彼此以意想不到的激动人心的方式成长。每年年初，我都会和太太围坐在餐桌边，一起研究各自的价值观工作表，这不仅有助于我更好地与她沟通，也能让我更清楚如何成为更好的自己。

---

① 你可以在 minimalists.com/resources 下载并打印额外的价值观工作表。

结语：价值观

嘿，我是瑞安。关于价值观，乔舒亚给了我们很多启发性的想法，那么，你准备好进入练习部分了吗？这些问题将帮你更好地把握自己的价值观。好极了！请花点时间仔细思考每个问题的答案。结束之后，你会发现，自己将更加了解和重视自己的价值观。

关于价值观的问题

1.你的对象A是什么？为什么？

2.你最近是否在价值观上做出过妥协，放弃过更有意义的生活？如果有，过程是怎样的？

3.如果让你改变自己的生活，使之符合你的价值观，有没有让你觉得害怕的地方？你害怕的原因是什么？

4.你如何理解快感、幸福、满足和欢乐之间的区别？

5.你未来会如何对现在的生活方式表达感激？

关于价值观的应做之事

接下来，有关你的价值观，你从本章中学到了什么？有哪些是你要继续坚持的？哪些经验教训会鼓励你修正自己的行为，使之与理想中的自己保持一致？下面五条你今天就可以付诸行动：

● **构建你的价值观。** 详细列出你的价值观（包括假想价值），这很关键。请使用本书的价值观工作表，或是访问minimalists.com/resources下载免费可打印版本。

● **找一名伙伴。** 找个可以一同审视自己价值观的伙伴，向他们发出邀请。一起审视你的价值观，这样你就能找到一个负责任的搭档，巩固自己的价值观，也激励你实践自己的价值观。

●**弄清现状**。在完成这个工作表，并与负责任的伙伴一起检查之后，搞清楚你正在无视哪些价值，又做出了哪些妥协。你会如何停止妥协，行动起来，使自己的行为符合你的价值观？

●**识别障碍**。你目前最大的障碍是什么？列出来，制订一份应对计划。如果被难住了，你或许可以向朋友、家人或那位负责任的伙伴寻求建议，或是咨询专业人士，例如心理治疗师、医生或培训师。

●**确认后果**。当你违背自己的价值观时，你牺牲了什么？写下你正在做出的牺牲，以及不得不付出的代价。

关于价值观的切忌之事

最后，我们来探讨一下妨碍你实践价值观的因素。如果你想成为更好的自己，请从今天开始有效避免下面这五点。

●不要追求完美。完美是一种错觉，对其孜孜以求永远会以失望告终。但是，我们可以持之以恒，循序渐进地做出改变。

●不要追逐快感与一时的幸福。那样我们将永远体验不到真正的欢乐。相反，我们必须专注于更有意义的生活，这样快感和幸福才会成为副产品。

●避免高期望值。要向高标准而非高期望值看齐。

●不要被即时的满足感和不满所左右。

●不要就你的价值观做出妥协。

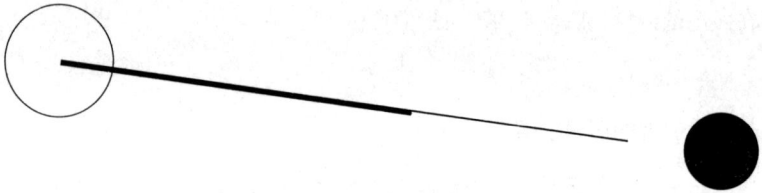

金钱

我在18岁的那个夏天拥有了自己的第一张信用卡，之后的十年我一直在用。拥有闪亮的新万事达卡让消费如此简单。如果某样东西的价格我负担不起，没关系，借贷就好了！大部分的购买行为都充满雄心壮志，就好像通过购物能实现更进一步的成功。"不花钱就挣不到钱"是我在商务会议上听到的神秘咒语，而且，天哪，尽管我从没搞懂其真正的意思，我竟然信以为真了。这听起来不错——为财务管理不善找到了一个冠冕堂皇的理由。我对自己说，我不是入不敷出，而是靠自己未来的收入在生活。我没有不负责任，我花掉的钱，下次升职加薪、拿到年终奖或是佣金提成都是可以挣回来的。到那个时候，我就能还清信用卡欠款了。

　　在第一张信用卡刷爆之后，我轻而易举就得到了第二张、第三张，并在之后的几年里连续拿到了好几张，直到最后，我钱包里攒了14张刷爆的塑料卡片。从Visa卡、Discover卡①到大来卡（Diners Club）、梅西百货卡，每张卡都给购物带来了便捷，至少我这样认为。因为不需要花"自己的"钱，就能买到新的衣服、家居饰品，以及我冲动消费清单上的各种商品。至少，我每次刷卡的时候都是这种感觉。

　　"刷信用卡"仿佛成了我的口头禅。我几乎用信用卡来支付所有的日常消费，不顾负债、利率及随之而来的焦虑在未来会造成怎样的伤害。我挣得越多，情况越糟，而非如我最初设想的那样有所好转。

　　在债务的诱惑下，我们主动抹掉了自己的个性，努力变得跟他人一样。我在22岁的时候获得升职，同年建造了自己的第一栋房子。23岁的时候，我买了一辆雷克萨斯轿车，24岁的时候买了第二辆，25岁的时候买了路虎。每一次，我都以为满足感近在咫尺，但当我转过拐角，肾上

---

① Discover卡，一种美国人广泛使用的信用卡。——编者注

腺素就会消退，前方所见的只有渴望。渴望用更好的、与众不同的东西来填补空虚。我在一铲一铲地挖沟。而这样的人并不止我一个。

财务功能障碍

朱莉·汉密尔顿来自威斯康星州麦迪逊，是打包派对案例研究的参与者。她发现自己和家人都沉迷于追求更多："我协助我丈夫经营几处小生意，我们心无旁骛地追求成功，追求实现美国梦，包括房子、车子、财产，最后我们却发现，自己已经几乎因此而窒息。"在试验进行到中间的时候，汉密尔顿承认，她和丈夫感觉自己要"因为压力而窒息了"。通过简化生活，汉密尔顿一家才明白，之前的生活并不具有可持续性；无休止地追求更多东西带来的经济负担已将他们压垮。

成千上万的美国人都是月光族，根据金融创新研究中心（CFSI）最近的调研，72%的美国人处于财务不健康状态。有些时候，我们因无法预见的医疗费用而被迫负债，但更多时候，我们债台高筑的原因是自己一个又一个的错误决定。我属于后一种情况，我成了自身鲁莽决定的受害者。我不仅是财务不健康人群中的一员，而且，尽管在快30岁的时候年收入近20万美元（提醒一下，那时我还在俄亥俄州代顿），我依然属于那44%的入不敷出人士。按照多种标准衡量，我都是富裕的，但事实上，早在《大西洋月刊》作者尼尔·加布勒（Neal Gabler）创造出"财务疲软"一词的十年前，我就已经是这种情况了。加布勒说，这种情况"与性交中的阳痿有很多共同的特性，同样急需粉饰太平，假装一切都很顺利"。

和汉密尔顿一家一样，我也是这样做的。我假装自己很成功。但试图掩盖财务困难就像试图粉刷燃烧中的房子一样，即便多几件大衣也无法扑灭火焰。我怎么会"没有"注意到火苗呢？邮箱里每周纷至沓来的账单本应给我拉响警报，但我认为火烧眉毛的账单与自己的轻率无关。我的生活既不快乐，也不高尚，我逐渐沦为工作的奴隶。我的状态变成：活着只是为了工作，而非工作是为了活着。为了让周围人艳羡，我愿意过得多么悲惨呢？

更糟的是，我经常鼓励他人借贷，包括朋友、家人、雇员：你应该拥有那辆跑车、那台钢琴、那套厨房模具！将失败重新包装成喜人的成果，是一种一意孤行的做法，因为如果足够多的人都像我一样活着，就能证明我是对的，不是吗？痛苦不幸会让他人拉把椅子过来，陪我一起坐会儿。

我完美演绎了财务功能障碍，挣得多，花得更多，在近30岁的时候，我拥有一份抵押贷款，一份二次抵押贷款，几份车贷，从20岁出头开始累积的信用卡合并贷款，一摞新信用卡账单，更不用提日常生活开销和常规票据了。除此之外，我还有两笔助学贷款，但并没有拿得出来的大学学位——什么都不要问。我差一点就去申请发薪日贷款了——那是现代版的高利贷，社会上最绝望的人经常诉诸的方式。我们中的许多人都比想象的要绝望得多。

你知道吗？如果有一笔意料之外的400美元账单要付，每4个美国人中就有一个需要通过借款或变卖一些物品来应对。根据美国联邦储备银行近期的报告，差不多同样比例的成年美国人没有退休存款。同样，25%的人说自己在过去一年里放弃过必要的医疗护理，因为没有能力支付费用。这既反映了我们的医疗体系定价不透明，应当加强监管以消除哄抬价格行为，同时也说明我们没有存钱的能力。

债务剥夺了我们的自由、安全和身份认同。债权人劫持了美国梦。而新的美国梦是没有债务。

几年前的一次杂志采访中，记者问我，听到"成功的"这个词，会想到谁。我的答案不是史蒂夫·乔布斯、比尔·盖茨或金·卡戴珊。我也没有用过去的美国梦来定义成功，例如房子、车子，与富裕相关的债务。提起成功，我想到的是我在辛辛那提的朋友哈马尔·浩克。为什么？因为他明白，你或许能买到一时的快感，却永远买不到财务自由。虽然他是一个好父亲、好丈夫、出色的高中老师和地产投资人，但他的成功并不仅仅体现在这些方面。他之所以成功，是因为他活出了新的美国梦：他过得愉悦、健康，没有债务，对自己的生活具有完全的掌控力，他的自我价值并不来自外部因素——所有这些都使他成为我认识的最成功的人之一。当然，哈马尔工作努力，但他工作不是为了积累更多财富，而是为了让自己更加自由，相比之下，我们大多数人努力工作却是为了破产。

大多数人已经破产

我们个人的财务危机有很多成因，包括紧急医疗、失业，还有掠夺性贷款。当然，别忘了还有通货膨胀，过去十年间，房价上涨了26%，医疗费用涨了33%，大学学费则暴涨了45%，因此，我们为了支付不断抬升的费用而负债累累。当然尽管推卸责任很容易，我们也必须为自己的行为负责。每一次在虚线上签字，每一次鲁莽地付款，每一次将我们负担不起的东西买回家，我们都是在让未来的自己为当下的决定承担责任。

2018年夏天，"极简主义者"与戴夫·拉姆齐（Dave Ramsey）的"拉姆齐个性"（Ramsey Personalities）团队一起，开始了名为"金钱与极简主义"的巡回演讲。作为全美第三大广播脱口秀栏目的主持人及好几本畅销书的作者，拉姆齐帮助数百万美国人摆脱了债务，改善了财务前景。那年夏天，我在"拉姆齐解决方案"位于纳什维尔郊外的总部待了一段时间，有机会深入了解为何在世界上最富有的国家会有如此多的人陷入破产。

"如果你想在金钱的游戏中获胜，看看其他人在干什么，然后反其道而行之。"拉姆齐用警句的口吻大声疾呼，斥责人们在财务上的疏忽。原文如下：

大多数人都破产了。

大多数人看起来都不错，但他们都破产了。

他们花得比赚得还多。

他们不顾工资的限制，生活没有计划。

他们没有应急资金。

他们与配偶的消费观不一致。

他们希望退休后有政府照顾。

大多数人在金钱方面是愚蠢的，他们花钱的方式就像国会议员。

破产率屡创新高，赎不回抵押品的情况再次出现。

大多数人都是月光族。

信用卡债务节节攀升。

我们学生贷款债务超过万亿美元。

平均车贷500美元，分期84个月——这太蠢了。

美国的"正常"就是破产和愚蠢。

你不想要正常。

你想要古怪。

古怪就是恰恰相反。

当文化已经迷失了方向，

你能做的最好的事就是逆势而为。

我最欣赏拉姆齐的财务独白的地方，在于其出发点是爱，尽管是严厉的爱。当然，如果你是每周听他节目的1600万人之一，他可能会让你感到惶恐不安，但他这么做是因为他在乎。如果说光从广播里听这一点还不够明显，那么，在和他相处的过程中，你也一定能体会到。在跟多数人一样做了所有的错误决定之后，拉姆齐在财务问题上苦苦挣扎，直到最终身无分文，不得不正式申请破产，重新开始。但他如凤凰涅槃一般从破产中东山再起，并在过去30年里用自己的经验教训帮助他人摆脱债务，重新掌握资源。

几年前我写了一篇讽刺小品，名为"即将破产的11个信号"，模仿了杰夫·福克斯沃西（Jeff Foxworthy）著名的"你可能是个乡巴佬"（You Might Be a Redneck）的套路。[1]我不会在此重复那篇文章的所有观点，诸如"如果你是月光族，那么你有可能会破产；如果你每月需要还车贷，那你有可能破产；如果你有信用卡债务，那你有可能破产"。但我想总结一下主要论点：破产不可怕，已经破产却没有打破恶性循环的计划才可怕。瞧，我们都曾在生活的某个时刻陷入破产。没

---

[1]　如果感兴趣，可以在 minimalists.com/broke 上阅读这篇小品的全文。

错，我们都需要钱来生活，但我想借用《搏击俱乐部》中一句著名的台词：你钱包里的东西并不能代表你。比收入更重要的，是我们如何运用自己拥有的资源。我自己就认识年收入6位数（甚至7位数）却仍然破产的人，也认识年收入3万美元却与破产不沾边的家庭，因为他们有意识地量入为出。真正的财富、安全感和满足感不是来自我们囤积的小玩意，而在于我们如何度过这仅有一次的生命。然而，如果债务缠身，我们就很难享受那种生活。这意味着，如果我们想要驶向更好的生活，就必须先起锚。没有债务就是新形式的加薪。

摆脱债务

除了拉姆齐那种为人们所需要的严厉的爱，我还十分欣赏他提出的建议的可行性。在自己销量超过800万册的畅销书《改变你一生的理财习惯》（*The Total Money Makeover: A Proven Plan for Financial Fitness*）中，拉姆齐提出了一个用来摆脱债务、获得财务自由的普适性方案——也正是他自己使用过的方案。他把这个方法称为"循序渐进法"：

第一步：存下1000美元的起步应急基金（并设定预算）

第二步：运用"债务雪球"法来清偿所有债务（房贷除外）

第三步：积攒能够支付3至6个月开销的充足应急基金

第四步：将家庭收入的15%投入养老金储备

第五步：建立子女大学教育基金

第六步：提早还清房屋贷款

没有债务就是新形式的
加薪。

第七步：积累财富并开始给予

这些方法很简单，尤其是第一步和第二步，而这也帮我自己摆脱了年收入6位数却仍然负债累累的状态。怎么做？首先，我必须尽快攒下1000美元的应急基金，用于支付生活中的意外花销：修车、看病和其他真正的突发事件。这一点至关重要，我可不想在努力摆脱债务的同时让情况雪上加霜。之后，就到制定预算的时间了。我那时使用了拉姆齐的"信件整理法"，但如果要重来一次，我会用他免费的预算应用程序EveryDollar来追踪我每个月的开销。

一旦有了应急基金，又制定好了预算，那就该有条不紊地开始偿还车贷、信用卡贷款和学生贷款了。根据拉姆齐的方案，我卖了两辆车，剪断了所有信用卡，然后列了一张债务清单，按未偿还金额从少到多的顺序（所以才叫"债务雪球"），逐一还清。我花了4年时间完成了这项严密的工作，大幅减少开支，在家吃饭，甚至送比萨来赚外快，最终将自己从债务中解放出来。我必须培养更好的消费习惯，因为"你无法通过花钱来摆脱债务"。但既然我已经无债一身轻，体会到了财务自由的好处，便不会再重蹈覆辙。

没有债务让我能够比以往做出更多贡献。

没有债务让我得以离开公司。

没有债务帮助我减少消费，创造更多。

没有债务让环游世界变得更容易。

没有债务的生活鼓励我投资自己的未来。

没有债务让我体会到一种负债时从未有过的平静。

没有债务的生活让我相信，根本不存在所谓"好"债务。

不是只有戴夫·拉姆齐帮助阐明了美国各地家庭中正在发生的财务危机。在跟拉姆齐精心挑选的团队一起巡演时，我有机会与美国的几位顶级金融专家讨论了金钱、债务与投资方面的问题，包括瑞秋·克鲁兹（Rachel Cruze）、安东尼·奥尼尔（Anthony ONeal）和克里斯·霍根（Chris Hogan），这三位我们在这一章里都会有所涉及。

关于金钱的童年教训

在"金钱与极简主义"于纳什维尔举办的活动上，《聪明的钱，聪明的孩子》（*Smart Money Smart Kids*）一书的合著者瑞秋·克鲁兹说，无论好坏，我们成年后的消费习惯皆源于童年时的经历。"我父母申请破产的那年，我六个月。"克鲁兹说，这意味着她的童年可能充满困苦和金钱问题。毕竟，子女一直在从父母身上学习，有时是通过言传，但更多时候是通过身教。

克鲁兹是否注定会重复父母的错误？这次并没有。幸运的是，她的父亲是戴夫·拉姆齐，他与妻子莎朗的行为为克鲁兹和兄弟姐妹做出了表率，而在陷入低谷后，他们的所作所为发生了巨大变化。"我那时只有六个月大，对金钱没有概念，"她说，"我不知道破产是什么滋味，也不知道富有意味着什么……有人可能会说我出生在一个最糟糕的时候——经济崩溃的时刻。"

"但是，"克鲁兹补充道，"我的看法不同。我觉得自己出生的时机很完美：全新的开端。"她没有长大到眼看父母失去一切，相反，她目睹了缓慢重建以及这一过程中的所有经验教训。当然，这并非易事。她的家庭是"戴夫·拉姆齐方案"的第一个实践者。

"在申请破产之后，我父母本有可能走回老路，重复那些让自己陷入麻烦的旧习惯。"克鲁兹说，所有迹象都表明，她是正确的。根据Debt.org上的数据，重复申报破产者占到了总数的16%。但这只是故事的一部分，因为几乎每个人都背负着某种债务。舆观调查网（YouGov）近期的一项调研显示，70%的美国成年人都有债务，其中包含了78%的X世代，74%的婴儿潮一代，70%的千禧一代和44%的Z世代。鉴于他们之前的所作所为，如果拉姆齐一家在破产之后的几年重蹈覆辙，也没什么可奇怪的。

跟克鲁兹聊过之后，我们清楚地意识到，自己的许多财务问题都源自童年，包括父母在金钱方面的处理不当。而在克鲁兹看来，打破循环的关键在于，在孩子3岁的时候就教他们理财。不直接给零用钱，而是鼓励他们打零工挣钱，然后告诉他们如何合理分配收入。

克鲁兹建议所有孩子，从3岁到18岁，都将自己的收入分为三部分：开销、储蓄和捐赠。"给每个孩子三个信封，依次命名为'开销''储蓄'和'捐赠'。让他们自己在信封上写下来，字体加粗加大，然后鼓励他们根据自己的想法进行装饰。他们挣到的或得到的每1块钱，都需要根据分类放在这三个信封中。如果他们有5美元，就先放1美元在'捐赠'信封中，然后分别在'储蓄'和'开销'信封中放2美元。"这可能是预算最基本的形式，但克鲁兹说这有助于孩子建立起良好的消费习惯。写到这部分的时候，我开始将这一方法实践于自己6岁的女儿身上。虽然我不能告诉你她能否成长为下一个沃伦·巴菲特，但却可以向你保证，这是我第一次看她如此痴迷于数学。

你小时候难道不会从这些简单的经验中获益吗？我知道我自己会。事实上，克鲁兹简单的儿童预算法比我在职业生涯巅峰时的预算方式复杂多了。我在25岁左右学会了如何制定预算，却无视自己所知道的最优选择。为什么？嗯，我们经常无视我们学到的经验，还继续用光鲜的新玩意来填满生活。恰恰是这种短视的思维将我们拖回负债当中。

在冲动的影响之下

又到了一年当中人们开始举债的时间。当然，读到这里的时候是12月还是6月，抑或这之间的某个时间，并不重要，反正无论怎样都是举债的时间。这正是我们表现出的行为，也是我们破产的原因。

我们用信用卡买礼物。

我们"零首付"买珠宝。

我们承担60个月（现在是84个月了）的购车贷款。

我们背上30年（现在是40年了）的房屋贷款。

我们甚至为家具借贷。家具！

别逗了。

最近我光顾了一个家具店，因为我妻子想买个新的抱枕。漫步在错综复杂的咖啡桌、沙发和书柜之间，我一次次看到各种家具上策略性地摆上了同样的标识："今天就把我带回家！接受贷款购买。"

这就是结果？我们感觉想要的一切好像都是自己需要的，并且我们现在、立刻就需要它。我们无须制定预算，无须储蓄，也无须考虑开支的优先选择，因为我们把这些都留给未来的自己在某一天解决。

那么，迄今为止，一切又走向了怎样的局面呢？对过去鲁莽的挥霍无度，你是否心存感激？缺乏规划你开心吗？对从前冲动消费留下的待付尾款，你感到满足吗？我知道我没有。我花了数年才摆脱债务，告诉自己不会再重蹈覆辙，因为我不想再为了取悦当下的自己而剥夺未来的欢乐。

实话实说，如果我们需要负债来购买某物，无论是一张沙发还是一辆SUV，那么本质上我们就是买不起它。因此，相比背上债务，或许我们应该考虑的是不买。不是永远不买，而是等到我们付得起全款的那

极简主义生活守则

等待守则

随着网上购物和一键下单的出现，囤积变得比以往任何时候都更容易。为了制止冲动购买，"极简主义者"创造了"等待守则"，又称30/30守则。

假如你想要购买的东西价格超过30美元，问问自己，接下来30个小时里没有它，你能不能将就（如果这样东西超过100美元，那就将这一期限延长至30天）。

这段额外的时间有助于你评估新的物品是否真能为生活增值。通常，深思熟虑之后，你会发现，这件小物件不出现在生活中反而更好，那就可以彻底放弃这次购物了。

如果在评估之后你还是买了下来，那你也会对购买行为更加坦然，因为你是有意识地将它带入生活，而不是一时冲动。

一天。

在那之前……

我们还可以坐在家里那张过时的沙发上。

我们可以凑合着用那张凹凸不平的床垫。

我们可以用浴室架子上已经摆着的化妆品。

我们可以把自己衣橱里那些闲置的衣服拿出来穿。

我们可以把那辆旧面包车开到报废为止。

坦白地讲,如果我们真的想要某样东西,可以等到买得起它的时候。或许到了那时,当我们手握来之不易的钱时,就会发现,自己其实并不想要那件冲动之下渴望的物品,尽管当初自己曾站在店里垂涎不已。

如果不这样的话,我们便会冲动行事,会立即满足自己的欲望。如果我们屈服于借债的诱惑,排队结账时我们甚至可能会感到一丝快乐,但收到首月账单的时候,快乐的火苗迅速就会熄灭。

极简主义经济

如果每个人都立即停止消费,经济就会崩溃,对吗?是的,这不言而喻。所以对极简主义而言,最大的(假想的)争议之一就是,如果人人都成为极简主义者,我们就会一败涂地:我们无法再"刺激"经济,现行金融体系也将土崩瓦解,我们甚至连城市边缘的大型仓储超市里的廉价塑料制品都买不起。这一设定存在若干问题,有些显而易见,有些则更深奥晦涩一些。

用消费主义来刺激
经济就像用锤子来
修复破碎的镜子，
只会雪上加霜。

首先，作为具有一定见识的人，没有谁会说我们应该停止花钱或停止消费。正如本书引言中所说，消费本身不是问题，消费主义才是。消费主义具有强制性，索然无味，有害无益，受冲动驱使，目的不明确，具有误导性。最糟糕的是，它极具诱惑力，光鲜的外表仿佛许诺了它无法承载的爱、满足与宁静。而这些都是内在情感体验，难以商品化。而事实上，一旦基本需求得到满足，新购得的小饰品对我们的幸福几乎没有影响。

既然这样，那么用消费主义来刺激经济就像用锤子来修复破碎的镜子，只会雪上加霜。的确，贸易是任何社会的重要组成部分。然而，极简主义者避免消费主义，并不意味着他们回避商业。相反，极简主义基于明确的意图性，这意味着，极简主义者花钱更有目的性。

极简主义者花钱购买体验，而非物品，例如旅行、音乐会、假期、戏剧。即使不买新东西，我们也能把钱花出去。

极简主义者会谨慎购买新的物品。

为此，我们必须提出更好的问题：

这件东西会为我的生活增添价值吗？

我能在不借贷的情况下负担它吗？

这是这笔钱最好的用途吗？

极简主义者支持地方商业。小型独立商店一般不太受利润驱使。当然，它们也需要赚钱维持生计，这无可非议，但对服务邻里之间的书店、餐厅或是自行车商店而言，赚大钱通常不是第一要务。这些店主做生意，是因为对自己的产品或服务抱有热情，并且希望与自己的主顾分享这份热情。热情会催生更好和更高质量的服务，这样也能让他们对自己的所得更受之无愧。

最后，极简主义者对"刺激"经济不感兴趣。刺激转瞬即逝。我们宁愿通过实施更明智的个人消费主张，参与社区建设，支持重要的本地商业，来促进经济的长足发展。如果更多的人能如此行事，不管是不是极简主义者，我们都能建立更强大的基于个体责任感和社群互动的经济，而非基于错误的紧迫感、扭曲的思维形成的模式，也不会盲目囤积本不需要的垃圾。

学生贷款

说到思维扭曲，令人困惑的是，有许多贷款机构会向18岁的孩子发放5—6位数的贷款。但这一做法似乎也并不令人惊讶，我猜是因为美国政府为这些贷款提供了担保。那这些机构还能有什么损失呢？根本不会损失一分一毫。奇怪的是，我们这个社会指望孩子选择自己愿意毕生追求的职业道路，然后建议他们借一大笔钱追求这条道路。这种思维逻辑从根本上限制了年轻人探索新选项的能力，而当面对自己乐于从事的工作，却无法轻易改变想法时，他们就会感到束手无策，被过去的自己所选择的道路带来的债务深深困住。看到规律了吗？如果我们今日没有谨慎选择，明日终将连本带利地付出代价。

更糟的是，我们鼓励年轻人把根本不属于自己的钱花在几乎没有回报的学位上：时尚设计、艺术史、人文学科、音乐、传播学。有几个优秀的传媒工作者真的持有传播学学位？有多少时尚设计师、艺术家、音乐家是在拿到专业学位之后取得重大突破的？反过来，又有多少遛狗员和咖啡师拥有硕士甚至博士学位？

别误会，我不会阻止任何人学习时尚、艺术或是传播学，只是单纯地质疑是否值得为此举债。我们常常将"上学"与"教育"混为一谈，但我们并不一定要通过讲台和课堂来学习新知识。我们都是真实世界里的学生，而现实经历无可替代，即便是最负盛名的大学教育也不能。

当然，有些职业需要学位。我的意思是，你不会去找一个自学成才的外科医生、一个靠YouTube视频学技术的牙医，或是一个纯粹闭门造车的皮肤科医生，对吧？但即使面对这些性命攸关的职业，我们也很少会在意他们求学的机构。如果你跟我一样，那么，你恐怕也不知道你的会计师、律师或是按摩理疗师毕业于哪所学校。比"母校"更重要的，是个人的知识、沟通能力、对病人的态度、个性以及综合技能。我宁可选择一名来自俄亥俄州州立大学的善良、有才华的护士，也不希望让一个来自耶鲁大学却脾气暴躁的人来照顾自己。

安东尼·奥尼尔是《零负债的学位》（*Debt-Free Degree*）一书的作者，在亚拉巴马州伯明翰的那场"金钱与极简主义"的巡回演讲中，曾与"极简主义者"同台。他与我探讨了人们成年后的决定可能产生的影响。"每个父母都想给孩子提供最好的教育，"他说，"很多父母都认同，大学对子女未来的成功至关重要，但大多数人都无力负担，于是最终都选择了学生贷款。也正是出于这个原因，大学毕业生人均背负3.5万美元的学生贷款，而对于究竟需要为这些债务付出多少代价，他们一无所知。"

虽然反对学生贷款，奥尼尔并不是想贬低大学教育体验的重要性，但他希望家长和学生能够具有大局观：归根结底，"你的学位应该能为你赢得一份工作"，而你应该也可以完全不负债就拿到学位。其他都是次要的。

奥尼尔教会我，与大众普遍的看法相反，你可以在完全零负债的状态下从大学毕业。"我帮助数千名学生不依靠贷款上大学。"他说。怎么做到的？奥尼尔称之为"为就学找钱，为上学省钱"。助学津贴、奖学金和选择一所负担得起的大学，是零负债学位的三项支撑。

你可知有超过1万项奖学金和助学津贴等着自己去争取吗？我之所以知道这个信息，是因为奥尼尔在自己的网站anthonyoneal.com上设置了一个奖学金搜索工具，帮助学生寻找最适合自己的奖学金和助学津贴。奥尼尔给我讲过一个高中生吉米的故事。他在高中二年级的时候申请了近百项不同的奖学金和助学金。超过80%的申请被拒掉了，他感到很失望。但还是有一部分获批了。他算了一下后意识到，仅凭填写奖学金申请表，自己每小时就赚了400多美元。一个高中生到哪里能挣到这么多钱？

除了找钱上大学，如果你挑对了学校，你还能省下一笔可观的费用。你可知道，假如在大学的前两年，你不去声名在外的私立大学，而是选择一所州内社区学院就读，平均就能节省6.6万美元？而在两年之后，你可以自由选择转学去任何大学，在那里获得文凭毕业。

需要说明的是，如果你想零负债毕业，除了申请奖学金，选择一所负担得起的学校，还需要注意很多小事。在高中获得优秀的学业成绩，在ACT和SAT考试中拿高分，在高中最后一年先修大学课程，建立大学学费储蓄账户，选修一些在线课程，申请勤工俭学项目，大学期间选择走读，所有这一切加起来，你最终将得到一张蓝图，让你顺利毕业，同时让你未来的生活免于被债务扼杀。这听上去远不如《留级之王》（Van Wilder）中描述的大学生活性感，但零负债毕业将为你取得成功奠定基础。

我们常常将"上学"
与"教育"混为一
谈，但我们并不一定
要通过讲台和课堂来
学习新知识。

为未来做预算和投资

那是肯塔基州路易斯维尔的一个晴朗夏夜，除了城市灯光的污染，天空清透干净，颜色像熟透的李子。水星舞厅是坐落于市中心的一家都铎哥特式剧院，门前的队伍沿街排着，一直延伸到街角。克里斯·霍根，一个身材如橄榄球选手的男人，拥有天赐的洪亮男中音，正站在演员休息室，擦去额头上的汗水，准备一会儿与"极简主义者"同台，讲述自己最近出版的著作《每日百万富翁》（*Everyday Millionaires*）中所阐释的原则。这本书建立在迄今为止对百万富翁最大规模的研究的基础上。霍根说，他写这本书是为了"打破阻碍普通人获得财务独立的百万富翁迷思"。 他和研究团队对超过10000名净资产逾百万美元的人士进行了调研，终于弄清楚了高净值人群是如何达到当前财务水平的。"这一公式可能会让你感到惊讶，"他说，"成为百万富翁不需要继承大笔遗产或从事高收入工作。不需要。成为百万富翁的路是以普通技术铺筑而成的，要么是你已有的技能，要么是你能够学会的技能。如果你觉得自己永远不可能成为百万富翁，再琢磨一下吧。"

这个理论乍听起来很奇怪。我是说，谁真的认为自己能成为百万富翁呢？这不是做白日梦吗？"成为百万富翁的人不是含着金汤匙出生的，"霍根告诉我，"他们是每天辛勤工作的普通人。"在他调研的10000个人当中，排名前三的职业是工程师、会计师和教师。"这些人的平均年薪不到6位数，就是你身边的人，你的工作伙伴，他们不会炫耀（辛苦挣来的财富）。"尽管如此，霍根和我都同意，让银行账户里有100万美元本身并不是目标。他说："获得财务自由，从而能够按自己的方式去生活和给予，这才是目标。"你希望自己的钱能服务于自己，这样就不必在退休后继续为钱工作。

在后台的时候，霍根不停流汗，但并不是因为紧张。恰恰相反，从愉快的语调、灿烂的笑容以及其他难以用语言形容的特质（有人称之为"光环"）来看，他饱含热情，充满活力，随时准备鼓舞听众。他并没有进行俗套的励志演讲，而是像老父亲一般，设身处地担心你未来的处境。在自己的第一本书《有准备地退休》（*Retire Inspired*）中，霍根让人们理解："无论25岁还是55岁，你都不需要在退休的时候破产，承受压力，或是被迫继续工作。"为了证明这个理论，他创造了一个退休计算器R：IQ，"退休激励系数"，并作为著作的配套工具公布在自己的网站chrishogan360.com上，让退休计划远离臆测。

"退休不是年龄问题，而是财务数字，"霍根称，"人们未能投资于自己的梦想，但却愿意投资于5美元一杯的咖啡、200美元一双的训练鞋、300美元一条的牛仔裤、上千美元的电话、3000美元的电脑以及5万美元的车，这一切都会在两年内过时，或是在2分钟内被喝光。"然而，60%的美国人为退休预备的存款不到2.5万美元。这些数字对霍根来说不仅是统计资料，他花了几千个小时与成千上万陷入财务困难的普通人谈话，这些人都苦苦挣扎于为未来准备储蓄。"每个统计数字后面，都是真实存在的人，有真实的名字、面孔和家庭。我与他们一起散步，一起欢笑，也一起哭泣。我亲眼见过他们眼中的恐惧，那些步入老年，囊中羞涩，并且忽然失去工作能力，处于悲伤困苦之中的人。"如果这听起来与你的处境有任何相似之处，霍根有句话要送给你："我希望你做出改变。事实上，你该做出改变了。"

改变首先是思想意识上的。"退休不只是老年人的事，"霍根说，"我希望你能把退休理解成'自己可以自由地做自己想做的事'，不似大多人为金钱所累。"在银行和金融业工作了几十年之后，霍根加入了"拉姆齐解决方案"，成为一名财务指导，一些好莱坞名人，包括职业体育和娱乐界名人都是他的客户。令人惊讶的是，很多所谓"富人"同样有金钱方面的烦恼。"面对金钱时，我见过人们以令人难以置信的方式'做蠢事'。"他说。

为什么？根据霍根所言，这些人梦想不够远大，又或是出于错误的原因构想了错误的梦想。因此，为了实现退休后的财务独立，霍根提出的首要建议是建立远大梦想："我希望你拥有高清晰度的梦想。"他说，制定一个梦想清单很重要，而且越周密越好。如果你对自己的退休生活设定得十分清晰，精确到细枝末节，包括住在哪里，每天怎样度过，如何为他人奉献，那么你就能算出实际需要的费用。相反，如果你不知道自己的目标，你就会摇摆不定，最后也会一无所获。

"这些年同各行各业的人打交道，我看清了一个基本事实：他们大多缺乏计划。"霍根总是重复这样一条格言："没有计划的梦想只是愿望。"他知道制订计划听上去简单，但"这是我们许多人的明显疏漏"。那么，优秀的退休计划应该是怎样的？"你不能指望坐在沙发上赢得金钱，你得从预算开始。"

在本章前面的部分我们已经提出了预算的概念，现在让我们从霍根的"制定预算的三个关键步骤"展开讨论。首先，你要从收入着手。霍根说："你需要从自己挣到的钱开始，包括所有收入、业余项目、奖金，每一分钱。"其次，你必须把自己需要的和想要的区分开来（以"零废品守则"为指导）。最后，你必须将自己挣来的每一分钱都纳入计划（使用免费的预算制定应用程序EveryDollar，作为预算模板）。

一旦制定了预算，你需要不遗余力地清除债务。霍根对他的指导对象说："你不能背着债务退休。"这就意味着，没有贷款、没有车贷、没有房屋按揭，完全零负债。事实上，霍根建议，在进行任何养老投资之前，人们应该还清除房贷以外的所有债务。"在清除房贷以外的所有债务并建立了充分的应急基金之后，你应该将收入的15%投资于养老方案。"他建议在投资时使用与雇主匹配的401（k）或403（b）账户、罗斯个人退休账户（Roth IRAS）和共同基金。对个人而言，因为是自己创业，我每个月会将收入的20%投入SEP-IRA（简化员工退休金计划）和标准普尔指数基金，两者都来自先锋领航投资管理公司（Vanguard）。

尽管401（k）、共同基金、个人退休账户和指数基金这些投资工具都能为你安全退休提供最好的机会，但并非所有投资都能产生好的结果。

五项应避免的投资

无论你是否采纳克里斯·霍根或是我的投资策略，我都需要提醒你我个人会避开哪些投资，这样你也能避免，否则我就是不负责任了。当然，我不是持证理财经理，但这个建议得到了我采访过的专家们的一致认同，包括霍根、拉姆齐还有其他人。一些所谓投资听起来可能像令人兴奋的"机会"，但如果你的钱投错了地方，便无异于将成捆的钞票丢进碎纸机。

现金价值寿险。现金价值计划，像是终身寿险或万能寿险，是一种糟糕的投资。你不会"投资"车险或财险，那为什么要投资寿险呢？你不该这么做。如果你有家属，那么是的，你需要人寿保险（除非你富有到可以自我保险），但你的最佳选择永远是定期寿险。就我自己来说，我有一份20年定期寿险，保值为年收入的十倍。这样，如果我意外身亡，我的妻子和女儿完全不需要为支付账单发愁。我的公司也有类似的保障，一份期限为20年的"关键人物"保险计划。所以，如果我去世了，瑞安也将拥有足够的钱来经营公司，并在我死后继续共享信息。

个人股。 除非你是专业的交易员，否则，对普通投资者来说，个人股风险太大。即使你的雇主为他的股票提供"特别"利率，我也不会投资任一个股，就算是苹果、谷歌、特斯拉这样声誉良好的公司，我也不会买。这对我来说风险过高。我希望自己的钱能随时间累积，我更喜欢"慢慢致富"，而不是"一夜暴富"，后者通常会导致危险的结果。

黄金、白银和贵金属。 和个人股一样，相比指数基金，这些金属风险过高。更糟糕的是，黄金和白银都是商品，而商品价格往往受投机影响，而不是由供需决定。

年金。 一般来说，可变年金或任何类似的年金都是糟糕的投资，尤其是在有如此多可靠选择的情况下。年金往往充斥着费用、罚金和退保期，更不用说低回报率了。谢谢，不需要！

低利息收益投资。 如果你的投资期限超过5年，那么低利息收益的投资就是糟糕的选择，如唱片、个人债券等，因为与通货膨胀相比，利息的增长速度往往滞后。但如果你的投资周期不超过12个月，那么这就是不错的选择，因为能够降低总体风险。

七个被拆穿的投资神话

我知道制订退休计划可能令人很崩溃，而在不知所措时，我们就开始编故事，为何不能投资，为何应该再等等。好吧，你"可以"为养老准备储蓄，不需要等。多年来我帮助他人建立养老账户，常常听到他们的担忧，不，不如说是迷思。我想讲讲这些迷思，帮你减轻焦虑。

迷思1：我年纪太大了，没法为退休准备储蓄了。在公司工作的时候，我经常雇到比我年长20或30岁的人，发现他们并没有退休储蓄方案。恐惧由来已久，而他们认为已经为时太晚。他们踟蹰不前，认为自己已经错失良机。其实不然。虽然以25岁为起点确实好过50岁，但50岁又好过70岁，70岁又好过90岁，不是吗？过去的已经过去了。我们必须停止盯着后视镜，而要向前看。只要你还活着，无论何时开始都不算晚。当然，也永远不嫌早。

迷思2：我还年轻，不需要为退休做储蓄。太年轻？不可能！如果你还不到30岁，你赚到了！拜复利的力量所赐，年轻人，不论你的纳税等级如何，都有巨大的机会真正致富。一个人在25岁时投资2.5万美元，以12%的回报率计算，即便在那之后一块钱也不再多投，在65岁的时候都能坐拥200万美元以上。相反，如果等到30岁再开始，要获得同等的回报，他就需要投入三倍以上。这说明什么？说明复利是让财富长期增长的最佳途径，所以，在年轻的时候就行动吧。

迷思3：我没有足够的钱做退休储蓄。事实上，你没有理由不以百万富翁的身份退休。每个人，即便是最低工资收入者，基本上都拥有以百万富翁的身份退休的机会。这听起来让人觉得难以置信，但数学能够加以证明：一个人从25岁开始，每周存下23美元，只要投资得当（回报率达到12%），退休的时候也都能攒下100万美元以上。好吧，你可能已经不止25岁了，我也不止！也有可能我们无法保证每年12%的回报率。没关系，我们只需要做出适当调整。

迷思4：通货膨胀会危害我的养老储备金。这是唯一部分属实的迷思。但事实上二者也并不相关。虽然十年后100美元的购买力很可能比不上今天的100美元，但硬币的另一面也依然成立，那就是显然十年后你手里的100美元的价值肯定超过你朋友手里的0美元。事实上，稳健投资是跑赢通胀的唯一方法。把100美元用来投资，总好过把它存在银行或压在床垫底下。

迷思5：我宁愿把钱花在其他地方。当出发点是好的，这个不为未来储蓄的理由有时听起来是最令人信服的借口。的确，有些时候，我们对金钱自私又执着，用收入购买小物件来装点自己的成功，比如新车、升级的产品，以及所有那些消费主义的装备；但也有很多时候，我们希望以钱的方式做贡献：慈善捐款、非营利项目，还有我们所爱之人的需要。贡献当然会让人钦佩，而且，我也希望你能慷慨地给予，但与此同时，我发现，帮助别人最好的方式是先帮助自己，慷慨解囊的最佳途径就是拥有更多可以给予的东西。如果你真有什么闲钱的话，首先投资于自己，有助于锻炼你的奉献能力。

迷思6：股市不安全。翻译一下：你不懂股市。这没关系，我也不太了解。必须透彻理解市场复杂性的只有股票经纪人、短线交易员和基金经理。比起每天花几个小时学习公募基金、指数基金、标普500之间的细微差别，我选择使用先锋领航（Vanguard）这样的服务，以免靠猜测进行投资。确实，任何投资都有风险，但长期投资股市是增加退休储蓄的最佳方式，这一点已经得到证明。过去30年里，即便有2008年的股市暴跌及随之而来的经济大衰退，市场依然实现了11%的平均回报率。就算把1929年的大萧条也计算在内，过去100年间股市的上涨率也超过了9%。投资股市能带来最稳定的长期正增长。

迷思7：我没有足够的时间和知识来管理我的退休储蓄。的确，你我大概永远不具备专家那样的金融智慧，但也正因如此，我们才必须找到令人信赖的知名专家开发的可靠工具。虽然我习惯自力更生，但在投资策略方面，我可不会自己来。相反，我会做调研，发掘在线投资工具，这样，我既能控制自己的钱，又不会过度控制。我不想一

极简主义生活守则

出售期限守则

你有没有试过无论怎样都卖不掉一样东西？你可能在eBay、Craigslist[①]或Facebook上发布了信息，但就是无人问津。也许是你的照片拍得不行、商品描述不够好，但更有可能的是，你标价太高，因为你在心理上难以接受物品贬值的事实。

我们都是沉没成本悖论的受害者，所以我们制定了"出售期限守则"。它就像个计时器，有助于处理已经无用的物品。每当想要卖掉一样东西，给自己30天的期限，尽自己所能：网上拍卖、后院甩卖、寄售商店，或是在屋顶上直接叫卖。如果卖不出去，那就在这一个月的时间里逐渐降价。若过了30天还没能成交，直接捐赠给当地的慈善机构。

---

① Craigslist，美国大型免费分类广告网站。——编者注

刻不停地盯着自己的投资，担心市场的每次涨跌，忙不迭地调整应对，但我也不想盲目行事。比起亲自开飞机，我会选择让最好的飞行员坐进驾驶舱。对我而言，这意味着信任先锋领航，让专家管理我的退休金账户。对参与"拉姆齐解决方案"的那些人来说，这意味着从endorsedlocalprovider.com上找到获得背书的本地供应商，一个"具有师长之心"的本地经纪人，让他们来管理自己的退休账户。

金钱不是罪恶之源

在大多数关系中，金钱似乎是最大的争议点。在家庭中，我们常会为了日常琐碎开支拌嘴、争辩、吵架。而不合逻辑之处在于，似乎我们越有钱，金钱带来的争执就越多。

几年前我读过一篇观察研究报告，探讨的是与我们最近的两种灵长类祖先倭黑猩猩和黑猩猩之间的差异。虽然它们都不使用货币，但对于食物这一最珍贵的资源，它们的行为方式迥异。像人类婴儿一样，幼年倭黑猩猩和黑猩猩都渴望与同伴分享香蕉，但随着年龄增长，它们的倾向会出现分歧。倭黑猩猩在成年之后依然会慷慨地将香蕉分享给亲朋好友。而黑猩猩成年后则会囤积香蕉，遇到同类试图拿走自己的香蕉时，还会诉诸暴力争斗。

更有意思的是，倭黑猩猩即便在被人类说服后开始囤积食物，也依然会表现得很慷慨。研究人员给了倭黑猩猩一个机会为自己囤积一定数量的香蕉，同时派一只倭黑猩猩在门后看着。而无私的倭黑猩猩总是会打开门，把多余的香蕉分给同伴。据研究人员称，黑猩猩绝不会如此，而是宁愿争论、斗嘴，必要的话甚至大打出手。听着耳熟吗？

在金钱问题上，我们这些成年人类的行为方式更像黑猩猩。金钱摧毁婚姻，终结友谊，令商业伙伴分道扬镳。这是它背负恶名的原因。但金钱也不一定就是妖魔鬼怪。与我们的祖先不同，我们可以"选择"如何处置自己的资源。比起紧握一切不放，我们可以引导内心深处的倭黑猩猩。

金钱既不坏也不邪恶，它只是一个放大器。它不一定会让我们过得更好，但它会放大我们已经存在的行为。如果你有坏习惯，那么更多的金钱会令你的生活更加不堪（想想那些中了彩票最后却过得不如中奖之前的人）。而如果你已经是个慷慨大方的人，那么钱越多，你就越发会关爱他人，变得更有同情心，更加体贴周到。无论过去如何，今天的选择始终掌握在自己手中：你想成为黑猩猩还是倭黑猩猩？谨慎选择，你的人际关系依赖于此。

贫穷的极简主义者迷思

"我从小就是极简主义者，这被称为贫穷。"假如我每次听到别人鹦鹉学舌地说起这一陈词滥调，都能够得到一个小玩意，那我现在拥有的没用的垃圾可以堆满一个储物柜了。我并不知道这些否定者是狡诈地愤世嫉俗，还是单纯地混淆了贫穷与极简主义。但无论哪种情况，他们的思路都很奇怪。尤其是，同样的批评中还经常声称，极简主义只面向富人，或是说它只能解决第一世界的问题，并不适用于生活在贫困线以下的人。我不知该如何面对这种双向推理，所以让我们分别从两边着手，厘清困惑。

我们已经确定，从核心上讲，极简主义就是要更有意识地使用自己有限的资源。就这点而言，谁不会从中受益呢？我小时候很穷，瑞安也是，我们那时当然也不是极简主义者，但假如我们能对自己（非常）有限的资源更加深思熟虑，绝对能从中获益。磕磕绊绊步入极简主义的时候，我已经28岁，自认为很富有；而事实上，假如在贫穷的孩提时代我就能这么做，益处将会更大。瑞安也是一样。

但是，让我们暂时将这个问题放在一边，假装我们没有频繁收到热情高涨的极简主义者的电邮、信件和推特留言，从卡拉马祖到肯尼亚，他们几乎一无所有，却依然挣扎在欲望和消费主义无止境的深渊。让我们假装极简主义并没有帮到这些人，尽管他们自己说有。让我们假装极简主义只解决第一世界的问题。

好吧。

那又如何？第一世界的问题不值得解决吗？不准有钱人质疑自己拥有的东西吗？我们应该根据收入区分和疏远他人吗？

瞧，极简主义并非为每个人准备的，而是给对现状不满的人准备的。在我看来，西方世界有一半的人并未被消费主义和过度的现代性所累，我也不会去说服他们摆脱自己的所有物。但另一半人面前有个巨大的机会。无论富有贫穷、年轻年长、黑人白人、男人女人，任何因追求过多而倍感空虚的人，都可以因极简主义过得更好。

关于金钱最后的思考

钱不是万能的，但也非一无是处。作为极简主义者，我反对的不是有钱，而是有金钱问题。我不会告诉你如何生活，但我在这一章节中揭示了自己在财务上的失误和错误决定，期望你能从中获得教训。我尽量避免笼统的、一刀切的解决方案，但说到金钱，本书的这一章确实包含了对每个人都有效的通用处方。

设立预算。

建立应急基金。

量入为出。

尽快摆脱债务。

除了房贷，别再贷款了。

建立退休储蓄，给未来的自己投资。

利用自己的资源为他人的幸福做贡献。

如果你需要车贷，那你根本买不起那辆车。

如果你必须刷信用卡购买某样东西，那你负担不起它。

如果你还身陷债务，大部分的购买行为都不合理。

即使你需要学位，你也不需要学生贷款。

在孩子小的时候教导他们如何储蓄和给予。

对于孩子的金钱教育，最好的方式是在财务决策上树立良好榜样。

有意义的生活不是买出来的，是过出来的。

虽然我们的年龄、性别、背景不尽相同，但我想，只要将上述原则运用于生活，任何人都能从中受益。近十年来，我购买戴夫·拉姆齐的著作《改变你一生的理财习惯》送给亲朋好友，甚至是向我询问如何摆脱债务的陌生人。我们总是等着别人来拯救自己，等着政府将债务一笔勾销，等着未来的自己挣更多钱，等着某个亲戚去世给我们留下大笔遗产以便付清账单。但即使我们每个人都能偿清债务，都能干干净净重新开始，只要我们不转变行为模式，最终还是会负债累累，因为金钱买不到良好的习惯。世上并没有财务救星，所以我们最好自救。越快摆脱债务的牵绊，我们就越早能体会到自由。

结语：金钱

朋友你好，瑞安又来了。关于如何处理我们的财务问题，乔舒亚讲了很多值得思考的东西。现在，让我们看看你是如何处理这一重要关系的。我已经为你准备好了一些练习。

关于金钱的问题

1.请描述你与金钱的关系，以及你的金钱观。这段关系是否健康？为什么？

2.在与金钱有关的经历中，你是否感到过有压力？如果有，是什么样的压力？

3.哪些非必要开支正在破坏你的预算？

4.你是否有养老计划，如果有，你的计划是什么样的？

5.你会做出哪些改变来改善消费习惯，以及改善你与金钱的关系？

关于金钱的应做之事

接下来，对于与金钱的关系，你在这一章中有哪些收获？哪些习惯你会保持下去？哪些经验教训会鞭策你摆脱负债，为未来投资？下面五点你今天就可以付诸行动：

●**调整方法**。在日志中，简述金钱对你的意义：钱给你带来了什么？你希望它给你带来什么？它怎样左右你的生活？你觉得自己有多少钱就能过得快乐？有了钱，你能为他人做些什么？写出自己的想法之后，思考一下当前的方法是否该进行调整，哪些行为会影响这些积极的改变。

●**释放影响力**。你对金钱的态度如何？为了弄清这一点，首先写出你看到的身边人在财务方面犯的错误，然后再写出你知道的正确决定。你对金钱最初的记忆是什么？哪些你正在消费的娱乐可能会影响你的金钱观？

●**定位你的自由**。描述你心目中的财务自由。弄清楚你何时会摆脱债务，退休之后会居住在哪里，每天将怎样度过，如何为他人做出贡献。

●**制定预算**。今天就做个预算，没有预算就无法获得财务自由。下面是制定预算的方法：

☆建一个工作表用于做预算，或是下载一个预算工具，比如免费应用程序EveryDollar。

☆确认一个月里的每种收入来源：薪水、奖金、业余项目提成、庭院旧货出售，以及其他所有赚钱的途径。

☆列出哪些是必需品，哪些是非必需品，哪些是废品（如需指导，参见"零废品守则"）。然后开始制定预算，只考虑那些自己需要的东西。稍后当然可以再添加非必需品，但只在自己负担得起的范围内。

☆使用预算工具精确分配自己的每一块钱家庭开支。此时可以运用戴夫·拉姆齐的"循序渐进法"来指导分配。

●**简化开支。**开始像极简主义者那样消费。极简主义者会谨慎购买新物品。要做到这一点，我们必须善加提问：这个东西会给我的生活增添价值吗？在不负债的情况下，我买得起它吗？对这笔钱来说，这是最好的用途吗？

关于金钱的切忌之事

最后，我们来讨论个中阻碍。要改善与金钱的关系，请从今天开始避免以下五点：

●不要再延续不良的消费和储蓄习惯。

●不要背负自己承受不起的经济负担。

●不要说服自己举债。

●对于能够为生活增添价值的"非必需品"，不要永久剥夺自己拥有它们的权利。通过适当的预算和储蓄，你完全可以将其带进你的生活。

●不要为了短期收益放弃长期财务健康，否则你将为了一时享乐牺牲未来保障。

创造力

13岁那年，在初中升高中的那个暑假，我得到了第一份真正意义上的工作，在俄亥俄州米德尔敦郊区的一个折扣游乐园Americana制作棉花糖。但我有生以来的第一份工作却是在那之前10年，20世纪80年代中期。那时，我们刚搬到"美国村"，代顿以南20英里处的一个不起眼的公寓小区，有几十栋褐色砖房，几片棕色的草地将它们隔开。我们的一居室完全是米黄色的，地毯、墙壁、家具都是这个单调的色调。

4岁生日之前的两周，我在当地的希尔斯百货商店要求母亲给我买《特种部队》的玩具人偶。母亲解释说，我们的钱不够，付了账单就没法给我买我想要的那个人偶了，所以我们得等到周五再来买。我那时只有4岁，对金钱、贸易或是延迟满足都没有概念，只觉得我帮得上忙。当天下午，我走到公寓管理处，说自己需要一份工作。意识到我并不是在开玩笑后，柜台后面的女士笑着跟同事耳语了一番，然后转过头来用慈爱的眼神看着我。

"好吧，如果你能将我们楼周围的垃圾都捡干净，我们每周给你一美元。"她说。

"两美元。"我说。

"什么？"

"每周两美元，我就干。"

两位女士都忍不住笑了出来。这个小男孩是在为薪资讨价还价吗？

"两美元，是吗？"她问。

"一美元给我妈妈用来付账单，另一美元给我自己买玩具。"

"上帝保佑你。"她说着，然后跟我握手成交。

那年夏天的每个周末，我都会拿着一个小袋子捡垃圾，数十个玻璃瓶、食品包装、碎纸屑。每个周末，我都会带着两美元回家，一美元给母亲，一美元给自己。

请忽略我当时报酬过低，不仅如此，我们还可能违反了好几条童工保护法，但我希望你关注的是我在那个夏天学到的智慧。虽然我没学过预算、通货膨胀或是健全的财务原则，却得到了很多有价值的经验，为自己的抱负奠定了基础。我学到了报酬来自苦工，学到了人不可能不劳而获，学到了通过创造价值来赚取收入，也学会了不能坐以待毙，依赖他人。

最重要的是，我懂得了开口询问的力量。你看，如果没有开口询问这第一份"工作"，我不仅会错过赚钱的初体验，也会错过这一过程中所学到的知识。

事实证明，所有创造性的努力最终不过是提出和回答一系列的问题，无论是写一本书，开一个瑜伽馆，还是烤一个蛋糕。一切创造力均诞生自不断地发问，而我们的创作只是回答了这些问题。

谁会从中受益？

我这个解决方案的有趣或独到之处在哪里？

我的观点在哪里最被需要？

这个问题为什么至今没有解决？

如何让我的创造力更好地服务于他人？

有什么是我必须做的？

所有伟大的艺术品，以及每个伟大的领导者，都在试图回答这些问题（还有其他许多问题）。在回答这些问题时，创造性最有效、最有力，也最真诚。当然，根据创意类型的不同，答案也有不同的呈现形式。一些创作者用电影、书籍和播客来解决问题，一些则通过商业行为、志愿服务或仅仅是聆听来达成目标。无论你如何运用创造力解决问题，问题永远是核心。在创作的过程中，我们的作品会一层一层剥开问题，让更好的问题逐渐显现。

万物皆有创造力

极简主义不一定能使你变得更有创意，但移除生活中的赘余通常能帮助人们发现自己具有创意的一面。长久以来，我过着两种截然不同的生活：作为专业人士的乔舒亚和私底下的乔舒亚。在公司里的那个我，一本正经，表现得完美无瑕。而具有创造性的我则充满瑕疵。两者交织在一起，宛如玻璃撞上水泥。所以我将二者区分开来，在公司里的我不谈论对写作的热爱，创造性的我勉为其难地将创意隐藏，不让人看见。仿佛双方都以对方为耻。

然而，我未曾意识到的是，二者皆是创造性的。在攀登职业阶梯的过程中，公司里的那个我学会了领导力、商业管理、公众演讲以及无数其他技能，这些都能服务于我未来的创作。虽然在当时看起来，这不像典型的"创造"，但我确实"创造"了一个更加博学的自己，并且我在帮助他人解决问题。还有什么比这更有创造性？

设想一个典型的"创作者"，你可能会想到艾格尼丝·马丁、米开朗琪罗这样的著名艺术家，或是玛丽·卡尔、菲茨杰拉德这样的作家，但我认为，大多数追求都具有一定的创造性。比如我哥哥杰罗姆在辛辛那提的一家工厂制造台面，他或许算不上一个传统意义上的艺术家，但绝对是一位创造者。我妻子丽贝卡是一位营养师，一对一地帮助他人制定个人营养方案以改善他们的生活，她创造的并不是有形的商品，但她毫无疑问是一位创造者。我的朋友"播客肖恩"哈丁（"Podcast Shawn" Harding），负责编辑"极简主义者"的图书、文章和播客节目，虽然并非作者，但他在整个创作过程中也扮演着重要角色，因此，他同样是创造者。

最低限度：如果你创造了某样东西，能够解决问题，或是为他人增添价值，那你就是具有创造力的人。这一点很重要，因为创造力是有意义的生活的关键组成部分。但是，创造有价值的事物不能纸上谈兵，必须付诸实际行动。遗憾的是，我们的创造力总会遭遇许多阻碍。于是，极简主义有了登场的机会，来帮我们扫清障碍，让我们得以发挥创意。

避免拖延

多年来我都是个有抱负的写作者。我写得不多，但每日笔耕不辍。砖匠、木匠还有很多其他创造者都明白，想建造出任何值得一提的东西，就必须一砖一瓦地全身心投入工作。但出于某种奇怪的原因，对于一小部分专业，人们指望能在某种模糊的超自然过程中掌握要点，而不付诸实质性的工作，写作便是其中一种。这或许是因为，我们写作者对完美通常抱有不切实际的向往，而写在纸上的句子永远不会像脑海中完美的经卷那样伟大。

于是，我们拖延。

20多岁的时候，我是拖延症患者中的佼佼者。一切能想到的借口都被我用上了：太忙、太累、太早、太晚，注意力太分散，还有数十个其他借口。我仿佛拥有一个装满辩解书的罗乐德斯（Rolodex）文件簿，随时准备拿来逃避创作这个苦差事。很多借口无可厚非，我确实很忙，也确实还有很多其他事情要做，但最好的借口也还是借口。

有些作家将借口进一步升级，称自己遇到"写作障碍"。我也可以如法炮制。但这理由很奇怪，不是吗？想想看，我从没听说有哪个护士请假是因为"护士障碍"。这不可能。护士、医生和零售业从业者就是风雨无阻，即便感到疲惫，提不起精神也要出现，因为他们必须如此。那么，有人可能会说这都不是具有创造性的工作领域，但我要说，恰恰相反，这些职业帮助人们解决问题，而这正是创造性的核心所在。

其他创造者要想有所产出，也必须工作。瞧，正如"护士障碍"或"砖匠障碍"并不存在一样，"写作障碍"同样不存在，除非你逼着它出现。当然，靠作品为生的专业作家、艺术家和创作者都明白，拖延症只有一种有效治疗方法。

坐在椅子上。这几个字改变了我的创作生活。问题不在于障碍，而在于你是否愿意坐下来，着手开始工作。我必须学着每天打卡，学会如何每天坐在椅子上——既是字面意思也是比喻义，杜绝分心，直到养成习惯。有些日子我的状态好，有些日子状态不好，某几天文思泉涌，但大多时候只是在码字。但没有关系。重点在于我每天早上都坐下来创作。我们不能靠渗透作用来学习，而是需要付出努力。任何创意追求皆如是。

20多岁的时候，我想创作出有分量的作品，但我一心看重最终结果，却不愿付出实现目标所需的艰辛。于是我一拖再拖。这与极简主义相悖。我没有去简化日常生活，触及创造本质，而是每一天都在消遣中度过。我的双手和大脑一直在忙碌，却毫无创造力可言。于是，我分散自己的注意力以逃避工作。

避免干扰

我们不能脱离分心来谈创造力，因为我们与创造力的关系和与分心的关系成反比。表面上，我们倾向于将极简主义当成一种清除杂乱的方式，但也许我们更应该视其为一种消除干扰的方法。这不仅是因为我们的物品阻碍了更有创造性的生活，而是因为一旦摆脱了这些多余的物品，我们便开始注意到，自己已经浪费了很多时间用那些让人分心的事物来安抚自己。而在当今世界，谈到分心，我们就不能不谈到致使注意力分散的最强大武器：科技。

"对于科技产品，我必须承认，自己已被追求最新、最强的款式这一欲望俘获，"来自宾夕法尼亚州埃梅厄斯的打包派对案例研究参与者杰罗姆·约斯特这样说，"最新款的智能手机对我来说永远不够新。不断研发出的新功能和特性总让我觉得自己手里的手机不合适，尽管它其实已经满足了我的一切需求还不止。"在打包试验的过程中，约斯特开始意识到，自己的注意力因科技而变得分散，他没有运用科技更好地融入周边环境，而是在通过科技逃避真实世界，以求在人造物中获得安抚。

这已不再是个新问题了。两千多年前，斯多葛学派就担心过度阅读会让自己分心，最终无法融入有形世界。而今，读一本书似乎已成奢侈。真的，我很高兴你已经读到了这里。对于在线文章，10人中有7人只读了标题就开始评论；想象一下，如果是一整本书，这个数据又将如何呈断崖式下跌。购买这本书的人成千上万，你是其中之一，但像你一样抵制住万千诱惑读到这里的人少之又少。为什么？因为杰罗姆·约斯特不是个例，发光的屏幕成了一切的阻碍，分心之物令我们沉迷。滑动屏幕是一种新的吸烟行为。

设想一下，你和朋友在你最喜欢的餐厅就餐。在杯盘交错和咀嚼声中，你听到了朋友口袋里手机铃声的闷响。多数人不会停下交谈，当着你的面接听电话。即便有急事，他们也会另找一个地方接听。那么，为什么在面对短信、电邮和社交媒体帖文的时候，我们没能延续这样的体贴呢？

换作另外的场合，在红辣椒餐厅（Chipotle）、全食超市（Whole Foods），或是7-11便利店排队等候结账的时候，环顾四周，我们的成瘾状况显而易见。一代人之前，几乎人人整天都在吞云吐雾。如今，在室内吸烟已成为令人侧目的事情，取而代之的是我们6英寸屏幕上的迷人光芒。

现在再看看周围。

走进房间，呼吸。

为何不见人们脸上的微笑？

可能的原因是，我们每天查看智能手机150次。也可能是因为我们每天敲击、滑动、点触手机2617次，导致人均每天使用手机的实际时长达12小时。更糟的是，86%的智能手机使用者在与亲朋好友讲话的时候也会盯着自己的手机，而87%的千禧一代说自己的手机从不离身。

如果科技的目标是加强联系，那为何我们让设备在彼此之间制造烟幕？近期，各种媒体涌现出许多关于"建墙"的讨论，但或许我们已经在与其他人之间竖起了一道注意力的屏障。又或许，像喜剧演员钱信伊（Ronny Chieng）最近说的："美国的每个夜晚都像是一场比赛，比的是在我们的脸和墙之间会竖起多少个屏幕。"

就个人而言，我近期一直在尝试用一种不同的方法来清除这些闪闪发光的屏幕成了一切的阻碍，分心之物令我们沉迷。滑动屏幕是一种新的吸烟行为。

发光的屏障。无论是在家中，在办公室还是在附近的快餐店，在每回复一条消息时，我都会简单说一句："请允许我出去处理这条信息。"就像自己需要接电话一样。

乍听之下，这似乎有点傻，但这一选择强迫我在紧急和重要之间做出取舍。仔细观察时，我们就会发现，所谓紧急任务往往并不重要。而且，我的朋友也都很尊重我的礼貌，往往也会报以同样的善意。这种意识是减少干扰的重要一步，但实话实说，这或许还不够。我们大部分人都必须更进一步地净化自己的数字生活。

数字化清理

排除干扰说来容易做起来难。乔治城大学计算机科学教授卡尔·纽波特（Cal Newport）在其著作《数字极简主义》（*Digital Minimalism*）中，邀请了1600人参加"数字化清理"实验。"根据我以往的经验，"纽波特写道，"逐步改掉习惯效果并不太好，注意力经济精心设计的吸引力，加上便利带来的摩擦力，会削弱你的惯性，直到把你拽回起点。"他转而推荐一种迅速转变——"在短时间内发生，在执行过程中投入足够的力度，就很有可能保持下去。"按下回车：数字化清理。

纽波特让参与者在30天当中"从某个科技中抽身休息一下"。虽然每个人可以自行决定，选项包括"搭载于电脑或移动电话的应用程序、网页和相关数字化工具，其功能是娱乐，分享信息或联系沟通"。在纽波特看来，社交媒体、Reddit社交网站、电子游戏、YouTube，乃至短信，都属于我们在准备进行数字化清理的时候需要评估的"新科技"类型；而微波炉、收音机和电动牙刷则不是。总之，你的注意力因什么而分散？远离这些干扰一个月。

纽波特知道，在这长达一个月的假期之中，放弃科技产品会让人感到不快，他恳求参与者去探索和重拾让自己感到满足和有意义的活动。"为了取得成功，"纽波特写道，"你必须同时利用这一阶段努力重新发掘，在这个"永远在线"、闪闪发光的数字化世界之外，哪些对你而言是重要的，同时也是你所喜欢的。"纽波特称，参与者如果"培养起高质量的爱好和活动，来作为让自己分心的科技的替代物"，会更容易成功。这些活动也许包括：阅读，与朋友一起喝咖啡，写作，绘画，参与社区活动，筹划家庭出游，听音乐，参加音乐会，运动，以及其他被搁置的娱乐活动，因为我们的生活已经被没完没了的手机提示音、通知、提醒和更新所充斥。

休息过后，纽波特让参与者在"白板"上重新引入某项科技："对于你重新引入生活的每一项科技，请明确它对你的生活提供了什么价值，以及明确具体怎样使其价值最大化。"为了有效进行这一步，他建议问自己一个重要问题：这项技术能否为我非常看重的东西提供直接的支持？如果不能，请不要重新引入。"提供'一些'价值并没有意义，数字极简主义者所使用的技术只服务于生活中最重要的东西，其他皆可省略。"

生产力研究专家塔尼娅·多尔顿（Tanya Dalton）将这种移除冗余的行为称为"错过的快乐"（the joy of missing out）。她在同名著作中写道："做得少看起来也许违反直觉，却更有效率，因为你能集中精力做自己真正喜欢的事。"在我看来，这是数字极简主义者最有说服力的论调。当我们不再将分心与忙碌工作同生产力与效率混为一谈，便能够运用自己的创造力完成更深刻、更有意义的事。

科技驱使我们忙于应对过多的事，以至于我们几乎无暇"生活"。我们试图用更多的工作填满每个空隙。每个城市中心的景象都大致相同：每个人都低着头，面孔消失在发光的屏幕之间，科技使人变成了僵尸。我们生活在忙碌的世界，价值常以工作效率、产出、收益来衡量，竞争激烈。我们淹没在会议、表格、状态更新、交通堵塞、推特、电话会议、出差、短信、报告、语音留言、多重任务，以及其他一切忙碌生活的陷阱当中。快，快，快，忙，忙，忙。把——事情——搞定。

美国人的工作时间比以往任何时候都长，却挣得更少了。"忙碌"成了新常态。在今天的职场，如果你不忙，通常就会被视为懒惰、无价值、低效率的员工，是对空间和资源的浪费。

但在我看来，忙是一句骂人的话。每当有人指责我太忙，我都会五官扭曲，佯装痛苦地摆出苦恼的神情，并且每次都以相同的方式回应："我不是忙，是专注。"

亨利·戴维·梭罗（Henry David Thoreau）说："勤劳是不够的。蚂蚁就很勤劳，问题在于，我们在忙什么？"如果要为他的诘难加个附注，我会说："忙是不够的，每个人都很忙。问题在于，我们在专注于什么？"忙碌和专注有天壤之别。前者涉及生产率的典型隐喻：随便什么，只要能让我们动起来，保持前进，维持传送带的运转。我们把世俗的任务称为"busywork"，即累人而无价值的事务，这并非巧合。对工业机器人和其他自动器械来说，这种工作没有问题，但对希望在工作时间内做一些有价值的事的人来说，就并不太好了。

而另外，专注涉及注意力、觉知和意识。人们有时会把我的专注状态误认为忙碌，那是因为绝对的专注与忙碌在表面上具有很多相同点。换言之，我的大部分时间都被占据。但区别在于，我不会同时干很多件事，我会将全部的注意力投入到自己专注的人和事上。专注不允许我像忙碌那样，同时应付很多工作，因此，这些年来我每年完成的工作量都在下降。但完成的每件事的意义都得到了显著提升。例如，今年我只会完成两项具有创造性的重要工作，出版此书和教授写作课程[①]，但我会为之付出全部的努力。我做的其他每件事都应支持这两项工作，无论直接还是间接。

　　与他人的工作指标统计相比，这可能无法形成一幅漂亮的饼图，而且这需要我对几乎所有事情说不，可是比起为了忙碌而忙碌，这似乎能让人获得更好的感受。当然，有时我会犯错，回到吞没我们文化的忙碌陷阱。但每当如此，我都会努力反省自己的疏忽，然后拨正航向，直到能再次专注于创造性的生活中有意义的方面。这是一场持久战，但它值得我奋战到底。

消除干扰

　　虽然我不是斯多葛派，当然也不是卢德分子[②]，却喜欢进行斯多葛派的实验。你看，创造需要一些免受干扰的时间，或是像卡尔·纽波特所说的"深度工作"的时间。为了做到这一点，我经常在特定时段里移

---

① 　详情请访问 howtowritebetter.org。
② 　原指 19 世纪早期反城市化而捍卫农民利益的英国人，在现当代语境下则指所有反对科技的人。——编者注

极简主义生活守则

避免升级守则

说到电子产品的购买，例如智能手机、笔记本电脑和平板电脑，每隔一周就会有最新的产品升级映入眼帘。广告商砸下数十亿美元来让你对他们的商品垂涎三尺。你当下的设备，本来能够满足你，现在成了你的不快乐之源。但你无须玩这场游戏——你不需要升级。当然，有时候某些东西确实已经坏掉或磨损，这种情况下，你至少有三个选择：

一、没有也行

在我们的文化中，这是一个近乎禁忌的选项，但有时这才是最佳选项。在没有某样东西时，你会被迫发问，质疑自己是否真的需要这样东西，有时你会发现，没有它你反而过得更好。

二、修理

你不可能永远都干脆不要了，但在急着冲向商店购买新的之前，你总可以先尝试修理一下。你不会因为需要换刹车就买一辆新车，对吗？那你对很多家庭用品也应该秉持这个态度。

三、替换

作为最后的选项，你可以换个新的。但即便如此，你也可以更负责任一点。你可以买二手货，你甚至可以降级，并且仍然拥有过上有意义生活所必需的东西。这不仅对环境有利，对你个人而言也是更好的选择。

除潜在干扰，以确认这些因素是否增添了实际价值，还是只有假想价值。而后，如果我决定将它重新引入生活，也能够更加自由地使用它。在此，我希望能回顾一下自己在过去10年中所移除的一些干扰，以及这样做之后我的创造力获得了怎样的益处。

电视。结束第一段婚姻之后不久，我搬到了代顿市一栋新改造的公寓里。瑞安每次来我的新家，都会指着墙上那块空白问："你打算买个多大的电视？"起初，我会回答说"我不知道"，脑子里想着55英寸够不够大。但几周之后，我意识到我并不怀念我的电视，事实上，没有它更好，因为这样一来，每晚结束工作回到家，我就不会守着这个最大的干扰物，把频道调来调去，沉迷在它闪烁的光芒中。相反，我必须去做更有成效的事情，比如写作、阅读或是锻炼，或是转向其他消遣。有趣的事发生了：清除了一项干扰之后，其他的干扰就变得更明显了。而在当今这个高度入侵性的世界，分散我们注意力的东西数不胜数。

家用网络。告别电视一年之后，我搬到了一处面积更小的公寓，努力将所有额外收入都用于偿还贷款。在一个周五，瑞安帮我把所有家具都搬过去了，而当我们下午打电话给电信公司做网络迁移的时候，却被告知他们接下来几天都没有技术人员可以安排。"好吧，"我说，"我看一下日程表再给你们打电话。"随后，意想不到的事发生了：我度过了成年之后最有成效的一个周末。我将所有行李拆包整理，给新公寓做大扫除，每天写作数小时，打电话给几个家人联络感情，甚至还读了一本书。没有了电视和家用网络的妨碍，我终于能做自己真正想做的事，那些需要严格或自律才能达成的事情。看来，没有了消遣，纪律就能发挥作用。于是，我没有再给电信公司打电话。如果确实需要，我会在工作时间，或是在咖啡店和街头的图书馆使用互联网。这样一来，我需要提前计划上网时要做的事，也不会花那么多时间闲逛。而即便我想要释放压力，比如上YouTube看视频或是浏览社交媒体，我同样也得提前计划。

智能手机。消除了电视和网络对居家生活的干扰，我用于创作的时间呈指数级增长，以至于我终于开启了一直想要从事的写作生涯。在建立了博客，完成了自己从24岁就开始写的小说之后，我现在坚持每天写作，这是我早上起床后和晚上下班后的第一件事，周末也不落下，这让我最终有信心承担生命中最大也是最富创造性的冒险：从公司辞职，成为全职作家。几个月之后，我发现了另一个如影随形的干扰，我的智能手机，它跟着我到咖啡店，朋友家中，甚至在晚上就寝时也不离身。这就好像我兜里揣了个干扰器。是的，我从家里清除了电视和互联网，但我"真的"清除了它们吗？还是说，这些干扰物的替代品就在我的口袋里？于是，我把手机放抽屉里锁了两个月，在此过程中学到了很多。

除了认识到付费电话如今已经基本不存在，我还体会到一种"别样的孤独"。你看，一旦让自己的生活远离电视、互联网和智能手机，你便清除了主要的安慰剂，终于不得不直面触发自己诸多冲动的阵痛。没有了闪光屏幕来提供娱乐消遣，我面对的是雷鸣般的沉默。在调低周边一切的音量之后，你便能听到自己的想法发出的巨响。

"买第一部智能手机的时候，你能想到它每年会占用自己超过1000小时的时间吗？"已拥有19本畅销书的作者赛斯·高汀（Seth Godin）在他广受追捧的博客上提出了这个问题。"几个月之后，你还能记得这些时间都是怎样度过的吗？如果我们像浪费时间一样挥霍金钱，我们所有人都会破产。"

度过没有手机振动干扰的两个月后，我终于明白，我们这个社会抱有奇怪的期望。在摆脱智能手机之前，我对整天不间断地回复短信、电邮和社交媒体信息倍感压力。

我们每个人的期望都不一样。你可能希望1小时内得到回复，另一个人的期望值可能是10分钟，而另一个人或许当天即可。这些期望值是很专断的，而当我斩断了立即回复的能力，便得以构建起自己的期望，不必再听命于外界。很快，当我不再像以前一样草草发短信，我的面对面交流也变得更有意义。与密友和所爱之人在一起时，我有了更多可以真诚讨论的话题，而由于对话更有深度，我也比以往更加享受它。

口袋里没有了手机，我也认识到"停机时间"是一个被误用的词。曾几何时，在机场、结账队伍、等候室和其他临时停留的地方，我们可以寻得宝贵的片刻慰藉。而今却已不再如此。在这些短暂的时刻，每个人似乎都在刷手机，想要获得更多的成效和互动，但是或许，停下来思考要比再查一次邮件或再登录一次社交媒体更有效，尤其是在你希望创造出有意义的东西的时候。

最后，我意识到，无论有没有这些干扰，世界还是会继续向前。没有了手机、互联网、电视机，地球照样转动。你可以尝试一小段时间，看对自己来说是否亦是如此。在那两个月当中，我一次都没有真正"需要"我的手机。当然，会有不方便的时候，我需要面对挫败，但为了克服旧习带来的阵痛，这只是很小的代价。

重新引入工具，而非干扰

极简主义并不是剥夺主义，两个月之后，我将手机重新带入生活。而它的功用已经发生了改变——用于导航、打电话、查字典、记事，以及少数几个提供方便的应用。同时，我偶尔还是会发短信，但在与他人相处和上厕所的时候断然不会。做任何事都要讲究时间和地点。

不仅如此，为了避免独处时最常见的表层干扰，我关掉了所有的通知提醒，删除了所有社交媒体，移除了一切会让自己分心的应用，包括过去90天内没有使用过的软件。除非一定要使用，我通常都将手机调成"勿扰模式"，而我自己也参与了"极简主义者"发起的"无屏幕周六"活动，在这一天，我和妻子都把自己的手机锁在抽屉里，一起度过一整天，不被屏幕干扰。我甚至还将手机的显示调为灰度模式，因为根据谷歌前设计伦理学家特里斯坦·哈里斯（Tristan Harris）的说法，这样的色调上的改变会让你手机上的应用看起来没那么有吸引力，这有助于让你摆脱无休止的查阅和滑动屏幕。想象一下，如果没有饱和的色彩，Instagram上的照片和YouTube上的视频会变成什么样。

当谷歌的首席宣传官戈皮·卡拉伊尔（Gopi Kallayil）将智能手机比作我们的"第79个器官"的时候，你有没有想过，我们是否生活在一个反乌托邦的未来世界？而当核磁共振成像扫描揭示，手机成瘾者的大脑灰质在形状和大小上的变化与吸毒者的情况相似，这难道不是更可怕吗？就我个人而言，如果我要拥有一部手机，也情愿它是能为生活带来便捷的工具，而非一个会改变大脑的附件。

当然，工具的好坏取决于使用它的人。一把电锯可以锯倒后院腐烂的树，防止它刺穿邻居的房子。同样的一把电锯也可以用来伤害我们的邻居，把他割成碎片。一罐油漆可以美化房屋的外观，也可以用来在崭新的公园墙上乱涂乱画。科技也是一样。我们可以使用推特、Reddit和YouTube丰富自己和他人的生活，以前所未有的方式进行交流和分享。但我们也有可能深陷社交媒体的百慕大三角，从脸书倒向Instagram再倒向TikTok①，迷失在屏幕上无意义的闪烁之中。

我们可以用自己的智能手机拍摄绝美的风景，给心爱的人发消息，或是在地图上标注前往远处国家公园的路线。但我们也能用它进行自我折磨，不停查邮件，不断更新动态，发无数张自拍，或是参与任何其他不增添价值的活动，同时对身边美丽的世界视而不见。

最低限度：我们如何使用电锯、油漆罐和科技，决定权在我们自己。工具只是工具，我们有责任就使用工具的方法和目的提出疑问。因为一旦成为卢德分子，我们便拒绝了具有无限可能的世界，一个因科技而变得更美好的世界。如果善加使用，我们甚至可以用这些工具改变世界。我们也可能用它造成很多伤害。这是个人选择，世界在我们指尖，我们需要采取相应的行动。

过去十年间，我在不同的时间点将一些从前的干扰重新引入生活，但远离它们的日子最终也帮助我更有意识地将其带回，不是作为干扰，而是作为工具。9年来，我的生活中没有电视，直到我搬到洛杉矶的这栋公寓，墙上已经预先安装了一台。坦白地讲，我宁可没有。但它已经在那里了，我和家人偶尔也会使用。但我立下了三条规矩，让看电视也变得更有目的性：提前24小时确定要看的节目，一周看电视不要超过3小时，以及不独自看电视。

---

① TikTok，海外版抖音。——编者注

最近，在家用网络方面，我也遇到了同样的挑战。经过5年没有网络的家庭生活，我所处的环境发生了改变，虽然我不需要网络，但我的妻子和女儿对网络的需求更加迫切。但令人愉快的是，我们找到了两全其美的办法，我要做的只是让她们别给我无线网密码，然后，哈哈，对我来说就相当于没有互联网〔（但艾拉每周末依然可以在她的平板上看《动物兄弟》（*Wild Kratts*）〕。

你呢？你因何而分心，导致无法进行自己的创造呢？如果你不确定，返回《价值观》那一章，审视一下自己的假想价值——那通常是我们最大的干扰。如果远离这一切一天、一周、一个月，会怎么样？想知道，办法当然只有一个。

创造者，而非消费者

我们经常将自己想成消费者，从某种程度上讲，这没错，但我们首先是创造者。千万年来，我们创造工具、建筑和艺术作品。可当代消费主义社会设置了框架，让我们仅仅把自己当作客户、买家和顾客，结果是我们当中的很多人任由自己的创作肌肉萎缩。

人类进行创造无非出于两个原因，表达和交流。这就意味着，当我们停止创造，我们就失去了有效表达自我的能力，也无法成功地与他人交流。

当我们深思熟虑地去创造，便成就了一种爱的行为。事实上，为他人创造某种有意义的事物，这一行为所蕴含的爱意，鲜少有其他行为能够比拟。国家联合电台主持人、生涯导师、《邻近原则》（*The*

Proximity Principle）一书的作者肯·科尔曼（Ken Coleman）认为，蕴含爱的创作能实现三件事：提供帮助、鼓励、愉悦。科尔曼将这三个创造力的支柱称为"3E"。"无论是一件艺术品还是一本励志书，你的作品应该能够给人带来愉悦，让他们想体验更多。"科尔曼告诉我。"它们还应该能鼓励人们采取某种行动，或大或小。它还应该让人们增长知识或阅历，让他们在看完画作、电影，或随便其他什么作品时，比看之前拥有更多有用信息。"

就个人而言，我以写作为生已经10年了，但在这10年里，面对各种媒介和科技，我也越来越感到迷茫。20多岁开始写小说的时候，我只想成为一名写作者，除写书之外无须理会任何其他。然后，我成了一名作家，发现自己也很享受其他的创作尝试，写博客，做广播，做公众演讲，拍电影。你看，热衷于写作并不代表我"仅仅"热衷于写作。很多技能其实都具有可迁移性。通常情况下，写作是交流或表达想法和情感的最佳媒介，也是帮助、鼓励和娱乐他人的最佳方式。但很多时候，我们还是应该找到最合适的表达媒介。绝大多数日子里，我还是会写作，每天坚持创作，因为创作让我充满活力。在创作顺利的时候，仿佛我的神经末梢都能感受到这份生机。

创造价值，而非内容

如今每个人似乎都是"内容创作者"。但为什么？虽然我是创造力的拥趸，但我对简单的"为创作而创作"不感兴趣，在我看来，这种做法并不极简主义。你在创造"什么"，与创造这件事本身一样重要。

数量并不代表价值，因此，我建议你避免创造"内容"。相反，请选择创造价值，为他人解决问题，使他人感到快乐，沟通重要的事，发自肺腑地表达，创作有意义的经得起时间考验的作品。正如消费者要有意识地进行选择，以清醒的自觉投入创造同样重要。否则，你只是在增加噪声。

想想最恶名昭著的噪声制造者——广告商，有线新闻电台，社交媒体的意见领袖，他们有哪些共性？两点：乏味和利益驱动。从前面的章节你已经了解到，我并不反对金钱，但结果并不一定得是收入。事实上，强迫自己靠兴趣和爱好挣钱，是扼杀这一创造性追求最有效的方法。这一点在我跟保罗·约翰森（Paul Johnson）的谈话中已经被诠释得淋漓尽致，他是一名创作型歌手，艺名"坎宁城"（Canyon City），我们聊到了他从业余歌者到专业歌手的历程。

约翰森从孩提时代便开始弹吉他，但在18岁从法戈搬到纳什维尔去追寻自己的梦想时，他很快就发现自己在牺牲创作的完整性以迎合音乐产业的决策者。"我最终靠音乐来赚钱，支付账单，"他告诉我，"我签了唱片合约，为公司制作商业音乐，但那并不是我的梦想。"

在几年的时间里，他都在创作旋律简单而毫无灵魂的"内容"，而后，约翰森梦寐以求的工作变成了噩梦。"它抹杀了音乐的一切快乐，"他说，"那感觉就像我亲手杀死自己心爱的东西。"于是，约翰森做了一件让人意想不到的事情，他挥别了专业音乐人的身份，在家得宝找了一份搬运木材的工作，重新开始以业余爱好的形式创作音乐。

"当我摆脱了靠音乐赚钱的压力，终于又找回了对音乐的热爱，"他说，"坎宁城从这里诞生。"毫无意外，当他的创作回归初心，发自热爱，而非对薪水的渴求，他最终靠音乐完全养活了自己。不同之处在于，这一次，他根据自己的意愿来创作，金钱只是副产品而非动机。

好的生意能赚钱，而伟大的生意会带来变革。对创造性来说也是如此。虽然我不会用创造性去追求收入，但若能通过创造力为他人带来快乐，并积极帮助他人解决问题，金钱也会自然涌来。最终，当你足够出色，人们会为你创造的价值争相付钱。或许艺术家谢泼德·费尔雷（Shepard Fairey）说得最贴切："我的想法值2美分，那我就收3美分。"当然，只有当人们在你的作品中找到价值，你才能这么做。

准备好迎接批评

当你公开分享自己的作品后，就会发现，有人欣赏你独到的观点，也有人反对。一旦发表，你的创作就会得到审视、分析和评估，这很自然。对于这种情况我希望你明白，批评与反馈不同，批评只会点出问题，反馈则会提供解决方案。所以，我们必须向信赖的人寻求反馈，因为这能让我们进步，而对于摇头族的批评，我们则需要予以摒弃，因为那会对创造造成障碍。

每当创造了有意义的事物，你都会被批评。而无论你的作品多么完美，它都会被品头论足。

"灯光看来很诡异。"

"这本书很傻。"

"不要辞掉你现在的工作。"

评判不过是一面镜子，反映出评判者的不安全感。多数批评不过是个人喜好的一种任意发泄。既然不是你要求的，你便无须回应。最好也不要反击，而应该删除、静音或是阻拦，然后继续接下来的创作。经常这样做之后，你就宛如磨出老茧，之后再进行创作时，不会再担心他人的接受度。这种无畏的创造力加上严谨而可信的反馈，对构建能让你引以为傲的作品至关重要。

毕竟，不这样做又能如何？难道对每一次的吹毛求疵、挑剔和刺激都予以回应？那样你会立刻迷失自我，最后就像是在喂海鸥。海鸥？是的。瑞安和我不将互联网评论家称为"巨魔"①，而是管他们叫海鸥，因为他们随时飞进来，对你和你的作品大放厥词，然后就飞走了。而且就像海鸥一样，他们通常头脑简单，根本不顾自己的行为会产生怎样的后果。说实话，大部分批评并没有什么言之有物的内容，所折射出的几乎都是自身的不安全感，不能为对话增添任何价值。如果听信他们，其言论的毒性便会渗透我们的思想，令我们再难有所建树。因此，你有两个选择：要么继续创造，继续接受批评；要么因为惧怕鸟屎闭门不出，从此不再进行有意义的创作。反正我宁可蒙头创作值得被批评的东西。

需要指出的是，的确有一些专业评论家会使对话增值。但即便是经过深思熟虑的对你的作品的批评，往往也不是给"你"看的，而是给作品的消费者看的。我的作品得到过无数媒体的大加赞赏，也屡次遭到评论家的批评。这没有关系，我们不该指望每个人都喜欢自己的所有作品。我在处于公众关注的焦点的这10年所学到的东西，被知名电台主持人古德（Charlamagne tha God）娴熟总结为："你从来没有他们说

---

① 原文为"troll"，在西方互联网流行语中类似"键盘侠"或"杠精"。——译者注

评判不过是一面镜子，反映出评判者的不安全感。

的那样好，但也没有他们说的那么差。"从事创作的时候，请铭记这一点。批评不是说给你听的，所以就避开吧，转而向那些希望帮助你进步的人寻求反馈。

创造力的工具

我们有时将创造力的工具与创造力本身相混淆。我们试图找到海明威写书时用的铅笔，科波拉拍电影时扛的摄像机，亨德里克斯写歌时弹的吉他。可是拥有吉米·亨德里克斯的吉他，并不意味着你就成了吉米·亨德里克斯。拥有海明威和科波拉的工具也同样成不了他们。是的，很多创作都需要工具，但"特定的"工具并不如你想象的那样重要，而且，如果过分强调，这些工具甚至会成为创作的障碍。这是极简主义为我们拓展创造力的领域之一。

比起寻找完美的笔记本、笔和键盘来写下书籍、文章和采购清单，我追求的只是"写"本身，并不在意用的是什么工具。我很多的神来之笔都是用秃头铅笔在餐巾纸上潦草写下的。事实上，我觉得条件受限时更能孕育出创造力。你有没有见过这样的例子：一位导演在拍出一部杰作之后，或是一个音乐人在出了一张经典专辑之后，紧接着便遭遇了创造力的滑铁卢？这是因为他们在制作前一部作品时可支配的资源有限，不得不依赖自己的天资和技能，但一旦经费充足，他们便转向奇技淫巧，遇到难题就砸钱，而不再琢磨创造性的解决办法。这是创作中的普遍问题，当我们开始通过钱解决创意上的难题时，创造力就会受到损害。

所有创造性的努力最终不过是提出和回答一系列的问题，无论是写一本书，开一个瑜伽馆，还是烤一个蛋糕。

无限的资源会扼杀创造力。因此，在进行创作的时候，我们必须先伸手握住最有力的工具，也是每个创作者的工具箱里都有的工具：提问。提问也许是最能激发创造力的方法。所以，如果你想培养自己的创造力，那就经常提问吧。

　　我为何要试图表达？

　　我想要传达什么？

　　我想解决什么难题？

　　我希望回答什么问题？

　　这会给他人增添何种价值？

　　这将如何帮助、鼓励他人，并使人感到愉悦？

　　这些问题无疑会引发更多的问题，而这是个好现象，因为好奇心对创造力的推动作用远胜任何闪亮新品。

创造力从哪里来

　　"你的想法从何而来？"对雄心勃勃的创意人士而言，这是一个十分常见的问题。但我总觉得这有点滑稽，因为这会令我想到零售商店、储物柜或是绝密政府设施里存放着创意概念。被问到这个问题的时候，我会用最诚实的方式回答："从生活中来。"

　　经验引发创造力。我在20多岁的时候写小说，可能是因为我自己的生活过于平庸、不起眼，根本乏善可陈。于是绝大多数我写出来的故事，即便是完全虚构的，也没什么可读性。然而随着时间的推移，我的生活发生了一些值得与人分享的变化，比如结束企业生涯，离婚，丢弃

极简主义生活守则

和多数人一样，你可能几年也不会翻看一次旧照片，塞满了照片的盒子跟相册在地下室或壁橱里蒙尘。这么听起来，是时候来场"照片扫描派对"了！

首先，为了让派对更有趣（也别那么孤独），邀请三五好友，点上一些食物，一起围坐在餐桌旁。把照片拿来翻看，跟伙伴们聊聊往昔，将你最喜欢的照片放在一边。

第二步，用一台高清扫描仪将自己最爱的照片扫描到存储卡里。

第三步，将照片上传到云盘。这样万一你的房子遭遇意外，例如洪水、火灾、抢劫，这些照片仍能在线上得到安全保存。如果你足够勇敢，可以在完成上传之后，销毁实物照片。

最后，不要把照片藏在阁楼或是车库里，用几个高分辨率的数码相框在房间各个地方把它们展示出来吧。

大部分财产，建立新的人际关系，探索新的爱好，此时，我通过将人生经验诉诸笔端来观察这些变化。假如我是个脱口秀喜剧演员，我大概会想方设法将自己的痛苦悲伤编成段子讲出来。假如我是个建筑师，我可能会将个人挣扎融入房屋设计之中。任何创造性的职业都是如此：我们用以构建作品的素材都直接或间接源自生活和周围世界的点滴。

当然，不是说马丁·斯科塞斯就是黑帮成员，金·凯利真是宠物侦探。而是说，这些创作者通过作品来表达生活的深度，使用不同的手法来彰显自己的创造力。对每个创作者来说，艺术和视觉上的表达方式不尽相同，但最终的结果殊途同归：生活中的挣扎会在作品中找到出路。

我们都渴望创造，这是人类的需求，但我们不能在真空中创造。相反，我们必须拥有值得分享的生活经验。我们的生活无须完美无缺或天衣无缝，但我们必须全力以赴，不断从中学习，这样，他人也能从我们的经验中汲取知识。简言之，写作是伟大的，但不要用写故事代替了生活本身。

完美是敌人

伏尔泰曾说："不要让完美成为优秀的敌人。"诚然，我们在创作时都希望展示最好的一面。我们想对着镜子问心无愧地宣称，"鉴于当时拥有的资源，我已经做到了最好。"可我们不应把完美设定为自己的期望值。

"尽我所能"会随着时间发生改变。我20年前的"最佳"作品如今看来不过尔尔，但如果没有那数年的平庸，也不会有今天的我。这乍听起来或许令人沮丧，但我比较愿意反过来想——你今天能做到"足够好"。或者，像作家贝基·博普雷·吉莱斯皮（Becky Beaupre Gillespie）所言，"足够好是一种新的完美"。

就这一点来说，创造很像健身。你或许渴望身材健美，但唯一的实现途径就是坚持不懈，日复一日，在前一天的基础上不断进步。你可能永远没法拥有"完美"的身材，就像你可能永远画不出完美画作，开发不出完美的手机应用程序，但在日积月累当中，你会不断突破自己的"最好"。

脑海中完美的想法始终及不上付诸行动。"无论你花了多少个小时，试图创造出完美无瑕的东西，"伊丽莎白·吉尔伯特（Elizabeth Gilbert）在她的著作《大魔法：超越恐惧的创造性生活》（*Big Magic: Creative Living Beyond Fear*）中写道："总有人能挑出毛病。至今还有人觉得贝多芬的交响曲有点太吵了，你懂的。某种情况下，你真的只需要完成自己的作品，真诚地与人分享，这样你就能愉快而坚定地继续创作。这便是关键所在。"

庆祝和分享创作

好的，假设你现在已经准备好将自己的音乐、绘画作品或是研发出的软件与世界分享。你投入了时间，不厌其烦地完成了苦差事，从你信任的人那里征求到反馈，进一步改进自己的创作，你扪心自问，可以坦然承认，已经完成的作品虽然不完美，但已经是你此刻能够做到的最好。这好极了，祝贺你！

花点时间想想这意味着什么。环顾四周，在你认识的人当中，有多少人写过一本书，录制过一张唱片或是创作过一幅画？5个？还是更少？如果你和大多数人一样，那你有多大可能是这个圈子里唯一有此成就并坚持到底的人？这是一件值得骄傲的事情。你的新创作足以成为你一生的宝藏。一切都无法将其夺走，无论是失业、家庭突发状况还是经济困难。你创造的作品永远属于你，是你一生的财富，就算接下来的10年它都被锁在抽屉里。当然，这不会发生，因为创造力值得被分享。

病毒式传播的危害

那么，你会如何对待自己的新作品？理想状况下，你会与对作品感兴趣的人一起分享，对吗？但怎么找到感兴趣的人呢？如何与观众建立联系？如何让世界知道你的作品？

要回答这些问题，我们得先讨论一个全社会都持有的巨大误解：要与世界分享你的作品，你必须采用"病毒式传播"。在当今这个由互联网驱动的时代，病毒式传播是如此诱人，让每个创意人士都梦寐以求。一夜成名、成功秘诀、灵丹妙药……在我们当下的文化中，阻力最小的路径最为常见，但是，我想鼓励你追求一些别的东西。

对病毒式传播的渴望有悖常识。我们一生中其他时间都在躲避病毒，我们洗手，咳嗽的时候用手肘遮挡，尽量少接触病人，但到了如何接触观众的问题上，我们却寻求病毒扩散的瞬间，意识不到这样的关注也是一种病。病毒式传播的内容只是精心制作的摘要，本质上缺乏实质性内容，虽然能立竿见影，但缺乏持久力。

想想看。

在病毒式传播中，传播的究竟是什么？

Instagram上衣着暴露的照片。

街头斗殴视频。

YouTube上的车祸合辑。

煽动性的推文。

空洞的争议。

无脑的争论。

八卦网站TMZ上的头条新闻。

大部分的病毒式传播来得快去得也快，它们短暂的足迹并没有多大意义。而对那些难得一见的高品质图书、唱片或是TED演讲来说，即便真的发生了病毒式传播，传播本身也不是关键，它的传播只是精工细作带来的结果。

你可曾在任何情况下停下来思考过，为什么我们会追求病毒式传播？我们制作吸引眼球的视频，过度分享的博客，转发推特，背后的原因何在？还是说，我们不过都是巴甫洛夫的狗，大流口水只为得到一点关注？

或许我对灵丹妙药过敏，一夜成功从没在我身上发生过，嗯哼，一夜之间。关注只在我每次推出作品时出现，是小火慢炖的那种成功。就我所知，我的作品都没有被病毒式传播过。而我也不需要，你也一样。当然，病毒式传播无疑会引来很多点击、关注、评论，但你想要的是这种关注吗？他们是真正参与其中的观众吗？他们会追随你吗？这是一种互惠的关系吗？还是说，病毒式传播更像是一场酒水免费的派对？人们自然愿意光顾，但当免费的酒水喝光了，还有什么能把人留下呢？

但是我们还有其他选择。与病毒式传播相反，我关注的是另一件事，也只有这一件事，那就是：增加价值。在发出每一条推特，录制每一段播客，写每一本书之前，我都习惯性地问自己："这会增加价值吗？"如果不能，那就不值得分享，无论能博得多少关注。真正的创造者不会为了博取关注而进行创造，他们创造，是因为他们不能不创造。

就争取观众而言，增加价值是获得长期认可的唯一方法，也是为数不多的能够建立信任的方法之一。如果人们信任你，就会渴望将你传递的信息分享给他们所爱之人，因为人类天生就乐于同他人分享价值。建立信任才是推广作品的最佳策略，而不是病毒式传播。如果没有信任，一次点击之后，观众便会离去。

是创作者，也是商人

对创意人士来说，这是有史以来最好的一个时代。你不用再看把控信息传播渠道的看门人的脸色，也无须在艺术上做出妥协。得益于网络世界，历史上第一次，"你"拥有了掌控权。我在这方面有亲身经验。20多岁的时候，我对当时的出版业状态感到不满，就自力更生，拒绝等待其他人来批准出版我的作品。

看门人说"不"，我则对自己说"好"。过去十年间，瑞安和我独立出版了4本书，其中3本都登上了畅销榜；我们全球巡回，发展出比大多数传统作家都更加庞大的受众群体。而且时至今日，我们一直都全部靠自己。这是因为，我们并非"仅仅"是创作者，你也不是。

曾几何时，创作者只是创作者。那时候，像我这样的作家只专注于尽力写出最好的作品。负责编辑、排版、设计、推广、销售并出版这本书的另有其人，大部分作者认同这一操作，至少是一定程度上认同，因为除此以外别无选择，这是接触读者的唯一途径。

如今有了其他选择，即便是仍然遵循传统模式的创作者，也能在亲自掌控作品推广的过程中获益。当然，对独立发布作品的作者来说，这更加毋庸置疑。除却"被发现"而后得到大把资金支持这种因缘际会，要取得成功，最好将自己视为一个企业家，一个有创造性的商人。这一视角能让创作者将每一个商业挑战当作一次提升自己作品的机会，并将问题交给正确的人来解决。更新社交媒体和销售这一类的行政任务，成为创作过程中的又一重要环节，如果处理得当，也确实如此。

这乍听起来可能有点恐怖，但实际上是一种赋权。再无借口可寻，再也无须等待别人挑选，也再不能将失败归咎给他人。你作品的质量、设计、分销，以及你的命运，都由你自己掌控。你必须创作，然后找到自己的受众，因为没人会代替你做这些。

结语：创造力

我是瑞安，已经做好准备跟你一起再做一次深潜。希望乔舒亚对于创造力的探索已让你兴意盎然，准备发挥自己的创造力了。准备好了吗？好极了！让我们通过下面这些练习，帮你找到激发热情的因素。

关于创造力的问题

1.拖延症是如何影响你的生活的？

2.外界干扰如何妨碍了你的创造力？

3.你觉得自己是"忙碌"还是"专注"？为什么？

4.你更愿意关注什么东西？为什么？

5.你多久会走出自己的舒适区一次？

关于创造力的应做之事

接下来，在这一章里，关于你跟科技和创造力的关系，你学到了什么？哪些东西你会坚持下去？哪些经验教训会鼓励你避免分心，为世界创造有意义的东西？下面五点你可以立即付诸行动：

●**找到你的创造力。**清楚自己想在生活中创造什么至关重要。写出五个你想创造的东西。问问自己这些问题，以帮助你完成这个清单：

☆你如何能更好地服务他人？

☆你想解决的问题是什么？

☆最亟待解决的问题是什么？

●**集中你的创造力。**现在，你需要进一步探究自己的想法，帮助自己缩小要关注的创作范围。对前面列出的每个想法，回答以下这些问题：

☆这个创作的有趣之处或独到之处是什么？

☆这将如何为他人增加价值？

☆要实现这个解决方案或是完成这一创作，有哪些必要步骤？

●**培养你的创造力。**现在该选择一个创意来培养出热情了。如果你的五个创意并没有哪个太突出，那就把它们写在字条上放到帽子里，抽出任意一个（抽之前，想想你期待抽中的是哪个，那就是你的选择了）。

●**排除干扰。**既然已经挑出了一个要创作的主题，就该专注起来了。为此，你必须给自己设定界线，隔绝创作道路上的阻碍。写出最常出现的干扰项（事务、科技、社交媒体等等），来帮自己设置界线。诚实一点。然后针对每项干扰，回答以下问题：

☆你的生活是否"需要"这个干扰项？如果需要，为什么？

☆你现在花在这个干扰项上的时间有多少？更适度的时间是多少？

☆如果你对这项干扰说了"不"，有没有什么真正重要的东西你可以说"好"呢？

●**将创造力付诸实践。**鉴于你已经通过从生活中移除干扰获取了更多的时间，你现在必须用创造将这些时间填满。回答以下问题，帮助自己制订计划，完成更多的创作：

☆你每隔多久会从事一次创作？能保证每天进行吗？

☆谁能来监督你？

☆什么时候正式开始？

关于创造力的切忌之事

最后，让我们来说说阻碍。想要改善与创造力的关系，下面这五件事情你应该从即日起避免：

●不要试图以金钱为首要目标来培养热情。

●不要专注于"走红"。相反，专注于赢得人们的信任，以及增加价值。

●别让完美成为创造的敌人。没有哪部作品是完美的，就算是专家的作品也一样。

●别在意你创作工具的品牌。工具好用与否，取决于使用它的人。

●别把注意力放在批评上，专注于创造本身。

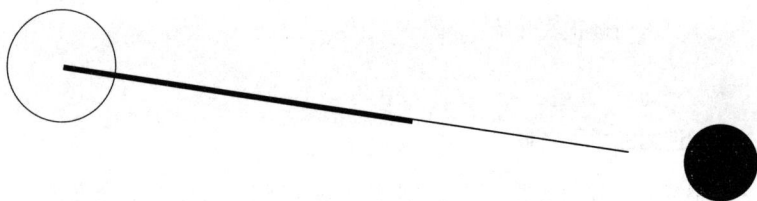

关系七

人

极简关系

你无法改变周遭的人，但可以决定让谁留在你身边。如果我能穿越到过去，给年轻时的自己一条忠告，我会将这句话写在字条上递给他。

我们在儿时便懂得他人不可或缺的作用：母亲养育我们，父亲照顾我们，哥哥姐姐教会我们一些东西，朋友与我们相互影响，家人爱我们。但是年复一年，新的欲望与追求在我们和生命中其他人之间构筑壁垒。让我们诚实面对吧，在2020年全球疫情暴发很久以前，我们就已经开始"保持社交距离"了。青春期的时候，我们开始贪图汽车、时装和违禁品，一点点远离自己的同伴和亲属。20多岁的时候，我们开启职业生涯，拉开更大的距离，为了不去操心如何过好自己的生活而选择拼命工作。随着年龄的增长，我们不断堆积财物，用更大的房子来自我隔绝。我们在家里堆满物品，用所谓成功填充人生，但面对满目杂物，我们只是倍感空虚。

我们亲手在自己的心上戳下无数空洞，为了把它们填满，又去追求新鲜刺激的人际关系，根本不曾分享彼此的价值观，让那些只会唤起我们心中恶念的人围绕着我们。我们还没反应过来就已经长大，却没有成熟多少。在30岁、40岁、50岁甚至更大的年纪，我们困惑不解地环顾四周，琢磨着自己为什么要囤积如此多的财物，为什么身边的人只能证明我们的生活有多么空虚。想逃离这个泥淖，我们必须诚实审视我们所建立的人际关系，包括那些有毒害的关系。

于是，有了本章开篇的那句话。

我们总是试图改变别人，竭力将其改造成别的样子，别的人，使之符合我们对朋友、爱人或家庭成员的理想标准；我们不懂得去寻求新的、强大而积极的关系，让自己成长、成熟，成为最好的自己。这种紧张关系自然会导致争吵，彼此之间连同情与真挚都所剩无几，更不消说彼此成就。随着时间推移，毒性渗透到整个关系中，小口角和消极反抗行为不断累积，直到某一天，经过诸多毫无必要的升级，我们受够了这段有毒的关系，终于说出了无法收回的话，或是做出无可挽回之事。很多浪漫恋情以激烈的战争收场，并非巧合。愤怒的话语会演变为大喊大叫，然后就是砸墙、扔东西。

敏锐的读者会发现，这本书中每个探讨关系的章节都是以"我"开始的，直到现在这一章，变成强调性地以"你"开头。这是深思熟虑之后的决定：我希望这本书的形式能模拟我们自己的生活。你瞧，我本计划写一本关于关系的书，可我意识到，将我们的外在人际关系弄得一团糟的，往往是我们的一些内在关系。在聚焦于如何培养有意义的人际关系之前，我们得首先解决我们自己的问题。

没有厘清生活中的六组内在关系，并不是恶劣对待他人的借口。情况恰恰相反。极简主义指导我们处理过剩的物品，从而让我们也能给大脑和心灵减负。在改善与真相、自我、价值观、金钱以及创造力之间的关系后，我们开始建构最好的自己，为改良与他人的关系打下基础。如果不这样做，不努力理解自我，那就是在不经意间以自暴自弃的方式惩罚别人。

人格类型

根据卡尔·荣格（Carl Jung）1921年出版的著作《心理类型》（*Psychological Types*）中首次提出的人格差异理论，人们的性格可以通过"一般态度类型"来划分。1962年，迈尔斯−布里格斯基金会的创始人伊莎贝尔·布里格斯·迈尔斯（Isabel Briggs Myers），创立了迈尔斯-布里格斯人格类型测试表（MBTI），用一个标准化测试将荣格的理论变得"可以理解并在生活中发挥作用"。伊莎贝尔·迈尔斯和她的母亲凯瑟琳·布里格斯（Katharine Briggs）开发这个测试，是为了确定和描述"各种偏好相互作用而形成的16种鲜明的人格类型"。它们是：

偏好的世界：你更愿意将注意力投放于外部世界还是你自己的内心世界？这被称为外向型（E）或内向型（I）。

信息：你更愿意关注你所接收到的基本信息，还是更乐于阐释和解读信息？这称为感觉型（S）或直觉型（N）。

决策：做决定的时候，你更愿意先检查逻辑和连贯性，还是先考虑人和特定情境？这被称为思维型（T）或情感型（F）。

结构：面对外部世界，你更喜欢将事情确定下来，还是喜欢以开放性的态度迎接新的信息和可能性？这被称为判断型（J）或知觉型（P）。

看了这些描述，你或许已能确定自己的人格类型，但如果你想更肯定一些，可以在myersbriggs.org上做完整的测试。

若要对这个理论进行简化，我会说：

有些人内向，有些人外向；

有的人以细节为导向，有些人更注重全局；

有些人更倾向于思考，有些人更倾向于感知；

有的人是规划师，有的人则率性而为。

当你确定了在这四个维度上的偏好，你就得出了自己的人格类型，通常由4个字母代表。

个人而言，我是个ISTJ（内向，细节导向，倾向于思考，提前规划）。那么，这是否意味着我应该只跟相同人格类型的人相处呢？当然不是。"极简主义者"的另一半支柱瑞安，就是一个与我完全相反的类型，ENFP（外向、全局导向、倾向于感知、率性而为）。另外，我的妻子丽贝卡，人格类型与我相近，INTJ（内向、全局导向、倾向于思考、提前规划）。

这些性格特征没有对错之分，但无论你是否重视人格测试本身，了解自己的倾向都很重要，因为这会帮助你更好地与他人互动。同样，认同他人的独特人格，而非试图改变别人的性格来适应自己，也有助于欣赏他人，令你们之间的关系更加有益而坚固。我发现，对外向型和内向型而言，这一点尤为正确。

内向型人格和外向型人格

多年来，我并未意识到自己更偏好独处，于是我任由社会惯例来支配自己的人际交往。虽然我非常内向，但我青少年时期到20多岁时的行为都表现为外向。我选择的职业迫使我成为"与人打交道的人"，几乎所有工作时间里都在与他人积极互动，无论是在会谈上，电话上，还是在销售区。我唯一能够独处的时间只有在卫生间里，锁上门，将自己与喧嚣世界隔离开来，哪怕只有片刻。更糟糕的是，我具有一定的社交能力，很容易被人误会为外向。这太常见了，以至于在某段时间我自己都在说服自己，我确实是个外向型的人。可这就像阿拉斯加鲑鱼说服自己成为德国牧羊犬一样——就算戴上最漂亮的狗项圈，鱼也不会叫。因为那并非鱼的天性，正如我并不属于外向型人格。结果，我被无休止的互动搞得筋疲力尽。

我相信，瑞安的情况则正相反。如果要他过独处的生活，他定会因为没有一大堆人交谈、互动而倍感痛苦。当然，对于偶尔的静谧时光，他也很享受，但寂静不是他的出厂设置。一条德国牧羊犬或许会游泳，却无法在水下呼吸。

当然，没人是100%的内向型或100%的外向型。这两种人格特征都存在于一个连续统一体中。根据2012年的研究，内向型的人通常安静、矜持、害羞、被动、沉默、可靠、冷静和严肃。而外向型的人健谈，善于交际，开朗，活泼，易怒，乐观，积极和果断。但说实话，在形容我时，你可以用到两边的性格特征：我如一个典型的内向型一般矜持、可靠、严肃，但我肯定不害羞也不被动。而虽然我不健谈，甚至也谈不上开朗，可我通常和典型的外向型人一样乐观而果断。关键在于，我们没有谁完全符合一种特定的人格类型。但如果你充分了解自己，你就能调整你的生活，调整与他人的互动，让一切更契合自己的人格，而不是试图勉强自己来达到别人的期望。

坦白地讲，我曾经觉得自己有点问题。在整个20多岁的日子里，我遵循社会惯例，做着人们眼中一个正常的社会人应该做的一切事情：下班之后和同事出去社交，每个晚上和周末都跟朋友一起度过，用闲聊打发时间。永远忙碌，永远在线，从来不会一个人。但这种不断的交往让我感到疲惫，身处人群之中我并不舒服。因为完全没有独处的时间，我感到一种奇异的孤独。

后来，在快30岁的时候，我发现，每当留出时间给自己，我就会变得更友善。如今我大量时间都在独处。事实上，我不知道还有谁独处的时间比我更长：散步、写作、锻炼、阅读、沉思。在这个过程中，我学会了享受寂静之声，安静地坐着，不仅聆听外界的声音，也聆听自己内心的声音。延长独处的最大益处在于，当我真的决定投入社交的时候，会更享受与人相处的乐趣，无论是与朋友一起晚餐，与妻子约会，还是做一场面向上千读者的签售。从独处时光中获益的不仅是我自己，还有我身边的每个人，因为我们都得到了最好的那个我。

但我不会向任何人建议拿出更多时间独处，或是更多时间社交。适合我的方法可能并不适合你。我知道若将自己的时间表强加给瑞安，他会苦不堪言。他是派对主角：天生就有魅力，风趣，讨人喜欢。作为外向型的人，他从他人身上汲取能量，独处会让他枯竭。对我来说则恰恰相反。因此，无论是将他的方法还是我的方法归类为"对"或"错"，都没有抓住要领。二者都可能对，也都可能错，关键取决于你自己的个性。此外，即便拥有极端的人格特质，也事无绝对。就算是我这样一个近乎禁欲的人，也厌恶永久的自我隔绝。而就算性格外向如瑞安，偶尔也需要从社交生活中抽身休息一下。

三种人际关系

人们有时用"关系"一词来指代身体上的关系，或是亲密关系。但在本章的语境下，你的关系涉及任何与你互动的人，包括朋友、伙伴、配偶、爱人、室友、同事、熟人。根据此章的观点，他们都属于你"人际关系"的对象，无论健康、中性还是有害，我们每个人的人际关系都有三个不同层次：首要的、次要的和外围的。

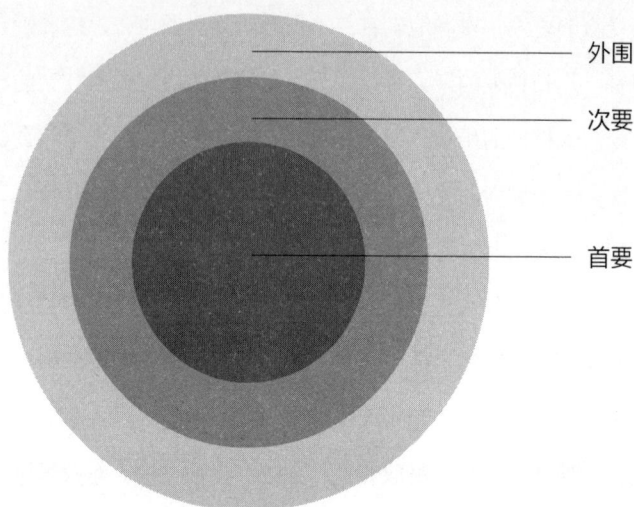

外围

次要

首要

　　你的"首要"人际关系是你最关密的关系，可能包括你的伴侣、亲密的家庭成员和非常亲近的朋友。在你的人生电影里，大概有五个左右最主要的角色，这是你最重要的人际关系。

　　你的"次要"人际关系的组成与主要关系相似，只不过出于各种原因，重要性稍弱。其对象可能包括你亲近的友人、你的老板、关系好的同事，以及其他的家庭成员。这些是你人生电影中的配角。

　　你与生活中绝大部分人之间的互动可能都停留在第三层，"外围人际关系"，包括多数同事、邻居、社区成员、熟人、远房亲戚、脸书上的绝大部分好友等等。他们都是你生命中的小角色（有时也可能是临时演员）。

　　但是，并不能仅仅因为某人出现在其中一层关系中，就认为你们之间天然拥有健康的关系。事实上，对你过上有意义的生活构成最大阻碍的，也许就是那些溜进演员名单的对你来说"有毒"的人。因此，你必须弄清楚不同的人在你生命中扮演的不同角色，这样你就可以重新调整人际关系，让你身边都是能为你提供支持、助你实现自我的人，而不是那些想让你去迎合他们的人。

如果列一个清单，用"健康""中性"或是"有害"来逐一标注生活中出现的人，你可能会发现，很多人看来似乎都不应该出现在"主要关系"和"次要关系"中。不同的人在你生活中扮演什么角色（抑或他们是否应该参演），这一切的决定权都在于你自己。

不幸的是，我们经常以距离和方便作为衡量人际关系的标准。也就是说，我们最终将大部分宝贵时间浪费在外围的人身上。他们并不是"坏"人，可我们一天只有24个小时，如果大部分时间都跟同事和熟人度过，我们就牺牲了最亲近的人，这对他们不公平，也无法满足我们自己的需求。

请记住非常重要的一点：你的人际关系并非一成不变。你和他人都在成长，不断有人走进你的生活，也总会有人离开，不同关系层中的人始终处于变化之中。很多十年前对你非常重要的人，如今关系已经疏远，对吗？同样地，你未来的人际关系也会继续变化和成长。你会交到新朋友，当下的关系会褪色或强化，而有些则会彻底结束。学会在这一过程中发挥主动性很重要，你需要自主掌握自己的人际关系。在接下来的部分，就如何寻求对自己有益的新关系，如何修复和增强现有的关系，以及如何摆脱有害关系，从而腾出空间去迎接能帮助自己生活得更有意义的人，我们将展开探讨。

找到能给你力量的人际关系

在首次约会开始后两分钟左右，我第一次看到妻子的裸体。当天是我的生日，丽贝卡知道我是个极简主义者，她觉得双人按摩或许算是个恰当的体验式礼物。另外两个选项是骑马和皮划艇，我都拒绝了，因为我觉得明明不喜欢却假装喜欢太过虚伪。

步入按摩室，两名技师向我们问好，一个身材高大的男人和一个身材娇小的女人，身着白色制服，站在两张按摩台旁边，房间里除此之外就什么也没有了。禅意花园的音乐，加上中央空调，整个空间显得凉爽而宁静。"请将你们的衣服脱下来，脱到你们觉得舒服的程度，"女技师说，"我们两分钟之后回来。"

他们一出去，我就带着天真的微笑看向丽贝卡说："好吧，这可是你一手安排的。"然后，我脱掉了自己的鞋子。

她尴尬地瞥了我一眼，耸耸肩说："我没想到我们要在同一个房间里脱衣服。"

我挑了挑眉："但你知道这是'双人'按摩！"

她又耸了耸肩，脱掉了上衣。然后我就脱到了我觉得舒适的程度（赤裸），努力不去呆呆地看着丽贝卡把衣服脱到她舒适的程度（仅着内裤）。她看起来是那么迷人，要是她看到了我脸上扭曲的表情，可能会误会，觉得受到了冒犯。

对于如何结识新朋友，这既是个反面案例，也是个正面案例。虽然我相信第一次约会就赤裸相对不算什么好主意，但从一开始就坦承自己的喜好却是很重要的。我可以扮演一个喜欢骑马或漂流的男人，但那会制造出一种假象，使丽贝卡产生错误的期望，最终也会使我们二人的关系变得虚伪。相反，我坦率道出了自己的偏好，也请她同样这样做，坦率说出她是谁，她想要的是什么。这样，如果彼此的偏好发生冲突，我们也无须经历起初假装合拍，之后逐渐失望的过程。

如今，在这个互联互通的世界，结识新人的"最佳途径"已不存在。虽然我在中学就认识了瑞安，在公司上班的时候就认识了朋友"播客肖恩"，但我几乎所有的首要关系和次要关系都建立于过去10年间，即便是这些关系，我与当事人结识的方式也五花八门。在那场生日约会之前的几个月，丽贝卡和我首次相遇。那是在蒙大拿州米苏拉的一个杂货商店里，当时我们都生活在那座城市。我和朋友兼商业伙伴科林·怀特则是通过推特认识的。而我之所以结识乔舒亚·韦弗和萨拉·韦弗这对夫妻，是因为他们读了我们的书《剩下的一切》（*Everything That Remains*），现在他们和我跟瑞安一起经营佛罗里达的咖啡屋。而在一个不知名的博客上听到一个节目后，我与哲学家T.K. 科尔曼（T.K. Coleman）相识，随后又与他偶遇。还有很多对我而言很重要的关系，则来自交友软件、活动小组、会议、脸书，或是Instagram上"朋友"的朋友。当代社会为我们提供了比以往任何时候都多的途径来与人结识。

于我而言，许多新培育的关系都与"如何"认识无关，但与"为什么"结识、"为什么"变得亲近紧密有关：我们拥有相似的价值观。但我们并非完全相同，我的多数朋友其实都有不同的宗教信仰、党派、生活方式，在背景、种族、性别、性取向以及社会经济地位方面也各不相同。但我们之间的关系变得越来越紧密，因为我们拥有建立深厚联系的牢固基础。事实的确如此，尽管他们很多人住在其他州，甚至其他国家；尽管我们可能并不会经常见面。

我发现，建立和培育强大的新的人际关系，关键有三点。

第一，最好的人际关系始终以共同的价值观为基础建立而成，信仰、意识形态或兴趣爱好并非最重要的方面。如果在价值观的基础之上，你与朋友还拥有共同点，那自然是锦上添花。但事实上，差异的存在往往能加强彼此之间的关系，因为这会鼓励我们以真诚的态度挑战彼此，帮助我们巩固自己的观点，或让双方一起修正原有的观点。

第二，质量永远重于数量。只要能共度有意义的时光，你完全能与一年只见一两次面的人建立亲密关系。反过来，你也可能与每天都出现在生活中的人卡在一段不上不下的关系中。有人可能会说，这种枯燥乏味的关系的成因多半是：我们往往将永远在自己身边的人视为理所当然。但情况并非总是如此，你可以有意识地对待任何关系，但要欣赏一个天天见面的人却更难。因此，丽贝卡和我会不时分开一下，距离让我们的关系变得更加紧密。

最后，每段关系都需要互惠互利。意即，彼此之间的关系得以发展的前提是双方能为彼此带来价值。每段关系都是一系列给予和收获，无论是友情、爱情，还是其他关系。但相比将其视为简单的平等互换，我更乐意想象每段关系都有一个"我们的盒子"。为了延续关系，两人都必须贡献一些东西放到盒子里，也必须从中取出一些。若只放不取，你会感觉自己被剥削了。而若只取不放，那你就是个吃白食的。但是，假若两人都能尽己所能去付出，这段关系就能发展下去，尽管可能永远做不到平均。一段关系不是一笔交易，所以我们不能像对待买卖那样行事。相反，我们必须尽自己所能去奉献，而这与对方的付出可能不完全相同。某些时候，取决于具体情况，在这段关系中我们有能力付出更多，而有的时候，我们需要从中获取更多。对于一段关系，我们能够付出什么，希望得到什么，要诚实相告，这也是问题的关键。如果我们能做到这一点，设置正确的期望并通过行动达成期望，那么这段关系就会欣欣向荣。

在生活中，有些时候，我有能力成为一段关系中主要的给予方，或对一段关系中的特定部分做出主要的贡献。这本书就是个很好的例子。虽然瑞安和我在"极简主义者"中是平等的合作伙伴，但实际承担了"极简主义者"博客与书90%以上写作工作的人是我。反过来，瑞安则为其他业务领域做出了贡献，也是我不那么擅长的领域。虽然我们不曾就双方职责分类记账，也没统计过各自的确切贡献，但最终一切都会迎刃而解，因为我们都愿意尽自己的最大能力。

然而，就另一些情况而言，我却没能成为主要的贡献者。与妻子在一起几年后，我的健康状况忽然急转直下[1]。因此，我没有能力像之前那样去给予：我无法全职工作，于是收入下降，抚育子女的能力也大大减弱。同时，我也没法从事一般性的日常活动，例如旅行，参加活动，到商店购物等。结果，丽贝卡不得不帮我收拾烂摊子，从开始的全盘接收，到后来承担一部分。但她并不仅仅是在我生病的时候承担一些责任，她的付出远远超过应有的份额，她偏离自己正常的生活轨迹，不遗余力地照顾我，寻找医生和潜在的治疗方法，而最重要的可能是，耐心"理解"我所经受的一切。她明白我不是故意不去付出，不是漠视我们之间的关系，只不过在那时那刻，我不再是最好的自己。在她的支持下，我的健康状况得到极大改善。自2019年夏天的最低谷之后，我感觉自己像是从沙漠中心的深坑里爬了出来。现在，我重回地面之上，尽管

---

① 参见《自我》一章中的"大萧条"。

相比将其视为简单的平等互换，我更乐意想象每段关系都有一个"我们的盒子"。为了延续关系，两人都必须贡献一些东西放到盒子里，也必须从中取出一些。

依然身处沙漠，面前还有很长一段路要走，但至少我的方向是正确的。疾病缠身，要是没有丽贝卡的支持，我可能还匍匐在那个中空盆地的底部。随着健康状况日益好转，我再次有能力为彼此的关系付出更多，可能无法与最初的状态相比，至少现在还没有达到，但随着时间的推移，我能付出的会越来越多。

如何做自己

现在你可能在想："我当然希望自己在生活中能给予他人力量，但我怎么知道一段关系是好是坏，是相互支持还是相互折磨，是在成长发展还是在消亡？"

最简单的回答是：

你可能已经心中有数。

如果你在琢磨一段关系是否有害，

那它多半有害。

一段有害的关系，

会带来极大损伤，并让人非常不愉快，

以一种无所不在的方式，或是在不知不觉中。

这段关系是否不断令你感到

悲伤、激动或不安，

焦虑、生气或恐惧，

内疚、备受折磨或是悔恨？

那么这极有可能是一段有害的关系。

而当一段关系真的很好，

你连想都不会去想。

你就是知道它很好。

显而易见。

　　但这是为什么？是什么让一段关系变得值得，而你又是怎么做到的？走捷径很有诱惑力，比如来一剂灵丹妙药，或让算术来决定，或点击关注。可捷径当然是不存在的，我们面对的永远是直路。

　　要构建一段稳固的关系，最直接的路线往往也经过实践检验：做自己。好吧，我知道这听上去像是老掉牙的泡泡糖包装纸上的建议。但事实就是如此。你希望别人爱的是真实的你，而不是你描绘出的那个自己。一段关系不是一个产品，而你也不是销售人员。在很长一段时间，我就是把自己当成了销售。我认为需要伪装自己，说服他人喜欢我、爱我、在乎我。随着时间的推移，我意识到，这不仅虚伪，还毫无用处。比起树立一个喜欢社交和户外运动，爱呼朋引伴的形象，我明明可以做一个愉快、友善、温暖而真实的自己。

　　再进一步，你怎么看待自己，他人就怎么看待你。如果你都不喜欢自己，别人又怎么可能喜欢你？当然，你可以骗他们一时，甚至也可以骗自己，但最终一切都会真相大白，你也将被生吞活剥。

　　要做自己，你首先得了解自己。如今我不会自称喜爱露营（或是骑马、划皮划艇）。我以另一种方式坦率行事，展现真实的自我，而非别人想象中的理想化的傀儡。我永远不会让你做自己不喜欢的事，如果你是我的朋友或爱人，我希望你也能同样地对待我。坦诚以待永远是最有效的方式。

如果你已经成为另一个人，并因此感到筋疲力尽，解决方法如下：做最好的自己，不要有任何夸张的成分，找到那个爱着真实自己的人，无论健康或疾病，和他们在一起。

身边人会对你的成功、满足和喜悦起到巨大作用。人际关系或许无法改变你，但绝对会使你呈现出最好或最坏的一面。因此，我们必须做出明智的选择。仅仅因为"彼此都很了解"或是碰巧有共同的童年经历或爱好，就选择共度时光，这并非好主意。最好的人际关系建立在共同的价值观基础上。若想达到这种最佳状态，你需要学会如何设定界线，有效沟通。

界线与沟通

对于培养亲密和开放的关系，设定界线乍看起来似乎是你最后才想做的事情之一，因为界线仿佛意味着你不希望他人进入。但其实你也并不一定要通过竖起栅栏来设定界线。

《过犹不及：如何建立你的心理界线》（*Boundaries*）一书的合著者亨利·克劳德博士（Dr. Henry Cloud）认为："对健康、平衡的生活方式来说，拥有清晰的界线十分关键。"按照克劳德博士与该书另一名合著者约翰·汤森博士（Dr. John Townsend）的说法，"界线定义了你是谁、你不是谁"，向他人展示了你的个人责任。这有点像在你的幸福周围画一条产权界线。

虽然现实世界已经充满清晰边界，例如小隔间的隔墙或公寓的墙壁，但对人际关系而言，建立物理界线、心理界线、情感界线和精神界线也同样重要。根据克劳德和汤森两位博士的见解：

● 物理界线帮我们决定在何种情况下谁可以碰触我们。

● 心理界线让我们自由地拥有个人的想法和见解。

● 情感界线有助于我们处理自己的情绪，并斩断有害的、具有操纵性的情感联系。

● 精神界线让我们重拾对世界的神秘敬畏。

你可以设立界线，同时不将别人推开。事实上，界线也是你邀请他人进入你的世界的一种方式，你有礼貌地告诉他们，哪些你可以接受，哪些不能。你需要界线来避免不幸、沟通不良和误解。与父母、爱人、子女、朋友、同事甚至还有自己之间的界线，能保护彼此之间的关系免受不必要的伤害。所以，就像你不会因为给房屋装了大门而内疚，你同样也无须为自己设定的界线感到内疚。与房屋的大门一样，善加构建界线能将不好的东西挡在外面，让有益的东西进来。

设置恰当的界线最好的方式大概就是通过长期、有效的沟通。但是，在就界线展开沟通之前，你首先需要进行定义。如果你想要建一所新房子，就需要精细的规划才能完成工作。类似地，对于生活中的每一份关系，你也需要逐一确定自己的界线标准。

你的物理界线是什么？你可能愿意拥抱每个人，也可能连握手都不愿意。这些选择没有对错之分。

你的心理界线是什么？或许你希望把自己的想法留在心里，或许你愿意在YouTube上分享政治信仰。同样，没有哪个比另一个更加"正确"。

你的情感界线是怎样的？也许你更愿意彬彬有礼、善于接受，也许你即便知道会令人不快也要直言不讳。哪个更适合你，只有你自己

你可以设立界
线，同时不将别
人推开。

知道。

你的精神界线是怎样的？也许有没有宗教信仰只是你个人的事情，也许你非常渴望将自己的信仰与他人分享。无论你属于哪一种，请自行决定。

了解自己的界线会帮你准确把握自己愿意接受什么，需要拒绝什么，只有这样才能获得和谐的生活。

需要注意的是，你的界线会随着时间的推移而改变。就像在你的一生中，产权界线不会一成不变，随着人际关系的发展变化，你的界线也不会始终如一。而且，在与他人沟通之后，你的界线也会变得更具体。

《非暴力沟通》（*Nonviolent Communication*）的作者马歇尔·卢森堡博士（Dr. Marshall Rosenberg）认为："我们的许多沟通方式都可以被归类为'暴力沟通'，比如评判他人，恃强凌弱，种族偏见，指责，用手指着对方，歧视，拒绝聆听只顾自己讲，批评他人或自己，辱骂，因为愤怒而回击，使用政治辞令，自我防卫或是评判他人的'好坏'和'对错'。"相对于用这样的方式沟通，卢森堡博士推荐了一个四步的"非暴力沟通"方法，包含观察、感受、需要、请求：

●意识：一系列的原则，帮助我们过得具有同情心，协同合作，勇敢而真诚。

●语言：理解语言在人们建立联系或疏远距离的过程中所起的作用。

●沟通：明白如何提出自己的要求，如何聆听他人的意见，哪怕你并不赞同，如何制定有利于所有人的解决方案。

●影响方式："与他人分享权力"，而不是"对他人施加权力"。

随着时间的推移，当我们将这些步骤运用于自己的生活，就会发现我们已经无须去评判或说服他人，相反，我们可以发自内心地去沟通。而随着学会如何更好地沟通，我们也明白了如何加强与他人的联系。

修复和增强关系

每隔一周的周三，我跟妻子会休息一天，享受二人世界。有时我们会制订宏大的计划，比如去博物馆，徒步，沿海公路旅行等，但大多数时候我们只是拿两本书，在最爱的早餐角落，读书、聊天，一起消磨时光，不被日常琐事所扰。这是一种重置。而我始终对这样的日子充满期待。比起做什么，更重要的是这么做的目的：不仅仅是共度时光（记住：质量重于数量），而是提醒我们，居于首要位置的是我们彼此之间的关系。不仅仅是"重要"，而是"首要"。有了这个固定的双周提醒，丽贝卡和我的关系持续深化，这种深入在表层关系中是不可能做到的。对上面三个层面的人际关系而言，如果生活中有少量这样深层次的首要关系，加上适量的次要关系和外围关系，那就根本不可能感到孤独。

你可知道南卡罗来纳大学现在开了一门"友谊课"？能想象吗，老师在课堂上教授友谊？没错。不仅如此，在我写这本书的时候，等待选这门课的学生名单比选该校其他任何课程的都长。为什么？因为孤独感正蔓延全球。我们成了网上"交友"专家，却失去了与他人的真实接触。南卡罗来纳大学的这门课不过在试图纠正这种隔离状态。

事实证明，友谊具有进化论上的益处。"我们与不相关的人建立关系的能力……是人之为人的关键技能，是我们本质的一部分。"沙恩·帕里什（Shane Parrish）近期在Farnam Street博客上的一篇文章里这样写道。

好极了。所以，朋友很重要。但这一点你已经知道了，对吗？而我们必须决定如何修复和加强我们现有的友谊关系。首先，我们需要确定构成深层关系的特质。在我们的第一本书《极简主义：活出生命真意》中，瑞安和我描述了"良好关系的八个要素"，而今若是将这些要素重新归类，我会这样划分：

爱。对另一个人深切的情感和无尽的奉献。当你爱上某人，你愿意将对方的利益置于自己短暂的欲望之上。爱会孕育出更多的爱，促使你将个人利益放在一边，来努力增强双方关系。

信任。愿意依靠另一个人，而不去质疑对方的动机或要求他提供证据。当你能够与他人建立信任时，你就已经成为最好的自己，因为信任会催生更多的信任，这会鼓励双方习惯性地诚实相待。

诚实。不加欺骗或胁迫的真诚。当你拒绝说谎，你便做出了一个承诺，不走捷径，与对方待在同一条道路上，即便面对困难。诚实孕育更多的诚实，为任何关系打下坚实基础。

关怀。积极表达对另一个人的善意、同情和关心。当你关怀某人的时候，你会通过连贯的行动来表达你的在乎。关怀孕育出更多关怀，它并非单纯靠意图，而是会通过行动来滋养和强化人与人的关系。

支持。支持型的人给他人提供帮助和鼓励。当你捍卫某一段关系，就会在对方的面前表现得可靠、有教养、一心一意。支持孕育更多支持，也能强化双方对这段关系的忠诚。

专注。存在并专注于一段关系之中的能力。当你能够全神贯注，高度集中的注意力就能体现出另一个人的重要性。专注会催生更多专注，从而加强两人之间的关系。

真实。保持真实诚恳的能力。如果你是真实的，你就能在一段关系中保持正直和始终如一。真实孕育更多的真实，也会赋予这段关系正当性。

理解。对另一个人的共鸣和深刻认识。当你理解某人，就会努力穿透表面，不加评判或抗拒地去理解他整个人，包括他的感觉、欲望和行为。

在本书中，我们已经花了大半篇幅来探讨这八个要素中的大多数，关注它们彼此之间的细微差别，比如在前几章，我们对信任、诚实、专注和真实进行了深度探讨，又在本章谈到爱、关怀和支持，但在此，我还是想花点时间展开谈谈我对"理解"的认识。

真正理解他人很难，但是理解就像人际关系的一种锻炼。在健身房锻炼的时间越长，你的身材就会越好；同理，你越是尝试着多理解他人，你的人际关系就会越和谐。最深刻持久的关系都会竭力避免误解，这是因为，夸张一点地说，我们的困惑和混乱会导致更大的分歧、争吵和斗争。为了避免情势每况愈下，为了增强彼此之间的关系，我们必须坚持走完理解的四个步骤：宽容、接受、尊重和欣赏。

宽容。宽容是个弱势的美德，却是个良好的开始。如果某人的行为看上去令人厌烦，最好避免不假思索的下意识冲动反应，相反，应该寻找包容差异的方法。举例来说，假设你是个心怀大志的极简主义者，而你的伴侣是个热情高涨的收藏家，这就是明显的信仰分歧。可能你的伴侣视收集瓷器雕像或复古吉他为乐事，而你相信那都是些杂物。于是，你冥思苦想，琢磨着如何改变情势，让一切与自己的价值体系相符，这样一来，你们双方可能都会非常沮丧。但是，不要担心，你们无须马上就调整到同一频段，你只需明白，你们身处各自的频段都是有原因的。容忍某人的怪癖，允许他们秉持着自己的世界观愉快地生活，也许，这样做之后，你可能还是无法理解他们为何痴迷于无生命的雕像或已经不能弹奏的乐器，但至少，你已经走上了一条试图理解的道路，你迈出了第一步，也是很大一步。

接受。要真正与他人一同和谐地生活，我们必须从宽容迅速向接受挺进。一旦你努力开始协调，至少试着容忍另一方的怪癖，他们的信念就不会显得那样愚蠢了，甚至还会显得更有意义，当然，并非对你更有意义，而是对你在乎的这个人更有意义。而当你意识到伴侣的收集行为具有意义，你就会更容易接受，因为对收集的渴望是他的一部分。虽然你可能不喜欢某种特定行为，但你还是爱他这个人，当然也就包括他的小缺点在内。

尊重。接受某人的癖好具有一定的挑战性——不是容忍，而是真正接受。但更难得的是，因他的独特个性而尊重他。想想看，你花了这么多年才构建起自己当下的信条，指望某人一夜之间就与你完全合拍，是没有道理的，无论你的论调多有说服力。好吧，或许你永远也不可能囤积雕塑或吉他，但对他人来说，你的许多信念表面看来也不可理喻。然而，即便对方无法认同，即便他们不能"理解"你的立场，你依然希望他们能尊重你的想法，对吗？那为何不能推己及人，给予他们同样的礼貌呢？只有这样，你才能离理解更近一步，才会开始意识到，自己的世界观并非所有人必须遵从的绝对公理。当然，摆满装饰品的家很美妙，但与你尊重的人分享生活更加美好。

欣赏。既然后视镜里已经有了尊重，理解就在转弯处了。继续前面的例子，假设你的伴侣从自己的收藏中获得极大满足，你为什么要改变他呢？你在乎他的幸福，不是吗？如果他的藏品给生活带来满足，如果你在乎那个人，那么这些藏品应该也能给你的生活带来喜悦，因为喜悦是会传播的。但前提是，你已走过了争吵，走过了宽容、接受和尊重这几个阶段，能够发自内心地欣赏他人的渴望与信念。我们走向喜悦的道路不同，可即便路线不同，我们也要珍惜这段旅程——不仅仅是我们自己的，还有每个我们所爱之人的旅程。当我们能够欣赏他人本真的一面，而非我们希望看到的样子，到那时，也只有到那时，我们才会真正地理解。

所以，下次在旅程中碰到某个人，记住宽容，接受，尊重和欣赏。多次重复之后，你的人际关系就会健康发展，而你的体验也将变得更加丰富，如果不能深层次地理解生活中的其他人，也就无法拥有这种体验。这一过程不仅适用于爱人，也适用于朋友、同事以及一切我们希望强化联系的人。当然，有时候不可避免会出现价值观冲突，你无法欣赏这个人本真的一面。还有为数不多的时候，这根本就是错误的路径：假若某人吸毒、犯罪，或是表现出种族歧视这类自我毁灭行为，那么你无须予以宽容。在这样的时刻，你可以说再见，然后离开，走上一条与之不同的道路。

最终，"理解"会回答关于人际关系的重要问题：另一个人的驱动力是什么？他们想要什么？他们需要什么？他们感到兴奋和鼓舞的原因何在？他们的愿望是什么？他们的痛苦是什么？他们喜欢什么？他们因什么而感到快乐？如果你能回答这些问题，你就拥有了更好的理解力来面对他们的需求。而如果你能满足他们的需求，他们也会照顾你的需求，那么你们之间的关系必会充满活力与热情，不断得到良性发展。

十三项被高估的美德

既已考察了影响有益的人际关系的品德，我们也必当审视一下那些我们一贯引以为高尚，实则往往被高估的美德。

忠诚。是的，忠诚于所爱之人至关重要，可忠诚本身具有典型的误导性，甚至可能在理性和现实之间制造烟幕弹，从而削弱彼此之间的关系。忠诚是高尚的，但对一段关系来说，以牺牲正直为代价的忠诚有害无益。

尊崇。没错，我们应该尊敬父母、邻里、朋友和家人。但在多大限度上？如果你的挚友成了凶犯，你还要尊重他吗？尽管适度的尊敬很重要，可不加限制的尊崇会在不经意间使我们囿于固有信念与习俗惯例，令我们无法按照自己的价值观生活。

正确性。我们都希望自己是对的。但一味坚持自己的正确性，就会显得自以为是或幸灾乐祸，这对一段关系来说是不健康的。当感到不确定的时候，"我不知道"是我们能说出的最自然的话语。

透明。你想要开诚布公地对待他人，但无须将脑海中的所有想法不假思索地和盘托出。如果不留神，你会伤害你所爱之人，并在此过程中伤害彼此之间的关系。

快乐。快乐没有好坏，但过多的快乐就是享乐主义。人与人之间的关系不应该成为永恒欢乐的载体。尽管互动能使人愉悦，但愉悦不该是为这艘情感之舟指引航向的星斗。若果真如此，我们也许会牺牲掉许多让这段关系有价值的要素。

舒适。作为快乐的近亲，舒适颇为狡猾。斯多葛学派哲人穆索尼乌斯（Musonius）认为，比起能够定期拥抱不适的人，试图避免所有不适的人感到舒适的可能性更小。因为，通过寻求不适，我们拥有了扩大舒适区的能力。

欲望。我们都有冲动，却经常将渴望、热情同欲望相混淆。欲望当道时，我们会丧失所有感觉。如今，比起以往任何时候，我们的欲望都远超性渴望的范畴：对车子、衣服和摄影器材的追求消耗着我们的能量，并且，出于某种奇怪的原因，我们的清教文化有一大部分都认同，与性欲相比，物欲是一种可接受的替代品。然而，如果不能理性对待自己的追求，两种欲望都会导致明显负面的后果。

一致性。我们多数人都希望与我们爱的人和谐相处。要实现这一点，最快的办法似乎就是尽快达成一致。但这是一种错误的冲动。假装同意他人不仅不诚实，也关闭了个性的大门。相反，我们可以巧妙地告诉对方我们不认同，又同时将对方的观点放在心上。瑞安和我经常意见相左，却几乎从不争吵。如果你能区分两者，就能增进彼此之间的关系。这是因为，当你真正表示认同的时候，对方会知道你是发自真心，而不是在试图取悦他。

同理心。这可能是最有争议的一条被高估的美德。从传教士到专家，这些日子我们听到，每个人都在宣扬同理心的力量。但我相信大多数人谈论的是同情，而不是同理心。若果真如此，我不反对：同情，即关心他人的不幸，的确是一种崇高追求，而且我们还需要更多。但同理心指的是感受他人痛苦的能力，不应该是我们想要的结果。耶鲁大学研究员、哲学家保罗·布卢姆（Paul Bloom）在他的著作《失控的同理心：道德判断的偏误与理性思考的价值》（*Against Empathy: The Case for Rational Compassion*）中谈到了这一点："我们总是将对他人痛苦感同身受的能力视为善的终极源泉……没有比这更离谱的了。"

布卢姆进一步揭示，同理心是"社会上不平等和不道德的主要动因之一……同理心非但不能帮助我们改善他人的生活，反而是一种反复无常的、非理性的情感，诉诸我们狭隘的偏见。讽刺的是，它会扰乱我们的判断，最后通常会导致残酷的行为"。在布卢姆看来："当我们足够聪明，不去依赖同理心，而是依靠更疏远的同情时，我们就处于自己的最佳状态了。"

消极性。这乍一看可能令人困惑。消极性怎么会是被高估的"美德"呢？真有人觉得消极是好事吗？不会。如果我们对大众进行调研，几乎每个人都会觉得消极是不好的。那么为什么我们还是不断斗嘴、抱怨，说长道短？因为这是一个感官捷径。如果你跟某人都对同一件事怨声载道，或是对同一个人说三道四，你们二人之间的联系就会更加紧密。有句老话说"受伤之人会伤人"，当我们走在街上，将消极情绪传达给这个世界，就是这种情况了。我们可以，也应该带着积极的态度接近他人，即便在最困难的时候。消极性会传染，无论它是来自你的内心，还是来自他人。而幸运的是，积极性亦然。

嫉妒。嫉妒是最无用的情感，它源自怀疑，怀疑自己不够好，没有尽力，怀疑他人配不上。嫉妒是一种自私的情感，对更高的善没有一丁点帮助。它的解药是一份鲜为人知的美德，叫作"同喜"，意即体会到他人的快乐，自己也感到喜悦，比如看到一个蹒跚学步的孩子开心的样子，自己也会随之高兴起来。当你能够喜他人之所喜，你们的关系中便不再有嫉妒的空间。

多愁善感。希腊哲学家芝诺相信，人类天生是讲道理的，但他也意识到，我们是人，而人受到情感驱动。因此，我们既不该回避理性也不该回避情感，但必须避免多愁善感，也就是过度的敏感、忧伤、怀旧，因为在那种情况下，无法抵抗的情绪会彻底压倒理性。当我们感到自己过度情绪化，引入一个恰当的外部人士提供另一种视角，将大有裨益。

庄重。是的，我们希望被认真对待，我们想要有尊严地处理人际关系，但我们必须给幽默和率性留出足够空间。否则我们会被自己的一本正经所累，最终被埋葬。因此，即便在最艰难的时刻，也尤其是在这样的时刻，请为幽默预留空间。

虽然一部分所谓美德我们应该避免，例如嫉妒、正确性、欲望和消极性，尤其应该摒弃，但是当你找到正确的平衡点，大部分仍能为你所用。浅尝辄止的多愁善感和同理心都有一定好处，这样至少能证明你不是个机器人。适度的忠诚、一致性、舒适、快乐、庄重和尊重对和谐的人际关系来说必不可少，前提是这一切没有阻碍你自身的幸福。

关于牺牲和妥协

我一度认为有两项美德一直被高估，但后来我的看法改变了，它们就是牺牲和妥协。经历过一系列与老板、同事、所谓朋友、爱人甚至家人的不良关系，我觉得自己做出了太多牺牲和妥协，导致关系再难维系。从一定程度上讲情况的确如此，但问题并不在于我为这些人牺牲妥协，而是因为在每段关系中，我都做了错误的牺牲和妥协。

可悲的是，我为了维系关系牺牲了自己的价值观。结果，我做出愚蠢的妥协来安抚他人：我不想伤害他人的感情，于是就回避事实真相。我试图用物质财富来取悦他人，而没有表达真正的爱意。为了照顾别人，我放弃了自己的心理、情感和身体健康。

但是，安抚是没有用的，至少没有长久的效果。想想看，如果你突然发现你认识的每个人都在出于好心安慰你，你会有何感受？医学上这种疗法被称为"姑息治疗"，意思是在不根除病因的情况下，让疾病或其症状不那么剧烈或痛苦。而在人际关系中，我们称之为"讨好"。这类牺牲和妥协，好的话是不诚实，不好的话连关系都会破裂。

尽管如此，有些时候，你还是必须牺牲，也必须妥协，因为这个世界并非为了满足你而存在。你的生活也不只关乎你自己。

从根本上讲，一定程度的牺牲对于维系关系是必要的，它指的是为了他人放弃某种重要或宝贵的东西。人际关系需要付出时间、精力和专注力这三项最珍贵的资源，而为了换取这份关系，我们必须心甘情愿地付出这一切。妥协，意即通过相互让步来解决争端，在维系一段正常的关系时也必不可少。因为没有哪两个人持有完全相同的信念，你们必然要在某个中间点相遇。关键在于，在前往相遇点的道路上，如何避免牺牲自己的价值观。为人父母完美展示了牺牲与妥协的必要性。我自己也在生活中看到了这一点。表面看来，做父母是个负担，而且乏味又无趣。但是体贴的父母愿意为了子女牺牲自己的繁忙工作、兴奋事务和兴趣爱好。正是这种富有妥协意味的折中，成就了双方的幸福。

这个经验自然不只适用于为人父母。回想一下自己生活中最好的人际关系。你为了增进这段关系而放弃一些重要的东西（做出牺牲），是在什么时候？你们不得不互相让步来解决争议（做出妥协），是在什么时候？如果两者你都能做到，而且在这一过程中自己的价值观也没有受到伤害，那么很有可能，在面对这段关系时你做出了正确的决定。

摆脱有害的人际关系

"他们称爱情是盲目的，"玛尔塔·奥尔蒂斯停顿了一下，继续说道，"从某种程度上来说的确如此。"奥尔蒂斯是来自墨西哥城的打包派对参与者，对有害的人际关系并不陌生。"20多岁的时候，我没少冒险，跟一群不三不四的人混在一起，可也是在这一过程中，我以为自己找到了钻石，"她说的是一段开花结果的恋情，"起初，一切都很美妙。他待我很好，人既英俊帅气又亲切。"

她对他的阴暗面一无所知。"那段时间他很善于在我面前隐藏自己的瘾症。"直到后来，他的病态以语言直到最终肢体上的虐待行为显现出来。"我被爱情蒙蔽双眼，容忍了太长时间。"在打包派对实验的最后，她这样忏悔道。

"有害之人会违背逻辑，"《成功EQ密码》（Emotional Intelligence 2.0）一书的作者特拉维斯·布拉德伯里（Travis Bradberry）这样认为，"有些人浑然不知自己给周围人带来的负面影响，有些人通过制造混乱和刺激他人来获得满足感。无论是哪一种，他们都在造成不必要的复杂、冲突，以及最糟糕的——压力。"

同玛尔塔·奥尔蒂斯一样，我们都曾被根本不值得的关系困住过，而我们当中很多人，至今依然和不断消耗我们精力的人纠缠不休。那些人，无法给我们增添价值，无法给予我们帮助与支持，一味索取而不思回报，鲜少为我们付出，阻碍我们成长，还一直扮演受害者的角色。

随着时间的推移，扮演受害者的人成为施害者。这时，这段关系就变得危险了。施害者让我们感觉不到完满，阻碍我们过有意义的人生，以种种方式伤害我们。岁月经年，这些有害关系成了我们的一部分。

我们可以在有害的关系中艰难度过一生，或者，我们可以像玛尔塔·奥尔蒂斯一样，选择摆脱它，继续前行。只要能大声说出这两个选项，答案便显而易见。但我们却屡屡龟缩不前，指望情况能够改善，把必须做的事情推到明天。而当明天来临，我们又推到后天、下个月，不知不觉几年时光已匆匆溜走。假如我们此时就能有所行动，那彼时围绕在我们身边的人必定有所不同。

为何我们任由这一切发生？

有两个主要原因：熟悉和恐惧。

首先，因为做出改变是困难的，所以我们固守熟悉的事物。一段成功的关系需要奉献、同情、支持和理解；而一段普通的关系只需要亲近和时间。

其次，我们踯躅不前是因为我们害怕。如果把自己目前的人际关系列个清单，包含三个层面中的所有关系，有多少人会被你重新选中，使之成为你生活中新的关系？如果你再次选中某人，那么好极了，在这章后面的部分我们会讨论如何修复和强化这些关系；但如果你避开了哪段关系，那就需要扪心自问，为何现在你还紧抓着它不放。也许你有个好理由，但通常我们的坚持源于恐惧。我们害怕改变，害怕伤害另一个人的感情，害怕失去爱。但我要指出的是，你能付出的最高层次的爱就是对他人诚实，即使这意味着，你只能远远地爱他们。

改变自然是困难的。要是容易，你早就改了。但如果你希望能从这些关系中真正有所收获，改变就是必须的。以下一些注意事项会有助于你把握关系改变的方向：

你可以修复一段关系，但是，

你不能"修正"他人。

你不能改变他人的天性。

你不能强迫他们变得"更好"。

你不能改变他们的个性。

你不能将新的偏好强加于他们。

你不能迫使他们变得更像你。

你也许能够帮助他人了解自己的立场，但不能硬把他们拽过来。无论你多想改变一个人，都注定徒劳无功。负面的人际关系至少留给我们两个选择，接受或是启程前行。二者都是放手的一种形式。

如果你愿意接受一个人的本来面目，而非你期望中的模样，那么你必须丢掉自己先前的期望，同时为这段关系寻找新的标准。有时候，这只需要一次谈话就能实现。而另一些时候，当一段关系已经饱受侵蚀，则可能需要一系列谈话来重新定义和塑造这段关系。在约会术语中，这被称为DTR（定义关系）协议。定义一段关系的最佳时间是在初始阶段，次佳时间就是当下。随着关系的发展，考虑双方的需求、愿望和观点，在交往过程中不断更新定义是很有意义的。比如，我和妻子每月至少进行一次"深度讨论"，交流彼此新的愿望，确保我们的标准达成一致。然后，我们每年都会找一次机会一起审视我们的价值观，看是否发生了重大的转向。[①]这有点像重温誓言，只不过更实际。

对某些人来说，这些方法可能看起来太正式了，但其实不必如此。丽贝卡和我围绕困难的话题展开轻松有趣的交谈，这些谈话并不会客套或阴沉。即便是没那么亲近的朋友——我的次要关系，我也会投入到半固定的对话中，与他们讨论标准、期望、信念和价值观。这些艰难的讨

---

① 我们会使用本书最后的价值观工作表。

你无法改变周遭的人，但可以决定让谁留在你身边。

论帮我更好地理解朋友的生活，也为我提供了整理自身脆弱的机会，最终以另一种方式强化了这些关系。最终，沟通是确保我们朝正确方向携手前行的唯一途径。

但是有些关系不值得我们为其付出精力、时间或专注力。有些人的行为从本质上就是有害的。此类迹象通常显而易见，彻头彻尾的恶人经常：

操纵。

威胁。

侮辱。

坏心眼。

心怀恶意。

心肠歹毒。

残忍。

暴力。

心胸狭隘。

卑劣。

还有些人的恶隐藏得更深。虽然可能更难辨别，但将他们过滤出来同样重要，因为一粒老鼠屎会坏一锅汤。遇到这样的人，就要警惕了：

不讲道理。

虚伪。

轻率。

悲观。

鲁莽。

自恋。

令人萎靡不振。

无论某人的恶是直白还是隐晦，与他们保持距离都十分重要，这样你才有放手的空间。你可能会选择适时与这个人告别；但通常情况下，最好的办法是直接走开，尤其是当艰难对话可能导致事态升级，让一切变得更糟的时候。没有对抗，就还有原谅的可能。人们偏爱画下句点，将事情了结，但根据我个人的经历，"了结"是一个被高估的词，它并不能奇迹般地修复一切。事实上，我们常常以为自己得到了想要的了结，但它无法实践自己的承诺，它也不代表你能向前走。了结不过是一个被定义好的中断点，但并非所有事都能干脆利落地结束。有时候，我们往往需要让关系逐渐消退直至消失的过程，才能迎来终点。因此，你无须认为自己有义务回电话、回短信或是与那个于你有害的人共进晚餐。你不该被迫为自己辩驳。你没有义务跟任何人保持联络。友谊、陪伴和爱情是一种特权，不是权力，如果有人滥用这种特权，你无须在原地徘徊。于人有害者，不配拥有任何东西。

有时候，即使一段关系结束了，它依然有害。你可能不知道它为何结束，又或许对方不想做出你所渴望的了结，于是，这段关系变得有害。因为即便断了联系，那个人依然在你脑海中挥之不去。不幸的是，并非一切都能按照"你的"方式在"你希望的"时间结束。而将这些人驱逐出自己情感世界的方法只有一个：原谅。就像放下我们不愿继续背负的行囊，原谅他人，我们才能卸下过往时光的重量，继续前行。

结束一段有害的关系，就像在毕业和离婚之间做选择。此时此刻就以可能得到的最好条件离开，继续前行，感恩曾经的美好时光，感恩自己从这段关系中学到的教训（毕业），通常是更好的选择。抑或，你可以等待，尝试忍受争吵，经历一系列的争辩，直到最终，一切不可避免地以无法修复的破裂告终（离婚）。现在放手也许更难，但长远来看，也就不那么难了。

放手不意味着不再爱那个人，只是说他的行为不允许你再维系这段关系。离开不会让你成为一个坏人，一个邪恶或随便的人。你是在为更好的生活腾出空间。在这样的生活中，你将看到对话而非争执，体会到质量而非争吵，感受到关怀而非对抗。当你从一段有害的关系中毕业，那不是放弃，而是再次启程。

道歉，继续前行

有时候，一段关系中有毒的一方其实是"你"自己。承认你的决定不恰当、疏忽随便，甚至于人有害，承认你的不良行为毒害了这段关系，这需要自我觉知，也需要力量。还有些时候，你造成的伤害并不大，毒性适中：你只是没有诚实以对，导致玷污了你们的关系。无论哪一种，错都在你，你有两个选择：我行我素或是道歉。

道歉似乎更难一些，因为我们不仅要承认自己的过错，还要采取行动，弥补过失。自负也会妨碍我们道歉。于是，我们固执己见，罔顾理性，维护自己的正确性，在这一过程中，我们之间的纽带也变弱了。然而当我们拥有足够的认知，能够将自负放在一边，也就获得了破镜重圆的绝佳机会，也许能令这段关系变得更加牢固。

巧合的是，就在我写到这里的那一周，我在人际关系上犯了一个前面提到的错误。在"极简主义者播客"之中，我不经意间透露了一个朋友的某些个人信息，我们姑且叫他"迈克"吧。这不是个故意犯下的错误，当时我没有意识到那些细节是私密的。在我看来，那些信息完全无伤大雅，直到我收到迈克的邮件，告诉我并非如此。我第一反应是对他所表达的受挫不以为然。"这不是什么大事，"我想，"他只是反应过

极简主义生活守则

自愿离开守则

电影《盗火线》（*Heat*）中有一幕，罗伯特·德尼罗（Robert De Niro）扮演的尼尔·麦考利说："在你的生命中，不应该有任何你不能在30秒内抛弃的东西。"好粗暴啊！但若你的离开其实是爱的终极表达，如果你任何时候都可以离开，那你留下来一定是有原因的，对吧？仔细想想。如果你拥有一种能力，能在转瞬间摆脱一切，那该有多么自由？你其实可以的。我们称之为"自愿离开守则"。这一守则强调了无牵无挂带来的自由。

如果你买了新的物件，不要给它们附加什么意义。因为如果它们没有意义，你就可以随时离开。如果你有了新的想法或是养成了新习惯，也请记住这条准则，不要让它们拴住你，因为当它们不再对你有用，你就可以放弃它们。

这条守则甚至在人际关系中也适用：你从有害之人身边走开的意愿其实会加强你与他人的联系，因为在一段由讨好和安抚结成的关系中，没人能得到成长。就算无法"在30秒内"抛下一切，只要你了无牵挂，你也定能割舍那些会对你的健康产生负面影响的人、地方、事情。

度。"但我是在以己度人。仅仅因为某些事对我来说不值一提，并不意味着别人不会因此感到沮丧。如果我的行为伤害了朋友，那么我"怎么想"，我"有什么感受"并不重要。重要的是我"造成的伤害"。只有一条体面的路可走。

我立即打电话给迈克，向他解释，虽然我并无恶意，但在说出那些话之前，我本应三思。我告诉他我很抱歉，并做出两点承诺：从这个错误中吸取教训，以后不会再犯，同时尽我所能解决这个问题。虽然已经来不及完全消除伤害，我们还是进行了纠正，这样日后的听众就不会偶然发现迈克的私人信息。

在职业生涯的早期，一个名叫吉姆·哈尔的高个子男人是我最喜爱的导师之一。他的人格远比他的体形更伟岸，知道很多严肃实用的警句，对初入社会的我产生了重要影响；他的智慧帮助我系统地评估自己，并对自己的行为进行更好的反思。而有时，他错用鼓舞人心的话，反而发挥出了比本意更加深刻的效果。

我最喜欢的"哈尔主义"发生在我搞砸了一家零售商店的一次销售之后。他真诚地看着我，说道："回看过去的时候，往往会发现利弊各半。"虽然你我都明白，他想说的是"事后诸葛亮"，但相比我们通常用于形容"后见之明"的习语，他当时说出的那句话听起来似乎智慧得多。[1]也就是：在付诸行动之前，我们无从知晓后果。至少，我是这样诠释的。不知为何，吉姆的口误在过去20年中一直在我脑海中盘桓不去。

---

[1] 原文中，哈尔当时说的是"Hindsight is fifty-fifty"，而"事后诸葛亮"这句习语的正确说法是"Hindsight is twenty/twenty"。——译者注

或许在某个宇宙，我的朋友迈克并不在意我在播客上透露出去的信息，但在当下这个世界，他确实在意，而我伤害了他的感情，因此，唯一恰当的应对方式就是道歉，然后继续前行。

爱的共生

我曾有机会与反传统者欧文·麦克马纳斯（Erwin McManus）坐在一起探讨他对人际关系的想法。60岁的时候，麦克马纳斯战胜了晚期结肠癌，并将自己与癌症搏斗的经历写进了自己的书《战士之路：通往内心平静的古老道路》（*The Way of The Warrior: An Ancient Path to Inner Peace*）中。他告诉我，其中一条经验教训就是，纵观全局，我们的人际关系是少数真正重要的事物之一。

"我过去经常寻找有助于提升我自己的人际关系，"麦克马纳斯说，"但随着年龄增长，我意识到自己陷入了一种自恋，即认为'这段关系完全关于我自己'。"他认识到，比起单纯追求提升他自己的人际关系，他更需要去帮助他人，不是改变他人，而是帮助。"我们专注于竭力让自己获取更多，"他继续说道，"但那是对人际关系的讽刺。如果你一直在花时间问错误的问题，例如，我怎样才能找到对的人？我如何找到自己需要的？我如何得到自己想要的？那你就错过了人际关系的全部意义：并非关于你本身，而是关于如何为他人奉献，如何成为他人的礼物。"麦克马纳斯相信，最健康、最深厚的关系，是"你在乎对方超过你自己"。

表面看来，麦克马纳斯似乎在反驳我在本章中所提出的观点。但他并没有建议你放弃自己的价值观。他希望你对自己足够了解，知道如何在提升他人的同时亦不削弱自己。"你并非注定独自生活，"他说，"即使你是这个星球上最天赋异禀、智慧超群、热情且具有创造力的人，即使你完全明了自己的意图、人生目标、生活意义，你也不是注定要独自生活的。"他接着说道：

我知道你在想什么。

"那我的梦想呢？"

无论你的梦想是什么，

你都无法独自让梦想成真。

"那我的目标呢？"

无论你的目标是什么，

你注定无法凭一己之力实现它。

事实上，假若你在追寻一个

无须他人参与的目标，

那便不是你人生的目标。

假若你有一个梦想，

在这个梦想中人们都只是

用来达成你想要的结果的工具，

那根本不是梦想，那是一个噩梦。

我们都需要别人，麦克马纳斯说，因为我们都需要帮助。奇妙的是，我们也都有帮助他人的需要。既非"利用"，也非被利用，而是对彼此"有用"。这便是人际关系中的相互作用，是爱的共生。

当你身边围绕着错误的人，你可能会希望独处。但当你真的孤单一人，你就会意识到自己需要他人。其反面是单独监禁，很多心理学家都

极简主义生活守则

30天极简主义游戏

最简单的整理术是把大部分东西都扔掉。如果"打包派对"对你来说过于极端，那就考虑一下"30天极简主义游戏"，它已经帮助数万人整理了自己的房子、汽车和办公室。

整理杂物通常很无聊，但这个游戏通过加入一些友好竞争的元素给整理杂物增添了几分趣味。具体操作如下。找个愿意跟你一起清理杂物的朋友、家人或同事。每人在这个月的第一天丢掉一件物品，第二天丢掉两件东西，第三天三件，以此类推。

什么东西都可以！收藏品、装饰品、厨房用具、电子产品、家具、设备、储备物资、床上用品、衣服、毛巾、工具、帽子，只要你能想到！无论是捐赠、售出还是循环再造，在每天午夜之前，你必须将这些物品清出自己的房屋。

坚持时间更长的一方将赢得胜利。如果你们二人都坚持到了月底，那就是双赢。记录你的进步吧！访问minimalists.com/game免费下载极简主义游戏日历。

认为，这是最糟糕的一种禁闭。与世隔绝太糟糕了，所以人们宁愿同最危险的杀人犯和暴力罪犯待在一起，也不愿独自一人。

爱，远不止于此

我们有个语言上的问题。我爱我的妻子，但我也爱墨西哥卷饼。我爱瑞安，但我也爱马特·科尔尼的新专辑。我爱我的女儿，但我也爱我家附近五颜六色的花。

有一种爱，关乎源自深沉情感的无尽奉献。而另一种则是对某些可爱物什的偏好或钟爱。于是，爱某人和陷入对某人的爱恋，两者之间存在区别。同一个词，含义迥然不同。

在加拿大努那维特地区使用的因纽特方言中，有53个词可以用来描述雪。想象一下，假如我们用以描绘爱的词有这个数量的一半就好了。但在我们的文化中，我们将"爱"用于人，也用于小货车；用于朋友，也用于炸鸡；用于情人，也用于路易威登的包袋。但任何事物，若你将其延伸至自然限制之外，它都会失去力量，爱尤其如此。

当我们在通话结束的时候说"爱你"，意味着什么？只是一个好听的道别说法？还是"我爱你"的偷懒说法？而当我们去掉了"我"，是不是进一步改变了愿意，通过从等式中移除自己，解除自己在这份爱中真正的责任？

我们都需要爱，但爱并非我们所需的一切。我们需要被看到、被聆听，需要联系。我们需要希望、慈悲和善意。但在爱的聚光灯下，这些特质就不那么明显了。你能想象没有爱的希望吗？还有没有爱的慈悲、善意？再进一步，你能想象在没有爱的情况下，得到自己想要的一切，实现自己所有的梦想吗？完全不可能。就像建一栋二维的房子，或是用一个空的水杯喝水一样，没有爱的生活单调而空洞。

如果爱能开启生活中最美好的部分的大门，那为何我们不更多地寻求爱？为何我们宁愿追求性感、酷或是"被喜欢"？因为后者更容易。我们可以通过操纵表面的东西来提升自己的地位，可当你看到某人竭力追求时髦或迷人，你会做何感想？你会觉得这个人不完整，对自己非常不满意，用闪闪发光的东西来装点自己，以躲避爱。这便是爱的困难之处：小装饰品或金钱交易无法塑造爱，只有忠诚、奉献和理解才可以。在不确定性面前，性感与讨喜会迅速褪色。然而爱，却能容纳风险、拒绝乃至痛苦——同时还为喜悦、快乐和宁静留出了足够的空间。事实上，在爱的疆界中，唯一不能被容纳的只有自我中心。对自我来说，爱太大了。

就近找本词典来查，你会发现爱有很多条解释：一种深沉爱慕的强烈感觉，对某一事物的极大兴趣和愉悦；被某人喜爱的人或事物，但我最喜欢的是一个我之前从没想过的定义。《新牛津美语词典》的第四个词条收录了"爱"作为一个网球术语的含义："爱：零分。"在网球比赛中，它有特定的含义。但作为一个更广泛的比喻，它博大精深。在脱离当代社会的欲望和商品化时，真正的爱是不计分的。对爱来说，没有资产负债表，没有晴雨表，也没有量尺。

十年前，我还不认识我的妻子丽贝卡。但在我们相遇之后，在爱情孕育的过程中，我无须从其他关系中提取爱，来浇灌我们二人的感情。当我们付出爱时，爱并不会耗尽，要说有什么变化，那便是爱会倍增。爱完全可再生，100%可持续。

人们不会简单地"坠入爱河"——爱需要培育。我们也无法找到爱情，我深深了解，因为在那段失败的婚姻之后，我多年以来一直在"寻找爱情"。可我越是寻找，就离爱越遥远。而令人费解的是，当我停止寻找的时候，我却"找到"了爱。那时我关注的不是"坠入爱河"，而是去爱。

去爱，可能神奇地成了坠入爱河的反面。事后看来，这也在情理之中。当我执着于坠入爱河，我的追求是以自我为中心的。但当我主要关注的是爱别人，这份爱就会扩展，因为它不再只与我相关。

看上去可能有点矛盾，但要让爱持续，最好的办法是放手。假如我们不再握紧不放，爱便会越发开阔。因此，要留住它，我们必须松开紧握的手。

爱无须获得准许。在艰难的时光里，你可能需要帮助，想要解决问题，却并不总能如愿。你无法帮助所有人，也无法解决所有问题。但无论在何种情况下，你都可以去爱。

的确，就算意见相左、争执不下，甚至彻底翻脸，我们依然可以爱着对方。有些时候，爱就在近旁；有些时候，我们必须远远地爱。爱某个人，并不意味着你要认同他的行为。你可以爱一个欺骗你的伴侣，一个传闲话的同事，或一个撒谎的朋友——你是爱这个人，而不是他们的所作所为。我们完全可能厌恶某人身上的某些特质，但却仍然爱着他这个人。

虽然爱沉重、苛刻而神秘，但对我们而言，最大的挑战并非爱本身，而在于我们是如何将兴奋、欲望与吸引力同爱混为一谈的。在我们与物质财富的关系中，这一点尤为明显。我们说爱自己的电视机、汽车、化妆品，可实际却是被宣传所迷惑，蒙蔽了双眼。那些宣传告诉我们，家里的东西和生活中的人一样重要。一旦将爱延伸到没那么诱人的东西，个中荒谬便显而易见。我没听说谁"爱"自己的卫生纸盒、邮箱或是钥匙圈。可这些物品跟我们声称自己爱的东西一样常用，或许还更常用一些。当我们能认识到，东西是拿来用而不是拿来爱的，我们就可以像看待无色唇膏那样看待苹果手机，有用但不值得去爱。进而，我们便能更好地领悟真正的爱。爱，应该留给人，而非那些会成为障碍的物品。我们应该爱人而用物，因为反过来永远行不通。

结语：人

你好，朋友！我是瑞安，最后一次在这里帮助大家。关于如何处理与他人的关系，乔舒亚提出了很多值得我们思考的问题，现在我想花点时间看看你们如何促进这些关系。身边人塑造了现在的我们，也将塑造未来的我们，所以我希望你充分展开下面每一个练习，确保你能将自己最好的一面带给他人，而他人也会投桃报李。

关于人的问题

1.用迈尔斯-布里格斯人格类型测试表（MBTI）进行测试，你的人格类型是什么？这说明你有着怎样的偏好？

2.你如何运用宽容—接受—尊重—欣赏四步法与生活中的人建立更深的理解？

3.如何坦然自处、无愧于心，从而能够为他人做出更多贡献？

4.爱、信任、诚实、关怀、支持、专注、真实和理解，哪个要求能最大程度地提升你的人际关系，而你要如何将它们融入你的生活？

5.假如将你当下所有的人际关系罗列出来，包括家人、朋友、同事、脸书"好友"，甚至一年只见一两次面的人，有多少人会被你重新挑中，与之在你今天的生活中建立新的关系？为什么？

关于人的应做之事

下面，关于你与他人的关系，在本章中你都学到了什么？哪些你会坚持下去，哪些经验教训会鼓励你重新梳理人际关系的轻重，并予以改善？下面五点你今天就可以付诸行动：

●描述"我们的盒子"。迈向有意义的关系的第一步，就是弄清楚在这段关系中你希望给予什么，又想要得到什么。

☆确认自己喜欢的助人方式。将自己希望贡献什么写下来。

☆罗列出你需要他人理解和尊重的身体、心理、情感和精神界线。

●定义你的人际关系。这时，需要精确描述每一段人际关系及其融入你生活的方式。请遵循如下步骤：

☆首先，写出每一个你能想到的令你定期或半定期地付出时间、精力和专注力的人。

☆其次，在每个名字旁边，标注你们关系所属的层次，"1"（首要），"2"（次要），还是"3"（外围）。不要按照你认为正确的层级来标注，相反，根据你当下实际的处理方式来确定。

☆最后，实事求是地挑出于你有害之人，在他们名字的后面打"×"。

●重塑你的人际关系。逐一审视每个人，确定他们是否身处适合的层级。这会帮你找到此时生活中相距甚远，但你希望更加亲近的人。反过来，也能帮你识别你希望拉开一些距离的人。因此，对清单上的每个人，标注一个"D"代表疏远或是"C"代表拉近，来标注你期望的调整方向。如果你满意当下的状况，在那个人名后面标注个"OK"就可以了。

● **修复你的人际关系**。既然清楚了这些关系的现状和目标，那就需要考虑一下有哪些必须做的工作，来修复或转变你的人际关系。

☆ 首先，我们来看看你生活中的有害之人。在推开他们之前，问问自己是否有法子修复这段关系。向这些人询问他们希望你理解和尊重怎样的界线，然后以同样的方式勾勒出你的界线。如果你发现他们无意尊重你的界线，那么不妨告诉他们，你将以何种方式远离他们的有害行为。

☆ 其次，让我们看看那些你想要远离的人。他们不一定于你有害，可能是个烦人的邻居或同事，抑或只是不再与你拥有共同的兴趣。有必要的话，通过非暴力沟通让他们知道你将减少跟他们相处的时间，让他们明白，你不是在对他们说"不"，只是要对其他更好的说"好"。

☆ 最后，我们看看你希望更加亲近的人。下次有机会与这个类别当中的人交谈时，向他们表达拉近距离的意愿。你不妨说，"嘿，史黛西，我很欣赏你，希望我们日后能够有更多机会相处，你愿意吗？"如果他们说"好"（必须出自双方自愿），请看看你能如何给对方的生活增添价值。

● **做出超越自我的贡献**。给予的行为是对所有的关系来说最有益的部分。首先，你要将专注作为礼物给予他人，与他人互动的时候要专心致志。这意味着积极聆听，表现出你的同情理解，以及你的爱。在一周当中的每个清晨，都去看看你想拉近距离的人的名单，选出一个作为对象。不需要什么大动作，你只需要表现出你的爱和支持，给他们发张搞笑的照片，写封信，放一束花在他们的门廊中，帮他们修剪一下草坪。你可以为这些人做无数事，来建立有意义的、长久的关系。

关于人的切忌之事

最后，让我们说说阻碍。如果你想改善与人的关系，有五件事情需要从今天开始避免：

●不要单纯为了保护他人的感情而采取讨好策略。

●不要为了达成一致而点头同意，或是为了融入而牺牲自己的价值观。

●不要以忠诚或同理心一类的"美德"为借口，固守一段有害的关系。

●不要用消极反抗一类的言语策略同他人讨论人际关系的转变。

●不要为了顾及另一个人的偏好而放弃有意义的生活。

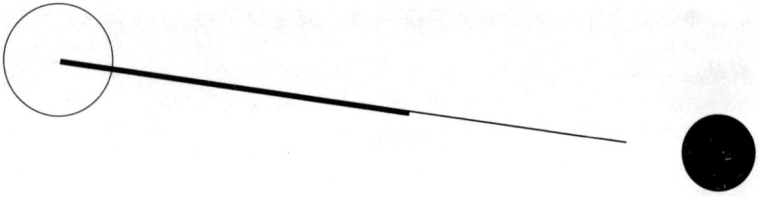

后记

　　我们每个人都是矛盾的综合体。一方面，我是个虚伪的人。我是极简主义者，但我拥有房子、沙发，还有不止一双鞋。我有时会逃避事实，转而寻求认可、赞扬或是捷径。我打破自己简单生活的守则，对着路虎揽胜的杂志广告和劳力士表的巨幅广告牌垂涎不已。在冥想、锻炼和健康饮食方面，我常常疏忽。我的行为与价值观并不总是相符。我深信气候变化的危害，却开着汽油动力车，住着燃煤发电厂供电的房子。我花钱买自己不需要的东西（我对夹克极度没有抵抗力）。我偶尔独自看电视，过度使用手机，二者都会扼杀我的创造力。我爱我的家庭，但并不是一个特别称职的父亲，尽管我很想经常探望自己的兄弟，但最终我也没有做到。

　　另一方面，相比十年前的自己，我已经成为一个更好的人。我的生活更简单、专注、真诚而平静。我的物欲并没有主宰一切。我变得更加注重自己的健康和幸福，也更快乐，更加心存感激，镇定安宁，压力更小。而我的健康虽然远谈不上完美，但自2019年"新大萧条"以来已经有了显著改善。我清楚自己的价值观以及横亘于前的障碍。我没有欠下任何债务，心怀坦荡，充满热情，对慈善的贡献远胜从前在公司领薪水的时候。我更有创意，分心的情况变少，即使这个世界经常将信息消防水管对着我的脑袋猛冲。我比以往更体贴耐心，是一个友善的朋友，合格的商业伙伴，甚至是一个更好的丈夫。

我不完美，这是事实，再怎么简化生活也无法抹掉我所有的缺点。我还是会犯错，做错误的决定，极简主义也不见得是解决生活中一切问题的灵丹妙药。然而，我的生活确实因此有了不可估量的改善。尽管我仍然会遇到问题，但都是更好的问题，能令生活更加丰富、微妙而生动。当我解决了这些问题，又会有新问题出现，可如果没有这一切，生活也将毫无意义。毫无忧患意识地生存着，并不算一种高层次的生活，甚至根本算不上生活。唯有心脏停止跳动，奋斗才会停止。

我的伤疤恰恰也构成了自己最好的部分。而今，我即将步入不惑之年，对50岁的自己，我心向往之。那仍是我，但会是一个更好的我。我说这些是因为，在很多方面，我就是"你"。你或许也有伤疤，但塑造你的正是你的伤疤。跟我一样，你也有缺点和问题，你也曾犯错，但是现在，你正身处一个十字路口。你正站在下一个错误决定的悬崖边上。下一个谎言，下一次购买冲动，下一个坏习惯，下一次有违价值观的行为，下一次浪费的钱，下一个技术干扰，下一分钟用于消费而非创造的时间，下一个你评判的受害者。这种接二连三的负面情绪是一种你已经习惯了的模式，宛如一直徘徊于背景之中的白噪声，你甚至都没有意识到它的存在。

不要活在过去，这很重要，你应该从过往吸取教训，这样未来才不会重蹈覆辙。过去的自己只是你的一位先人，他孕育了你，但他不是此时此刻的你。他的错误和轻率与你无关，除非你选择故步自封。你拥有打破这一模式的能力，完全可以创造一个新的开端。不是激进的、一夜之间的转变，而是立起一个微小的支点，通往新的方向，这将改变未来的轨迹。为了实现目标，你必须摆脱眼前的一些障碍。

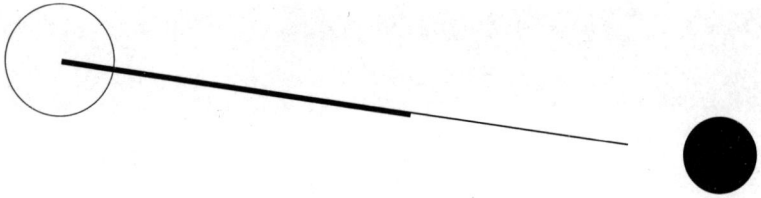

致谢

　　我之前并不清楚，我们是否还会再写一本有关极简主义的书。在2012年完成了我们的首部关于简单生活的回忆录《剩下的一切》之后，瑞安和我觉得，对于精简生活，我们已经把所有需要说的都说了。显然，我们错了。历时六年，以及四次失败的尝试，瑞安和我最终恍然大悟：自首次拥抱极简主义生活方式至今，我们身上发生的最重要的改变，便是各自的亲密关系。同妻子玛丽亚一起，瑞安享受着生命中最充实、最愉悦的关系。而我和丽贝卡亦是如此。荒谬的是，从很多方面讲，这类亲密关系一度是我们最困难的人际关系。这就引出了问题：为什么？有没有可能写一本关于极简主义者与人际关系的书？随着这些问题，更多问题浮出水面。

　　如果我们最重要的一些关系不是与他人之间的关系呢？

　　我们是否必须先修复自我，才能迎来人际关系的发展？

　　瑞安和我同从前的自己有什么不同？

　　过去十年里我们做了哪些必要的改变？

　　为了继续前行，我们是否不得不对一些东西，或是某些人放手？

　　我们有什么从未公开分享过的私密故事？

　　如果坦诚地讲出这些故事，会带来更广泛的益处吗？

于是，就有了这本《极简关系》。这本书要献给丽贝卡和玛丽亚，不仅因为她们的爱，更因为如果没有她们，这本书根本就不存在。我是说，我们可能还是会写一本书，但绝对不是这一本。写第一稿的时候，我正经历着人生中最艰难的两年。要说痛苦，没有什么其他时刻能与之相提并论。从2018年9月大肠杆菌感染事件开始，到2020年本书手稿完成，我每天都在挣扎。在最低谷的时候，我失去了对写作的热爱，乃至对生活的热爱。但丽贝卡永远在那里，将我从峭壁边缘拉回来。她支持着我的治疗，在我几乎无法照顾自己的时候，她一直在悉心照顾我。在最艰难的日子里，她握着我的手；在我逐渐好转时，她继续激励我做最好的那个自己。而瑞安呢，感谢上帝，他没有经受和我一样的生死挣扎，可他的生活当然也非一帆风顺。自2013年以后，一切分崩离析，玛丽亚一直在帮助瑞安收拾残局。感谢有你们两人在。

坦白地讲，我害怕写另一本书，因为我觉得自己无法超越《剩下的一切》，那本书可以说花了32年写成，而且至今是我最得意的作品。只有时间能证明《极简关系》是否会成为我新的心头好，以及更重要的，能否受到读者喜爱。但在埋头于这本书的创作几年之后，我对最后的成品非常满意。这是至今为止我写过的最有挑战性的书，但同时也令我最有收获，这看来并非巧合。起码有十几次，我都想要放弃，起初的四次尝试都胎死腹中。但我还是埋头苦干，中途舍弃的文字成千上万。我一次又一次地从头再来。直到我们的经纪人马克·杰拉德把我引回到正确的方向，这本书才具雏形。他和我们的编辑，瑞安·多尔蒂以及塞西莉·冯·布伦-弗里德曼，推着我走出舒适区，鼓励我不要只写"极简主义者"的个人故事，而是将其与专家见解、采访、人们通过简化生活而获益的故事串联在一起。感谢你们，马克、瑞安和塞西莉，谢谢你们的鼓励。

当我被病痛击倒，灵感、动力和创造力都消失殆尽。我不是个会错过截止日期的人，却对此无能为力。有很多天，我病得没法写作，后来事态每况愈下，不得不拖了很久。幸运的是，还有我的朋友"播客肖恩"哈丁拖着我残破的身躯穿过终点线。他的几百条建议、深度调研以及无数次的编辑，使本书得到了极大提升。肖恩，感谢你在我每次快要支撑不住的时候让我有所依靠，也感谢你一直身兼数职。你不仅是个出色的播客制作人、巡演经理、运营总监，在我眼中，你还是世界上最棒的剪辑师。你能加入我们的团队，我与瑞安何其有幸。

我还想向"极简主义者"团队中的每个人致谢，我和瑞安十分感谢你们的贡献。杰西卡·威廉姆斯，谢谢你在社交媒体上完美地传达我们的信息。杰夫·萨利斯和戴夫·拉图里普，你们是设计界的莫扎特，谢谢你们提高了我们的审美标准。乔丹·"知道"·摩尔，谢谢你让两个来自中西部傻乎乎的家伙在镜头前看起来很迷人。马特·达维拉，感谢你提醒世人大部分婚礼摄影师都很烂（这也因为他是现世最有才华的纪录片导演）。致我们的经纪人安德鲁·拉塞尔，感谢你为我们拍的照片，并将我们的现场秀和巡回演讲提升到一个新水平。致我们的公关莎拉·米尼亚奇，感谢你比任何人都更相信"极简主义"，并积极向媒体传播信息。感谢我们的业务经理艾伦·梅西亚，还有我们的会计员安吉尔·德莱顿，感谢你们整理那些琐碎的数据，让瑞安和我能够专注于有意义的内容创作。肖恩·米哈利克，谢谢你管理"极简主义者"的在线写作和预算课程，你的工作改善了人们的生活，包括我的在内。

致科林·怀特，感谢你在2009年让我接触到极简主义。若不是你，我可能至今还在公司里，拼命追求晋升。我想大卫·福斯特·华莱士的那句"我放手的每样东西皆已留下我的印记"是我最钟爱的名言之一，这句话完美诠释了我在接触极简主义之前的生活：让我对任何东西甘愿放手的唯一方法，是从我黏糊糊的爪子下面撬走。但是，当然了，这根本就不叫放手。是科林·怀特，然后是利奥·巴伯塔，考特尼·卡弗以及乔舒亚·贝克，他们向我表明，我不仅可以放手，还会因放手获得无穷的力量。你们四人一起，为精简生活提供了一份类似食谱的东西，在这一基础上，我和瑞安才有能力为更有意义的生活做准备。感谢你们帮我建立起自助的能力，令我最终得以帮助他人。

致戴夫·拉姆齐和他的团队，伊丽莎白·科尔、瑞秋·克鲁兹、克里斯·霍根、安东尼·奥尼尔、肯·科尔曼、约翰·德洛尼、克里斯蒂·怀特、卢克·勒费夫尔、康纳尔·瓦格纳，以及"拉姆齐解决方案"的所有人，你们是正直的典范，激励着我们所有人。

感谢帮我承受疾病重负的医生和专业医护人员——克里斯托弗·凯利、瑞安·格林、露西·梅林、汤米·伍德、亚当·兰姆、佩顿·贝鲁基姆和伊万·王，感谢你们将我从深渊中解救出来。

致扎娜·劳伦斯，感谢你信任我们，说服你在网飞的团队将我们的信息分享到190个国家，是你让这场运动迅速扩散开来。

致我们的合作伙伴，乔舒亚和萨拉·韦弗以及"强盗咖啡"的团队；卡尔·MH. 巴伦布鲁格、阿尔贝托·内格罗以及"极简主义生活"的团队；马尔科姆·丰蒂尔以及PAKT的团队，感谢你们帮助"极简主义者"在常规范围以外开展有意义的活动。

感谢罗伯·贝尔、山姆·哈里斯和欧文·麦克马纳斯给予的深层次启发和思路方向。也感谢本书中提到过的所有人，谢谢你们分享深刻的见解。此处，我无法逐一提及每个人的姓名，但不管我们是曾当面交谈还是电话沟通、邮件往来，或是说你们的工作对本书起到了启发作用，我都对你们的睿智深表谢意。

致我的母亲克洛艾·米尔本，在你生命中的最后一年，没能多花一些时间陪伴你，是我最大的遗憾。在你走过先后成为修女、空姐、秘书、妻子、母亲和一个性感尤物的跌宕起伏的一生之后，你的故去并非毫无意义，而是帮我开始质疑一切，尤其是我误入歧途的生活重心。说到底，你的生命提醒我们所有人：一切转瞬即逝。相比执迷于财富、地位和物质财产，我们更应该花时间去爱、关怀和给予。我怀念你的善良、拥抱以及温暖的微笑。你有一颗服务世人的心。我记得你曾告诉我，我总有一天会"懂得人生"，或许在我长到35岁的时候。好吧，那已经是五年前，而我到现在还没有完全懂得，但我想我距离答案越来越近了。感谢你赐予我生命，做我的母亲，感谢你不时进入我的梦境。我心存感恩。我爱你。

致我的哥哥杰罗姆，感谢你在童年时期扮演了类似父亲的角色。你只比我年长一岁，但在我的记忆中，你一直都是个真正的男人。我渴望能拥有你哪怕10%的坚韧力量。

致亚当·德雷斯勒，感谢你一直以来都是我亲爱的朋友，从我们高中时代在同一家餐馆打工开始。我们过去十年中的交谈是我从未录过的最好的播客。

致卡尔·韦德纳，谢谢你成为我的导师和朋友。在我过去的大半人生中，从在公司工作直到现在，你教会我很多东西，从商业、生活到房地产、个人见解。我知道自己无以为报，所以我会继续传播下去。

致安妮·鲍尔，还记得2011年在咖啡店的那次会面吗？那篇刊登在《代顿市报》（*Dayton City Paper*）上的对话是"极简主义者"首次接

283

受平面媒体采访的内容。谁能想到,我们会因那次会面而发展出一生的友谊?谢谢你带给我的一切。也感谢那次关于"了结"的探讨,它出现在本书中的《人》一章之中。

致T.K.科尔曼,谢谢你同我进行的意义深刻的交谈,无论是线上还是线下。我们能够巧妙地持有不同意见,努力转变彼此的想法,而没有争吵或是改变彼此的心。

致凯莉、科琳和奥斯汀,感谢你们让我知道什么是爱。我对自己犯下的错误以及做出的错误决定深感抱歉,如果有机会重来,很多事情我都不会再像以前一样对待,但我由衷感激你们。你们的爱指引着我成年之后的生活,直至今日。

致俄亥俄代顿市,这座城市将我和瑞安养育成人,并塑造了我们前30年的核心性格,作为您勤俭的子孙,我们很骄傲。

还有很多人,都是我和瑞安应该感谢的:丹·萨维奇、安娜卡·哈里斯、刘易斯·豪斯、丹·哈里斯、杰米·基尔斯坦、雅各布·马修、克里斯·纽哈特、蒂姆·弗雷泽、内特·派弗、德鲁·卡彭、贾斯汀·马利克、马特·内桑森、AJ.莱昂,以及很多其他人。对那些我未及提到的人,很抱歉。这不是你的问题,而是我的问题。

—— 乔舒亚·菲尔茨·米尔本

价值观工作表

人们不了解自己的价值观有两个原因：第一，我们不会停下来问自己，我们的价值观是什么，而且它们是由我们的文化、媒体和他人的影响所塑造的；第二，我们不明白有些价值观更重要，而许多价值观其实根本不是价值观。这意味着它们妨碍了真正重要的东西。极简主义者相信过上有意义的生活的最佳方式，是调整你的短期行为，使之符合你的长期价值观；也就是说，使未来的自己为现在的自己感到自豪。这就是我们创建这份工作表的原因——当你更好地理解你的价值观时，你会更好地理解通往有意识的生活的道路。对每种类型的价值的详细解释，请参阅前面《价值观》那一章。若想下载此工作表的可打印版本，请访问minimalists .com。

基础价值

我不可动摇的原则

_____

_____

_____

_____

_____

结构价值

我个人的价值观

_____

_____

_____

_____

表面价值

让生活变得更好的那些次要价值

_____

_____

_____

_____

假想价值

我面前的障碍

_____

_____

_____

_____

_____

完成此工作表后，和你的合作伙伴或你信任的人一起检查它。如果对方愿意，与他们一起审视他们的工作表。你很快就会发现，一旦你更好地理解了你的价值观——和那些价值观与你最接近的人，你会了解如何更好地与他人互动，这将改善关系并帮助你们俩以令人兴奋的、意想不到的方式成长。

读书俱乐部指导

这些关于《极简关系》的问题旨在帮助你们找到全新的、有趣的角度和话题，以供探讨。

1. 这七大关系中，你最难处理的是哪一种，为什么？

2. 在阅读本书之前，你对极简主义的概念是什么？看完书后呢？

3. 在阅读这本书之前，你是如何定义爱的？现在呢？

4. 事关你的物质财富，你放手时害怕什么？为什么？去除多余的东西会通过哪些方式为更有意义和更愉快的生活腾出空间？

5. 隐瞒真相给你的人际关系带来了哪些痛苦或伤害？今后说出真相将以哪些方式帮助你成长？

6. 你什么时候觉得自己是最好的、最有活力的？什么时候你觉得内心已经死了？哪些因素促成了这些感觉？

7. 你的对象 A 是什么？你为什么需要它？如果你从未获得过你想要的东西，你如何可能按照你的价值观生活？

8. 您目前面临哪些财务压力？你会做出什么生活上的改变，来改善你的消费习惯和你与金钱的关系？

9. 分心是如何妨碍你创造有意义的东西的？说出至少三个你想消除的干扰。

10. 想想你目前的所有关系，有多少关系会被你重新选择，进入你今天的生活？有多少又会令你避之不及？

著作权合同登记号：18-2021-257

图书在版编目（CIP）数据

极简关系 /（美）乔舒亚·菲尔茨·米尔本，（美）瑞安·尼科迪默斯著；常吟译 . -- 长沙：湖南文艺出版社，2022.1
书名原文：Love People Use Things
ISBN 978-7-5726-0470-6

Ⅰ . ①极… Ⅱ . ①乔… ②瑞… ③常… Ⅲ . ①生活方式—通俗读物 Ⅳ . ① C913.3-49

中国版本图书馆 CIP 数据核字（2021）第 261112 号

上架建议：畅销·生活方式

JIJIAN GUANXI
极简关系

作　　者：［美］乔舒亚·菲尔茨·米尔本　瑞安·尼科迪默斯
译　　者：常　吟
出 版 人：曾赛丰
责任编辑：刘雪琳
监　　制：吴文娟
策划编辑：董　卉
特约编辑：周晓宇
营销编辑：傅　丽　闵　婕
版权支持：王媛媛
装帧设计：利　锐
出　　版：湖南文艺出版社
　　　　　（长沙市雨花区东二环一段 508 号　邮编：410014）
网　　址：www.hnwy.net
印　　刷：三河市鑫金马印装有限公司
经　　销：新华书店
开　　本：640mm×955mm　1/16
字　　数：267 千字
印　　张：21.5
版　　次：2022 年 1 月第 1 版
印　　次：2022 年 1 月第 1 次印刷
书　　号：ISBN 978-7-5726-0470-6
定　　价：59.00 元

若有质量问题，请致电质量监督电话：010-59096394
团购电话：010-59320018